F. 2257.

D. 7462.

1792

L'EXCELLENCE
de
L'AMOUR DIVIN,

& les motifs qui nous y peuvent porter,

contenus dans une Lettre

de

Mr. ROBERT BOYLE,

à un de ses amis.

Traduit de l'Anglois par le Sieur de
PIERREVILLE.

A AMSTERDAM,

Chez ABRAHAM WOLFGANG, proche
de la Bource, à la Foy, 1671.

Aux tres-nobles & tres-
puiſſans Seigneurs,

MESSEIGNEURS

LES ESTATS

de la

PROVINCE

D'UTRECHT.

Tres-nobles & puiſſans
Seigneurs.

Ous avez pour de-
viſe, conjointement
avec les Eſtats des
autres Provinces unies, une

Con-
cor-
dia res
parvæ
cref-
cunt.
maxime fort veritable, &
qui n'a pas besoin d'une
preuve plus authentique,
que l'estat glorieux & flo-
rissant où vous vous voyez
aujourd'huy. La concor-
de vous a rendus si
grands & si considerables,
que vous donnez de la
terreur & de l'estonne-
ment à tout l'univers :
Vous allez du pair avec
les testes couronnées de
l'Europe , & dans l'Asie
vous avez des Roys pour
tributaires & pour vassaux:
Enfin vous estes montez
à un si haut degré de puissance & de gloire , qu'il
n'y a rien apparemment,
sous le Ciel, qui vous en
puisse faire descendre, si ce
n'est

n'eſt le defaut de cette méme union qui vous y a fait
parvenir. Mais l'abondan-
ce & la proſperité font fouvent naiſtre la diſcorde, & il
n'eſt pas impoſſible qu'il
n'en arrive ainſi quelque
jour parmy vous. Cepen-
dant je ne penſe pas qu'il
ſoit au pouvoir de la po-
litique de deſtourner ce
malheur ; toute la prudence
& ſapience humaine n'ont
pas aſſez de force pour cela : Il n'y a que la pieté toute ſeule qui vous en puiſſe garantir ; Il n'y a que
l'amour & la crainte du
Tout - puiſſant qui puiſſe
entretenir l'amour & la
concorde entre les Fre-
res ; Il n'y a que cette

fille

✻ 3

EPISTRE

fille du Ciel capable d'eſ-
touffer les ſemences d'or-
gœuil, d'ambition, de ja-
louſie & de malice dont
tous les hommes ſont in-
fectez naturellement ; &
ſi je ne me trompe,
Illuſtres Seigneurs, ce
petit traitté, que je pre-
ſente tres - humblemeut à
vos Seigneuries Illuſtriſſi-
mes, contient des raiſons
ſi puiſſantes pour inciter
à cette excellente & ſublime vertu, qu'à moins
que d'eſtre tout à fait
inſenſible, on ne peut
pas ſe defendre d'en eſ-
tre eſpris, en les liſant:
L'Autheur eſtoit un Gen-
til - homme Anglois de
la premiere qualité, nom-
mé

DEDICATOIRE.

mé Boyle, frere des Com-
tes de Cork & d'Orery,
& de la Comteſſe de War-
wick ; il eſt mort de-
puis quelques mois, au
grand regret & dommage
des gens de lettres & de
vertu, car il n'eſtoit pas
moins eminent en ſçavoir
& en pieté qu'en naiſſan-
ce. Au reſte ce n'eſt icy
que la moitié de l'ouvra-
ge qu'il s'eſtoit propoſé
de donner au public ſur
cette matiere ; Mais com-
me il eſtoit ſur le point de
faire imprimer le reſte,
il parut un petit traité
de Monſieur du Moulin,
Chanoine à Cantorbery,
qui contenoit tout ce que
la ſuite de celuy-cy avoit

de meilleur & de plus
conſiderable ; ſi bien que
Monſieur Boyle ne jugea
pas à propos de la mettre
au jour, de peur de paſſer
pour le copiſte ou le trans-
lateur des penſées d'un autre ; & ainſi il eſt arrivé
qu'un meſme livre à eu
deux Autheurs differens,
l'un en a fait la premiere
partie, & l'autre la ſecon-
de. Monſieur Boyle a traité doctement & ſpirituel-
lement, en Anglois, les
motifs de l'amour divin,
& Monſieur du Moulin à
écrit auſſi ſçavamment &
heureuſement en Fran-
çois des effets de ce meſme amour : Or j'ay creu,
Illuſtres Seigneurs, que je
ren-

DEDICATOIRE.

rendrois au public un ſervice conſiderable , de faire parler un meſme lan-
gage à ces deux freres ;
& la langue Françoiſe eſ-
tant plus generalement
entenduë que l'Angloi-
ſe , j'ay entrepris la traduction de celuy - cy ,
dont je me ſuis acquité
le mieux qu'il m'a eſté
poſſible : J'eſpere que comme le Cadet a eſté re-
ceu avec applaudiſſement
dans toutes ces Provin-
ces , l'aiſné ne ſera pas
moins heureux, du moins
ſi l'on peut juger de
ſon prix , par l'eſtime
que l'on en a fait en An-
gleterre , où il a déja
eſté imprimé quatre fois.
Tout

EPISTRE

Tout l'avantage qui m'en revient, c'eſt d'avoir une occaſion, en le dediant à vos Seigneuries, de leur rendre quelque eſpece d'hommage comme à mes Seigneurs Souverains ; & j'auray obtenu le comble de mes deſirs en cét egard, ſi vous avez la bonté de recevoir favorablement mon offrande, que j'accompagne de mes vœux pour la continuation de voſtre grandeur & proſperité en ce monde, & pour voſtre felicité permanente en celuy qui eſt à venir, où tous ceux qui ayment Dieu vivront & regneront avec Jeſus-Chriſt noſtre Seigneur: En attandant, je vous de-

DEDICATOIRE.

demande tres-humblement
la liberté de me dire avec
respect.

Tres-nobles & puiffans Seigneurs.

Voftre tres-humble tres-obeiffant
& tres-fidele ferviteur & fujet
PIERREVILLE.

L'EXCELLENCE

De

L'AMOUR DIVIN,

& les motifs qui nous y peuvent porter.

E suis ravi d'apprendre, cher Lindamor, que les rigueurs de vôtre Hermione ont enfin esto ufé les flâmes amoureuses, que ses regards brulants avoient allumées dans voftre ame, & que fi toft que vous avez reconnu qu'elle vous refervoit à fervir de trophée à la puiffance de fes beaux yeux, vous avez pris une refolution genereufe de luy faire voir, que voftre raifon avoit plus de force que voftre amour : en un mot, vous vous eftes fait juftice à vous-même , & avez fruftré les vaines efperances de voftre arrogante Maitreffe, qui s'imaginoit, que fes charmes auroient affez de force , pour vous retenir toûjours dans fes fers, quoy qu'elle fuft par fon inconftan-

A

ce

ce devenue indigne de voftre amour, & qu'elle vous eut ofté toute efpérance de la pouvoir jamais poffeder. A n'en point mentir, je fouhaiterois, pour l'amour de vous, que vous fuffiez un peu moins redevable de voftre liberté à voftre reffentiment, & que voftre raifon en euft la gloire un peu plus entiere; mais quand je confidere, qu'une joye toute pure, & fans meflange eft une felicité trop celefte, pour eftre communiquée à plufieurs icy-bas, je conclus que vôtre convalefcence, même à ce prix, merite bien que je vous felicite : Car les François difent bien veritablement, que les plus courtes folies font les meilleures. Au refte, comme la liberté eft un bien trop precieux, pour ceffer d'eftre tel, quelques circonftances qui l'acompagnent, je tiens que voftre Hermione n'a eu que le deffein de vous defobliger, & qu'effectivement elle ne l'a pas fait; & comme je plains rarement ceux qui par la perte d'une Maitreffe fe regagnent eux-mêmes, je croy qu'elle a beaucoup mieux recompenfé vos flâmes, en vous redonnant voftre cœur, qu'elle n'auroit pu faire en vous donnant le fien. Mais, ce qui fait que voftre guerifon me ré-

jouïr

jouït encore davantage, c'eſt, que des perſonnes d'honneur m'ont aſſeuré, que mes ſoins n'y ont pas eſté tout à fait inutiles; & qu'au contraire mes perſuaſions ont eſté aſſez heureuſes, pour vous faire naiſtre & le deſir & le deſſein de vous remettre en liberté; & j'eſpere qu'il n'eſt pas beſoin de vous dire, que je m'employe rarement à aucune choſe dont le bon ſucez me réjouiſſe ſi fort, que quand il s'agit de ſervir Lindamor : il eſt vray, que je ne puis pas vous payer de ſervice qui ſoit grand, ſi on le compare aux extremes deſirs que j'en ay; mais il eſt vray auſſi, que je ne vous en puis rendre qui ſoit petit, conſideré le plaiſir extraordinaire que je prens à vous en rendre quelqu'un : Ce qui augmente encore la joye, que j'ay receuë de l'heureux ſuccez de mes diſcours, touchant voſtre amour, c'eſt que veritablement je le ſouhaitois beaucoup plus que je ne l'eſperois; & ce que j'en faiſois, eſtoit plus, pour me ſauver du blâme d'avoir negligé des moyens, qui avoient quelque apparence, que pour aucune opinion qu'ils deuſſent reüſſir: je tâchois d'exciter en vous des eſperances que je n'oſois pas m'en promettre, imitant en cela les Generaux d'armée, qui, pour peu qu'ils ayent d'esperance de la victoire, ne laissent pas de haranguer leurs Soldats avant le combat, & de les persuader autant qu'ils peuvent du gain de la bataille, s'imaginant qu'une telle persuasion y peut contribuer beaucoup. Car quoy que je tâchasse de vous faire croire que la raison est née souveraine, & que malgré l'authorité qu'elle laisse usurper aux passions, soit par indulgence soit pas lâcheté, il luy en reste toûjours assez pour regagner ce qu'elle en a perdu, quand il luy plaist, & quoy que je voulusse bien vous persuader que c'estoit une chose si aisée d'achever ce que vostre ressentiment avoit commencé, que la victoire n'estoit pas moins en vostre pouvoir, que la resolution & le desir de l'obtenir ; j'estois pourtant demy persuadé, que d'entreprendre la guerison d'un amant, estoit une folie presque aussi grande, que de l'estre. Et pour ne vous pas flater, Lindamor, je trouve je ne sçay quoy dans les circonstances de vostre guerison, qui me fait craindre, que vous ne soyez pas tout à fait hors du danger d'une recheute.

cheute; j'ay trop de sujet de croire, que
vous n'avez pas tout à fait quitté vostre humeur amoureuse, en quittant
son premier object. Je sçay que d'un
homme comme moy, qui n'ay jamais ressenti les traicts de Cupidon,
& qui suis accusé de le traiter assez
mal, & avecquè mépris, vous vous
promettés, pour un preservatif contre la recheute, des imprecations, &
des invectives contre l'amour. Et
j'avoüe que j'ay esté quelque fois assez prest à composer des Satyres sur
cette matiere-là, & que d'un stile qui
ressentoit la liberté que je cheris dans
l'ame, j'ay tâché de desabuser ces
povres Creatures, qui ayant esté faittes raisonnables s'abbaissent neanmoins jusques à se glorifier uniquement de l'excez de leur passion, & ont
des pensées si basses & si chetives de
la felicité & du malheur, que de faire dépendre l'un & l'autre du bon &
du mauvais traitement qu'on reçoit
d'une femme; & j'ay creu que j'en
pouvois user ainsi, d'autant plus li-
brement, que n'ayant jamais ressenti les infelicitez de l'amour, que par
les souffrances d'autruy, je supposois,
que mes declamations passeroient
plustost pour des productions tou-

tes

tes pures de ma raifon, que pour des effets de vengeance. Mais aprés tout, Lindamor, bien que l'extravagante folie de quelques-uns m'ait quelque fois forcé à en rire d'une façon un peu picquante, je ne fuis pourtant pas affez ennemi de l'amour, (à moins qu'il foit exceffif ou mal placé) pour vous reprefenter la plus noble des paffions de l'ame, comme fa plus hideufe maladie.

SECT. I.

Aimer, & même paffionnement, la perfonne qu'on veut époufer, n'eft pas feulement une chofe licite, mais encore expediente, par ce qu'il eft en quelque forte neceffaire pour nous faire attacher fortement nos affections, où nous avons déja engagé noftre foy; & l'on a remarqué que l'amour fe laiffe rarement renfermer par d'autres bornes que celles qu'il fe prefcrit luy-même; de forte que ceux qui ne font pas affez fages pour aymer avant que d'entrer dans les liens du mariage, font rarement affez honeftes pour s'y contenir, & pour n'en aimer pas d'autres que leurs femmes. Veu donc, que le mariage

riage d'un homme sage suppose du moins autant d'amour qu'il est capable d'en avoir, sans faire tort à sa reputation, je ne puis condamner un amour moderé sans condamner à même temps le mariage, qui est un genre de vie que l'on ne peut condamner sans crime, puis que Dieu l'a jugé necessaire à la felicité de l'homme, au temps même de son innocence & de sa demeure dans le Paradis; quoy que, pour mon regard, j'aime mieux l'approuver en autruy, que d'y entrer moy-même. Vous voyez donc, Lindamor, que je n'en veux pas à l'amour en general, mais je voudrois bien vous pouvoir faire comprendre, que, comme autrefois les juifs avoient des oignemens odoriferants, dont chacun se servoit sans scrupule, il y en avoit aussi une certaine espece, que Dieu s'estoit reservée, & qui ne pouvoit sans sacrilege estre employée à aucun autre usage que le sien; de même, il y a de certains degrez d'affection, qu'on peut legitimement avoir pour un amy, pour une maistresse, & pour une femme; mais il y a aussi une certaine constitution d'amour, que l'on pourroit appeller Heroïque, qui, par l'excel-

lence

lence de fa nature, appartient à Dieu
auffi incommunicablement que juftement. Une femme de bien peut aimer
fes parens, fes alliez & fes amis, fans
qu'on la puiffe accufer juftement, de
n'aimer pas bien fon mary ; la raifon
eft, qu'il y a un certain degré de ten-
dreffe & d'amour qui conftitue la
vraye affection conjugale, qu'elle
referve uniquement pour luy, &
qu'elle eftimeroit un crime de partager en faveur de qui que ce fuft :
ainfi une ame religieufe peut obeïr
à la loy qui luy commande d'aimer
Dieu de tout fon coeur, encore
qu'elle aime une infinité d'autres
objects ; pourveu qu'aucun d'eux
n'entre en competition avec Dieu,
& que l'amour qu'on leur porte
foit d'un rang inferieur & fubor-
donné à celuy qui luy eft deu :
Mais lors qu'une paffion vient au
point de ne pouvoir s'accroiftre,
lors qu'elle emporte une depen-
dence abfoluë de l'object aimé, &
une refignation entiere à fa volonté ; lors qu'elle eft accompagnée d'u-
ne inquietude perpetuelle pour le
moindre foupçon de luy avoir de-
plu ; lors qu'on s'intereffe davantage
pour luy que pour foy-même, lors
qu'on

qu'on n'atand son bonheur ou son
malheur, que de ses bonnes graces, ou
de son indignation ; ou lors qu'on est
persuadé qu'il ny a point de felicité
pareille à celle d'en estre aimé, & qu'a-
prés cela il n'y a rien qui soit digne
d'estre appellé felicité ; je tiens qu'une
telle passion ayant toutes ces qualitez
ensemble , ou quelqu'une d'icelles
en un degré eminent , ne peut estre
qu'injurieuse à elle-même & à la Majesté Divine, si elle se consacre à un
autre qu'à Dieu ; le seul caractere de
noblesse qui s'y rencontre luy en ad-
juge la possession , de même qu'en
quelques Royaumes, & particulierement icy en Angleterre, les mines des
metaux ordinaires appartienent au
proprietaire du fonds, où l'on les de-
couvre, mais les mines d'or & d'argent apartiennent au Roy , par la loy
de l'Estat, & sont appellées mines
Royales, comme si leur valeur les fai-
soit estre de son Domaine. Or je vous
prie, Lindamor, que lors que vous
rencontrerez, dans les discours sui-
vants, quelques expressions indefinies,
il vous souvienne de cette description
d'amour, que je viens de vous donner, & je prendray la liberté de le
nommer amour Seraphique ; ce n'est

A 5

pas

pas par affectation ou de tîtres, ou de mots empoulez, mais c'est pour emprunter un nom de ces bienheureux esprits, qu'on apelle Seraphins, qui vaut autant à dire que brulants, dont l'employ representé en vision au Prophete Isaie, donne assez à connoistre, que Dieu est le seul & unique object des flâmes qui les échaufent. Et il me semble, Lindamor, que ce n'est pas un petit argument pour vous inviter à l'amour Seraphique, de voir qu'en vous faisant rival de ces glorieux & excellents esprits, vous aurez l'avantage d'en faire vos amis, & que vous possederez l'honneur d'estre engagé dans un service, où vous estes asseuré d'avoir de si illustres compagnons; du moins si vous estes du sentiment de ce genereux Prince, à la valeur duquel le monde servit quelque temps aprés, & de theatre & de trophée; car estant invité à courir aux jeux Olimpiques, il dit, qu'il le feroit volontiers, pourveu qu'il eust des Roys à courir avec luy. Mais j'ay peur, Lindamor, d'estre un peu sorti de mon sujet, car j'aurois pu vous dire avec moins de paroles, que mon dessein n'est pas de declamer contre toute sorte d'amour, & aussi

peu

peu, de haranguer sur l'infidelité, &
sur l'inconstance des femmes; mais
quand des jeunes galants, comme
vous, sont sujets à se laisser prendre
par des objects indignes; leurs parens
& amis (qui ont de la discretion, &
de la prudence, & qui sçavent que le
Comique Italien a eu raison de dire,
que

Onesta contr'amore
é troppo prale schermo
In giovinetto cuore.

Dedans un jeune coeur la vertu ne
peut pas
Resister à l'amour, & vaincre ses
appas.)

Sans prendre beaucoup de cog-
noissance de l'extravagance de leurs
passions precedentes, les en retirent
doucement, ou en les mariant aussi-
tost, ou en les engageant du moins
à la recherche de quelques personnes,
dont la naissance & le merite puissent
attacher leurs affections mouvantes,
& les rendre à même temps legiti-
mes : je veux faire la même chose,
& pour vous empescher de courir à
l'avenir après des objects indignes
A 6 d'un

d'un amour si transcendant & si desinteressé, que le vostre ; je vous veux
addresser & engager à la recherche
d'un object, qui est le plus noble de
tous les objects, le plus digne d'une
passion excessive, & le plus capable
de la satisfaire & de la contenter.
Ouy Lindamor, comme j'ay travaillé
jusques icy assez heureusement à re-
donner la veuë à vostre ame, & que
j'ay destaché le chaperon qui luy couvroit les yeux, je luy veux a present
montrer son gibier. Je voy bien que
l'amour est, en vous, une passion
trop noble & trop predominante,
pour pouvoir estre esteinte, ou pour
le meriter ; si bien qu'au lieu d'en
chercher la ruïne, je luy veux fournir
un object ; & si j'ay fait mon pouvoir à la détacher d'Hermione, ce n'a
pas esté pour l'aneantir, mais pour la
transfigurer. Je serois bien fâché
qu'une passion, à qui il ne reste rien,
que d'avoir un convenable object,
pour en faire un amour Seraphique,
vint à estre engloutie de la mort ; à la
façon des hommes ordinaires : je la
veux anoblir s'il m'est possible, par
une destinée semblable à celle d'Elie
& d'Enoch, qui ayant cessé de con-
verser avec les mortels, ne mouru-
                                    rent

rent pas, mais furent transportés dans le ciel.

SECT. II.

CE qui a déja esté dit, Lindamor, suffit ce me semble pour desabuser vostre amour, & pour vous faire comprendre, que dedans tous ses objects precedens : il avoit fait un mauvais choix; le profit que vous avez tiré de cette premiere leçon m'invite à passer outre & à vous donner la seconde, car, comme dit un des Peres, *nemo aliquem amat quem non vult esse meliorem.* Suivant cette maxime veritable, je veux tâcher, d'anoblir vostre passion, en luy donnant un object, dont la beauté, si vous la contemplez comme il faut, vous guerira aussi parfaitement de toutes les blesseures, que vous avez receües de quelque autre beauté que ce soit, comme anciennement la veuë du Num. Serpent d'airain guerissoit ceux, qui 21 8. avoient esté mordus des Serpens bru- 9. lants. Car, si en regardant assiduement une beauté exterieure, (où vos yeux, quoy qu'ils facent, trouvent toûjours la même chose) vous ne laissez pas d'échauffer & d'augmen

A 7

ter

ter voſtre amour , (que les Grecs
expriment aſſez joliment par leur
ἐκ τῳ ὁρᾶν γίνεται τὸ ἐρᾶν ,) que penſez
vous que fera une conſtante contemplation de cet objeċt Divin, en qui,
tout reſplendiſſant qu'il eſt, on peut
à châque moment découvrir quelque nouvelle beauté, & où l'attention
& l'eſtonnement s'excitent mutuel-
lement & ſans ceſſe; de là vient,
qu'il n'y a point de creatures qui ayment Dieu avec tant de zele, & ſi
parfaitement que les Anges, deſquels
le Seigneur dit, qu'au Ciel ils con-
templent continuellement la face de
ſon Pere : aprés les Anges, il n'y en
a point qui ayment Dieu à l'egal de
ces Saints, dans l'Apocalipſe, dont
la felicité, auſſi-bien que l'occupation, conſiſte à ſuivre l'agneau par
tout où il va ; & il eſt ajoûté, que ce
ſont ceux qui ne ſe ſont point ſouillez
avec les femmes, car ils ſont vierges; ce qui nous enſeigne, que le
bonheur, dont ils jouïſſent aujour-
d'huy, de voir & d'approcher de plus
prés l'objeċt glorieux de leur paſſion,
n'a pas eſté la cauſe de leur amour
premierement, mais que c'en eſt
la recompenſe, & que pendant leur
pelerinage ici-bas, ils vivoient dans
cette

Math.
18.20.

cette contemplation, que je vous re-
commande, comme voyans celuy
qui est invisible, ainsi qu'il est écrit
de Moyse, au Chapitre onziême de
l'Epitre aux Hebreux, verset 27 ; &
cette veuë-là, telle qu'elle estoit, a
esté si efficacieuse, qu'elle leur a fait
voir toutes sortes de beautez passageres, sans en recevoir la moindre emo-
tion ; & demême, apparemment,
que les Aigles regardent un chetif
ver luisant, aprés avoir tout fraîche-
ment contemplé le soleil.

SECT. III.

OR pour vous engager à l'amour
de ce sublime & adorable ob-
ject ; je vous supplie, que tout ce que
j'ay dit pour divertir vos premieres
flâmes, & tout ce que je pourray
dire, encore pour ravaller, & pour
mépriser ces passions, qui vous in-
quietent, & qui sont au dessous de
vostre qualité, vous le preniez selon
mon intention, qui n'est pas d'en
faire une cause mouvante, mais seulement un remede preparatif, ne ten-
dant qu'à desabuser, & mieux infor-
mer vostre entendement, afin que
d'un esprit rassis, tranquille, & de-

livré

livré de tout prejudice, vous puiſſiez
juger ſainement de l'objeʒ, qui vous
eſt propoſé : & j'ay penſé que pour
vous mettre dans cette diſpoſition,
la methode, que je tiens, eſtoit neceſſaire, à même fin que les Platoni-
ciens ſe ſervoient de certaines vertus,
qu'ils nommoient purgatives, pour
diſpoſer & preparer l'eſprit de leurs
diſciples, à recevoir des veritez plus
ſublimes ; & comme les medecins
quand ils veulent éclaircir la veuë à
quelqu'un, ont coûtume de luy pur-
ger le cerveau, affin que l'œuil eſtant
delivré de tout ce qu'il y a d'images
& de vapeurs qui luy pourroit deguiſ-
ſer les objeʒs, il les puiſſe mieux di-
ſcerner : Et tout de bon l'amour, que
je veux vous perſuader, eſt de telle nature, que rien n'y peut contribuer
davantage, que d'avoir des yeux parfaitement clairvoyants,& de pouvoir
conſiderer l'objeʒ, dans le plus beau
jour qu'il ſe peut : & la raiſon la plus
ſaine & la meiux épurée, eſt le jour le
plus avantageux à ce Divin objeʒ.
Vous ſçavez l'Hiſtoire de cette jeune
gailarde,qui ſouhaitoit à ſes amoureux
toute ſorte de qualitez excellentes, à
la reſerve d'un bon entendement;
car, dit-elle, s'ils eſtoient capables de
bien

bien juger, ils ne m'aimeroient plus.
L'object adorable, à la recherche duquel je voudrois bien vous élever,
est si fort éloigné, Lindamor, d'un
danger de cette nature, que je n'ay
pas besoin, pour vous le faire aimer, de
parler au desavantage d'aucun autre.
Car le Createur est trop plein de perfections, pour avoir besoin d'emprunter aucun lustre des defauts & des im-
perfections de ses creatures. Il estoit
souverainement aimable de luy-même, avant qu'elles eussent leur estre;
& en nous faisant capables d'aimer,
il ne s'est pas rendu moins digne d'estre aimé : si vous n'aimiez Dieu, qu'à
cause que vostre Maitresse a des defauts, c'en seroit un plus grand que
tous ceux, qui vous ont obligé à la
quitter; ce seroit un aussi grand solecis-
me en matiere d'amour Seraphique,
que le seroit celuy des Perses en fait
de Religion, s'ils disoient qu'ils ado-
rent le soleil à cause des taches, qui
sont dans la lune. Je suis trop serviteur des parens & amis d'Hermione,
pour n'estre pas un peu le sien ; & de
plus, je ne puis me souvenir de l'honneur qu'elle a eu, il n'y a pas longtemps, de captiver Lindamor, sans
conclure, qu'elle est une personne

de

de merite, & quoy qu'elle soit à
present décheüe du glorieux titre de
vôtre Maistresse, pour en avoir usé
injustement, si est-ce que les qualitez
qui le luy avoient aquis, me la ren-
doient, & à plusieurs autres aussi, tellement agreable, que le seul sujet
que j'ay de me plaindre d'elle, c'est
qu'elle n'est plus ce qu'elle estoit.
C'est pourquoy s'il m'arrive d'é-
crire quelque chose à son desavantage, ce ne sera qu'entant qu'elle
vous a esté, & qu'elle vous peut estre encore, un obstacle à l'amour
Seraphique. Cependant il faut que
je vous die, que Dieu merite le plus
haut degré de vostre amour, encore
que Hermione ne l'eut pas refusé;
& quand elle seroit aussi belle comme vous la croyez, & aussi constante que vous la pouvez souhaiter,
ni sa beauté ni sa tendresse pour vous,
tout ensemble, n'empescheroient
pas qu'elle ne fust une rivale tres-in-
digne & tres-injurieuse à la Majesté
Divine, & tres-desavantageuse &
prejudiciable à vos interets: quand
même elle vous accorderoit toutes les
plus hautes faveurs, dont une Maitresse obligeante peut recompenser
la fidelité d'un Amant, elle n'en me-
rite-

riteroit gueres moins le titre que je
dis.

Les Anges, qui n'ont jamais reſſen-
ti ni la cruauté, ni l'infidelité des femmes, ne laiſſent pas d'aimer incompa-
rablement le Dieu qui les a faits : celuy que St. Jean vouloit adorer refu-
ſa cet honneur-là, pour le faire rendre
à ſon Maiſtre. Vous-même, Lindamor, ne laiſſeriez pas de trouver vôtre Hermione abſolument belle, encore qu'il n'y euſt point de Mores,
& que ce qu'on apelle laideur, ſe trou-
vaſt auſſi peu entre les femmes, comme il y eſt mal venu. Il eſt vray, que
noſtre foibleſſe eſt ſi grande, que
comme les Iſraëlites avoient béſoin
de la cruelle ſervitude d'Egipte, pour
les faire reſoudre à retourner au
païs bienheureux de Canaan ; demême une ame amoureuſe à ſouvent beſoin du rude traitement d'une Maitreſſe dédaigneuſe, pour la degou-
ter de ſes fers, & pour la faire aſpirer
à l'objeċt, qui luy eſt le plus propre,
& qui la peut mieux contenter; ſi bien
que je ſuis content d'accorder aux defauts d'Hermione, l'honneur de vous
avoir remis en liberté, & de vous
avoir donné occaſion de conſiderer
les prerogatives de l'amour Seraphique,

que : mais il ne leur faut pas donner la gloire d'estre la cause principale, & mouvante, de ce que vous l'embrassez ; car ce seroit faire une injure insupportable à son Divin object, d'en faire la retraite d'une passion maltraiteé & défaite, luy qui par l'excellence de ses perfections, a un droit incontestable à la plus haute & à la plus entiere qui puisse estre : Et l'Eternel n'a pas besoin d'estre mis en parallele avec aucun autre object, pour devenir celuy de nostre devotion desabusée ; il est aussi aimable sans comparaison, comme il l'est au dessus de toute comparaison. Et quoy que je confesse qu'il y a des femmes, & j'en connois quelques-unes, qui ont des qualitez capables d'anoblir tout leur sexe : neanmoins tout ce qu'elles ont de plus excellent, estant comparé aux perfections de celuy qui en est l'auteur & le donateur, se trouvera aussi peu considerable que les moins considerables qualitez des personnes communes ; ne plus ne moins que lors que le soleil nous vient visiter au matin, & que l'air est égal & sans nuages, les estoilles les plus brillantes, & qui auparavant servoient d'ornement à nôtre hemisphere, s'évanouïs-

sent

fent, tout auffi-bien, que les fom-
bres tenebres qui nous donnoient la
nuict. Sur cela, permettez moy, Lindamor, de vous faire obferver une
chofe ; c'eft, qu'encore que plufieurs
des attributs de Dieu foient, par fon
immenfe bonté, communiquez aux
creatures, l'Ecriture met neanmoins
une fi vafte difference, entre les excellences qu'elle attribue aux hommes,
& les mêmes excellences, entant quelles exiftent en Dieu, qu'elle femble
exclure entierement les chofes creéés
d'avoir aucun droit à ces attributs-là;
la raifon eft, qu'elles les poffedent en
un degré infiniment inferieur &
d'une maniere tout à fait differente.
C'eft ce qui obligea noftre Seigneur,
de dire à celuy qui l'appelloit bon, encore qu'il ne le prift que pour un homme, *pourquoy m'appelles-tu bon ? Il* Math.
n'y a qu'un feul bon, affavoir Dieu. 19.16.
Pour la même raifon St. Paul appelle 19.
Dieu feul Potentat, quoy que la terre 2 Tim.
foit partagée entre plufieurs Poten- 6.15.
tats, & que même l'Eunuque, dont
il eft parlé aux Actes des Apoftres, & Chap
les Puiffants mis hors de leurs fieges, 8. 1.
dont la bien-heureufe Vierge fait 17.
mention dans fon Cantique, foient
nommez Potentats dans l'original.
Et

Luc.1. Et ainſi, quoy qu'il y ait des Vierges
52. ſages, auſſi-bien que des Vierges foles,
Math. & quoy que le Seigneur ait dit, que
25.5. les enfants de ce monde ſont plus
prudents en leur generation, que les
enfants de lumiere, Sᵗ. Paul ne fait
aucune difficulté d'appeller Dieu ſeul
ſage ; & ailleurs, il eſt appellé ſeul im-
mortel, quoy que les Anges & les
ames humaines, ſoient douées d'immortalité ; tant eſt incommunicable
la maniere, en la quelle la ſuperiorité
de la nature Divine poſſede les mêmes
perfections, que l'excez de ſa bonté
luy fait communiquer à l'ouvrage de
ſes mains. Ce qui me donne encore
plus de zele, Lindamor, à transformer voſtre amour en devotion, qui
eſt une même choſe que l'amour
Seraphique, c'eſt que j'ay remarqué
que voſtre paſſion ne peut ſouffrir de
bornes, & que tout ce qu'on nomme limite luy tient lieu de priſon. De
ſorte qu'à mon avis il n'y en a gueres,
dont la paſſion requiere davantage,
ou merite mieux un object, qu'il ſoit
impoſſible de trop aimer. Et Dieu
eſt celuy-là ; car ſes perfections infinies ne peuvent jamais eſtre aſſez ai-
mées ; & la plus haute, & la plus forte
paſſion, qu'on puiſſe imaginer, pourroit

roit à peine diminuer tant soit peu,
la disproportion qu'il y aura toûjours, entre elle & son object. Il est
des autres passions, comme du reste
des fleuves, qu'on estime le plus
quand ils coulent doucement dans
leur lit ordinaire; mais il est de l'a-
mour Seraphique comme du Nil, ses
inondations sont desirables, & plus
il se deborde, plus il est estimé: l'a-
mour, que nous avons pour des beautés mortelles, est de la nature de nos
corps, qui lors qu'ils passent un certain degré de grosseur & de hauteur
deviennent monstrueux & diffor-
mes;mais la devotion est comme un
diamant sans tache, dont la grosseur
fait le prix, plus il va au delà de la taille
ordinaire & plus il a de lustre & de
valeur. Le grand commandement de
la loy & de l'Evangile est, que nous
donnions à Dieu tout l'amour dont
nous sommes capables; cela comprend en son vaste sein tous les autres
devoirs que Dieu requiert de nous;
& s'il ne requiert que cela, ce n'est
pas qu'il y eust de l'injustice à en demander davantage, mais c'est qu'il
seroit impossible. La nature de la devotion a ceci de noble, qu'elle ne
peut pecher que dans un des extremes,

mes, qui eſt celuy du defaut; & la mediocrité, qui dans les autres paſſions, eſt une excellence, eſt une imperfection dans celle-ci : ou du moins ſi la mediocrité a la proprieté de faire d'une paſſion une vertu, la mediocrité de celle-ci conſiſte à n'avoir point du tout de bornes, car c'eſt proprement ce qui la rend une vertu. David qui eſtoit un homme ſelon le cœur de Dieu, ne craignoit point de dire à Dieu même, qu'il bruloit pour luy d'un amour, qu'il ne pouvoit exprimer que par le terme de ſoif; & encore une ſoif comme celle qui fait bruire le Cerf aprés les ruiſſaux rafraichiſſants, & dont le defaut le reduit aux abois : *Mon ame ,* dit il, *eſt* vers 2. *alterée de Dieu.* Or nous ſçavons que la ſoif eſt un appetit ſi violent qu'il n'y a pas tant à s'eſtonner du mauvais marché de ce Roy, qui donna ſon Royaume pour un verre d'eau; car cet appetit renferme ſi fort nos deſirs dans la choſe qu'il appete, que rien hors de là ne le peut ſatisfaire: toutes les richeſſes des Indes ne peuvent excuſer le defaut d'un peu de liqueur, à un homme bien alteré : De plus, l'incommodité qu'on en reçoit ne ſe diminuë pas par la continuation, comme me il arrive aux incommoditez qui procedent d'ailleurs ; plus elle continue, moins elle est supportable. Le même Poëte Divin, témoigne sans scrupule, qu'il prend tant de part aux interests de son Dieu que le zele de sa maison l'a rongé, & qu'il estoit troublé de ce que les autres n'en estoient pas touchés comme luy : *J'ay veu les déloyaux*, dit-il, *& j'ay esté faché de ce qu'ils ne gardoient point ta parolle* : & au verset 136. *Ruisseaux d'eau sont decoulez de mes yeux, dautant qu'ils ne gardoient point ta loy* : & pour montrer qu'il aymoit Dieu toutafait tendrement & sans reserve, il nous dit ailleurs, *Mes yeux seront sur les fidelles de la terre, pour demeurer avec moy: Celuy qui chemine en la voye entiere, me servira* ; c'est à dire, ceux qui ayment Dieu seront mes amis, & ceux qui ne l'ayment pas seront mes ennemis ; comme il le dit plus clairement au Pseaume 139. en ces mots ; *Seigneur n'ay-je point en haine tes ennemis, & n'ay-je point esté marri contre ceux qui s'élevoient contre toy ? je les ay haïs d'une parfaite haine : & les ay tenus pour mes ennemis.*

Tel estoit l'amour que ce pieux serviteur de Dieu avoit pour son bon

Pseau.
119.
158.

Pseau
101.

Pseau.
139.
21.22.

B

Mai-

Maiftre ; & avec cela , il eftoit fi loin de croire , que fa paffion fuft exceffi-ve , qu'au contraire , tranfporté du fentiment qu'il avoit de fon incapaci-té à payer à ce Divin objet , tout l'a-mour que fes perfections meritent , il ne fe contente pas d'exciter toutes les facultez de fon ame à loüer Dieu, disant , *Mon ame beni le Seigneur , tout ce qui eft en moy benie fon faint nom*; il invite encore tous les Saints , à l'affifter au payement de cette grande dette : *Toutes Nations ,* dit-il , *loüez le Seigneur , tous peuples honorez-le* : & non content encore de le faire affez frequemment , comme il paroift par plufieurs paffages de fes Poëmes fa-crez , il en va jufqu'à inviter à ce faint devoir , les Anges & toutes les Armées celeftes , & conclut le livre des Pfeaumes , avec ces mots , *Toute ame , qui refpire , loüe l'Eternel. Hal-lelujah.*

Pfeau. 103.

Pfeau. 117.1.

131.2.

S E C T. IV.

TOut ce que j'ay dit ci-deffus n'empéche pas que quelques-uns n'ayent efté blamez juftement par des gens de bien , d'eftre exceffifs dans leur devotion ; mais il faut que vous fça-

sçachiez que l'excez d'amour n'a pas
fait leur crime ; ç'a esté le defaut de
leur discretion : les demonstrations
exterieures de nostre devotion doivent estre reglées par la volonté de
Dieu, qui nous est revelée ; il n'en
faut pas croire nostre imagination
aveugle & extravagante ; le Seigneur
nous dit, si vous m'aymez vous garde-
rez mes commandemens. Ainsi nous
pouvons bien pecher par trop de devotion ; non pas que nous puissions
avec trop d'ardeur témoigner nostre
amour Seraphique, tant que le témoignage que nous en donnerons sera
consideré en soy-même, en abstract,
& sans aucune relation : mais comme
Dieu nous a prescrit plusieurs devoirs
de charité, où son ardeur est aussi re-
quise, nous ne pouvons pas, sans injustice, l'employer toute à l'exercice
d'un devoir ou de quelque petit nombre, & negliger les autres qui en doivent estre participans.

Il ne faut pas faire entrechoquer les
deux tables de la loy, comme font
aujourd'huy plusieurs de nos devots,
de l'erreur desquels je vous entre-
tiendray plus amplement, en quelque autre lieu : Il nous faut tellement
aymer Dieu de tout nostre cœur,

B 2

que

que nous aymions auſſi noſtre prochain comme nous-mêmes: Vous ſçavez que noſtre Seigneur dit aux Pha-
riſiens, qui *dimoient la mente & le
Cumin, & negligeoient* le jugement,
la miſericorde, & la loyauté, *il faloit,
dit-il, faire ces choſes-ici, & ne de-
laiſſer pas celles-là.* Et tout de bon,
Lindamor, cette partialité, qui nous
fait employer la meilleure partie de
la force & de la vigueur de nos eſprits
à de certains devoirs qui ſont à noſtre
gouſt, & qui conſequemment nous
met dans l'incapacité de nous bien
acquiter des autres qui ne nous reviennent pas tant, engendre avec le
temps une certaine maladie dans la
devotion, qui reſſemble aſſez bien
à ce nouveau mal des enfants, qu'on
appelle les Riquetes, qui, ſelon l'opinion de quelques ſçavans medecins,
procede de l'inégale nutrition des
parties: Car quoiqu'aucune d'elles ne
reçoive plus de nourriture qu'il ne
luy faut, cependant les unes en recevant à ſuffiſance, & parvenant par ce
moyen à leurs juſtes dimenſions; &
les autres, faute d'en avoir aſſez, de-
venant attenüées, il s'en enſuit une
diſproportion entre les bien nourries
& celles qui ne le ſont pas, qui rend
tout

tout le corps difforme & impotent.
Ainſi il n'arrive jamais ni ne peut arriver, que noſtre devotion ſoit trop
grande ; mais il peut aiſément avenir
que nous employons trop de cet a-
mour, que nous portons à Dieu, à
une choſe ou à une autre. *Tant que,*
comme dit Job, *nous demeurerons
dans des maiſons d'argille,* nous ſerons
toûjours obligez à un grand nombre
de devoirs, qui ne demandent pas
moins l'étendue de nos affections,
que ceux qui regardent Dieu immediatement : C'eſt ce qui fait dire à
Sᵗ. Paul, qu'il y a de la difference entre les perſonnes mariées & celles qui
ne le ſont pas ; parce que l'un ayant
ſes affections toutes libres, a ſouci
des choſes qui ſont du Seigneur, comment il plaira au Seigneur, l'autre les
ayant partagées, comme avoit Adam,
entre ſon Createur & ſa coſte, a
ſoin auſſi des choſes de ce monde,
comment il plaira à ſa femme. Mais
tant que l'exercice exterieur de noſtre devotion envers Dieu, n'apporte
aucun obſtacle à la pratique de noſtre
charité envers le prochain, il n'y a
aucun danger de tomber dans l'excez:
Quoy qu'on puiſſe aiſément faire des
prieres trop longues & jeuner au delà

de la raison : Chrift n'a pas laiffé de
prier une nuict toute entiere, & de
jeuner quarante jours, fans rien faire
d'immoderé, parce que ni fes autres
devoirs envers fon Pere, ni les autres
fonctions de fa charge de Mediateur,
n'en étoient aucunement empéchées,
mais pluftot aydées & avancées. Ainfi
Elie a pû, fans crime, jeuner auffi long
temps que fon jeune ne l'a pas empé-
ché de pourfuivre fon chemin vers
la montagne de Dieu. Mais, encore
que les Saints, durant leur fejour ici-
bas foient obligez de témoigner à
Dieu leur amour & leur obeïffance,
par des voyes embaraffantes & dé-
tournées, en faifant valoir les talens
que leur Maître a mis entre leurs
mains; quand le dépouillement de
leur mortalité les a une fois difpenfés
de ces laborieux devoirs, qui les dé-
tournent de leur object bien aymé,
pour les faire vaquer à l'affiftance, &
au fervice des povres Chrétiens affli-
gez, & de leurs Peres felon la chair,
alors leurs efprits glorifiez peuvent
employer non feulement leur temps,
mais encore leur éternité, à converfer
avec leur Dieu, & à fuivre l'Agneau
par tout où il va, fans eftre coupables
d'une devotion immoderée. Cela
s'ac-

s'accorde fort bien avec la remarque, que j'ay faitte fur ces quatre mifterieux animaux, qui ont le privilege *Apoc.* *4. 6.7.* d'approcher, de plus prés, le Throne glorieux de la Majefté Divine; car quoy que le nombre de leurs aîles, & le beaucoup plus grand nombre de leurs yeux, nous reprefente clairement la grande activité de leur nature, il nous eft dit cependant qu'ils n'avoient qu'une feule & continuelle occupation, qui eftoit, de dire jour & nuict, *Sainct, Sainct, Sainct, le* *vers.8.* *Seigneur Dieu tout puiffant, qui eftoit,* *& qui eft à venir,* & de luy rendre *Chap.* gloire & actions de graces. Et dans *7. 14.* le même livre nous apprenons, que *15.* ceux qui ont lavé leurs robes & les ont blanchies au fang de l'Agneau, font devant le Throne de Dieu & le fervent jour & nuict dans fon temple; ce qui nous eft une preuve infaillible, que nul degré d'amour Seraphique ne peut eftre exceffif, ni aucune demonftration en eftre immoderée, qu'entant qu'elle fait injure aux autres devoirs, qui font fes affociez, & qu'elle n'occupe leur portion. Au refte il faut fçavoir que l'amour, que nous donnons aux creatures, eft un prefent, mais ce-

B 4

celuy, que nous payons à Dieu, est un tribut. Or nous pouvons bien estre prodigues dans la distribution de nos dons, mais nous ne le pouvons estre dans le payement de nos dettes; car pour grande que soit la somme que nous payons, la raison qui la fait une dette, fait que son deboursement n'est qu'un acte de justice, & non pas de prodigalité: La devotion, donc, estant dans son meilleur temperament, lors qu'elle est le plus passionnée, approche aussi le plus de sa juste mesure, lors qu'on la peut moins mesurer: & son estenduë ne doit point avoir d'autres limites, qu'une entiere incapacité de se pouvoir estendre davantage.

Car celuy-là seul ayme Dieu comme il faut, qui l'aymant autant qu'il en est capable, tâche encore de reparer la deplorable imperfection de son amour, par un regret extreme de trouver qu'il n'est pas assez grand.

Un degré d'amour, si sublime, nous donne le meilleur droit que nous puissions avoir à la consolation, qui nous revient de ce passage memorable de St. Jean, où il dit, que *Dieu est charité: & celuy qui demeure en charité, demeure en Dieu, & Dieu en luy.*
Cela

Cela me fournit une raison puissante
à vous faire aspirer ardemment à céte devotion transcendante, comme
estant une chose qui vous rendra le
détachement de vous-même si aisé,
qu'à la fin, renoncer à vous-même,
ne sera presque plus y renoncer : Car
lors que cet amour, par une intime
conjonction avec son object, luy
sera totalement devoüé, & qu'il sera
entierement repurgé de la chetive
crasse de l'amour propre, il s'en en-
suivra une tres-estroite union de nôtre volonté avec celle de Dieu, ou
plutost une parfaitte soumission de
nostre volonté à la sienne : & quand
une fois nous en sommes venus là,
& que nous pouvons dire avec Jesus
Christ, *Ma viande est de faire la volonté du Pere qui m'a envoyé* ; toutes
les dispensations de la providence
Divine, pour rudes qu'elles puissent
estre à la chair & au sang, ne seront
plus capables de nous inquieter im-
moderement, dautant que nous aurons toûjours l'accomplissement de
nos desirs en gros, quoy que, peut-
estre, nous ne l'ayons pas toûjours en
détail : Car nostre desir principal estant de voir la volonté de Dieu ac-
complie, la conoissance que nous

B 5

avons,

avons, qu'il difpofe fouverainement
& fans contrôlle de toute forte d'eve-
nemens, nous affeure que tous les
accidens qui nous arrivent, ne font
qu'autant d'accompliffemens de fa
volonté, & par confequent de la
noftre, entant que la noftre eft com-
prife & renfermée dans la fienne.

Quand vous avez une fois refigné,
ou plutoft configné voftre volonté
emancipée, entre les mains de Dieu,
& que vous luy avez comme donné procuration de vouloir pour
vous ; alors tout ce qu'il fait de vous,
& toutes fes difpenfations envers
vous, ne font qu'autant d'actes de
voftre propre volonté, qui ont l'a-
vantage & le bien d'eftre dirigés &
fpecifiez de luy : & cet avantage-là
vous affeure, & de leur rectitude,
& de leur bon fuccez. Si vous con-
fiderez bien la fapience & la toute
puiffance de Dieu, & en outre fon
amour envers nous, vous conclurez,
qu'il nous eft infiniment plus avantageux qu'il choififfe pour nous, que fi
nous choififfions pour nous-mêmes.
Le patient fe croit obligé de laiffer
à fon medecin le choix des viandes
qu'il doit manger, quoy que bien
fouvent le Medecin luy en ordon-
ne

ne qui ne luy plaisent guere, & qu'il luy defende celles qu'il mangeroit bien volontiers. Helas! combien souvent arrive-t-il que Dieu pourroit dire de nos requestes ce que Christ disoit de la demande de ses deux ambitieux Disciples? *vous ne sçavez ce que vous demandez.* J'ay de l'estonnement & de la honte tout ensemble quand je lis céte Divine leçon d'un Poëte payen:

Permittes ipsis expendere numinibus, quid
Conveniat nobis, rebusque sit utile nostris :
Nam pro jucundis utilia quoque dabunt Dii,
Charior est illis homo quam sibi : nos animorum
Impulsu, & cæca pravaque cupidine ducti,
Conjugium petimus partumque uxoris ; at illis
Notum, qui pueri, qualisque futura sit uxor.

Laissez aux Dieux la liberté
De juger, avec equité,
Ce qui nous est bon ou contraire:
Car s'ils dénient à nos desirs

Des

Des choſes qui nous pourroient
plaire,
Ils accordent toûjours l'utile à
nos ſoupirs.
Ils ayment l'homme mieux, qu'il
ne s'ayme luy-même,
Et quand par un tranſport d'aveu-
glement extrême,
Nous ſouhaittons femme ou enfants,
Ils ſçavent s'ils feront vertueux ou
méchants.

La conſideration de céte verité a
fait dire à un certain Philoſophe
Payen, qu'il prioit les Dieux, en
termes generaux, de luy donner des
choſes bonnes, mais qu'il laiſſoit à
leur jugement de determiner ce qui
luy eſtoit bon : & en effet, nos ſouhaits
ſont ordinairement auſſi aveugles,
qu'eſtoient ceux de Rachel ; elle ſou-
pira longtemps pour avoir des enfants, & avec une impatience, qui luy
faiſoit dire, *donne moy des enfants ou
je mourray*, & elle mourut en enfan-
tant. Nous ſouhaitons bien ſouvent
à noſtre ruine, comme ces povres
Iſraëlites, qui murmurerent contre
Dieu au deſert ; ils s'ennuyerent de la
Manne que Dieu leur avoit ordon-
née

née pour viande, toute salutaire qu'elle estoit, & si excellente qu'elle est appellée, *le pain des Anges*, & ils mangerent leur mort, avec la chair qu'ils avoient impatiemment souhaitée. Ainsi vous voyez, Lindamor, que céte vertu de renoncer à soy-même, ou à sa propre volonté, qui d'ordinaire nous épouvante si fort, n'est en effet, que comme une procuration d'un enfant à son Pere, duquel il conoit avec certitude l'amour & la capacité. Et si mes secondes pensées n'avoient un peu reprimé l'impetuosité trop precipitée des premieres, j'estois sur le point de vous dire, que puis que Dieu ressent une satisfaction infinie de l'accomplissement de sa volonté, en luy faisant un transport de la vôtre, vous vous aquerez une part à sa felicité, proportionnée au degré de la resignation que vous luy faites : & comme l'œuil, tant qu'il est attaché au cerveau par le moyen du nerf optique, tout enchaîné qu'il est, peut gouter des plaisirs, auxquels il est mort sitost qu'il en est separé, quoy qu'au reste il ait toutes les qualitez dont sa nature inanimée est capable ; De même vostre volonté estant comme inserée dans la volonté de Dieu,

par

par une identité, quand au but, reçoit une nouvelle & plus eſtendue capacité, par laquelle elle peut contenir & gouſter des joyes, qui paſſent infiniment celles, qui nous pourroient revenir de la jouïſſance de nos propres deſirs. Par ce moyen, il ſe trouve que le renoncement de nous-mêmes, eſt une eſpece de ſainte aſſociation avec Dieu, & en nous faiſant ſes aſſociez, il nous donne droit à toute ſa felicité & à tous ſes acquets; de là vient que les Saints glorifiez & les Anges bienheureux, qui ſont dans la plus exquiſe, & la plus exacte conformité de volonté avec Dieu, jouïſſent auſſi de la felicité la plus approchante de la ſienne; & ces malheureux eſprits, qui ſont confir-mez dans une repugnance & oppo-ſition à ſa ſainte volonté, ſont dans la derniere des miſeres.

SECT. V.

MAis céte derniere penſée eſt un peu trop hardie, & je n'oſe pas l'approuver: Quant à celle qui la pre-cede, j'oſe bien, ſans ſcrupule, la pouſ-ſer un peu plus avant, pour vous faire mieux comprendre la difference a-vantageuſe qu'il y a de l'amour Sera-phi-

phique aux flâmes ordinaires. Car, celuy qui fait prefent de fon cœur à une
beauté mortelle, quoy qu'elle le reçoi-
re humainement, & qu'elle le loge a-
vec le fien, il eft pourtant fujet à l'avoir
bleffé dans fon fein ; il a fa part à des
accidens, qui autrement ne le touche-
roient pas : les afflictions de fa Maî-
treffe le tourmentent , lors que les
fiennes le laiffent en repos ; & il faut
la felicité de deux perfonnes , pour en
faire une heureufe : Enfin quiconque
met fon affection en des creatures
mortelles , il met doublement fon
cœur en bute aux traits de la fortune,
& fe rend capable d'eftre bleffé en plus
d'endroits : Car encore que l'amour
nous faffe avoir part auffi bien aux
joyes , qu'aux douleurs , de ceux que
nous aymons; fi eft-ce que d'un cofté,
les moins malheureux rencontrent,
dans céte mer orageufe , beaucoup
plus d'écœuils que de ports , plus de
tempeftes que de calme , & plus de
vents contraires, que de vents favora-
bles. De l'autre cofté , il eft certain,
que nous fommes deux fois plus fenfi-
bles à la peine , que nous ne le fommes aux plaifirs ; car il ne faut qu'un
cor au pied pour nous empécher de
goufter la fanté parfaite de tout le
reste

reſte du corps; ſi bien que, tout conſideré, l'amitié même, qui eſt une affection beaucoup plus calme que l'amour, ſeroit à fuir comme injurieuſe à noſtre repos, ſi nous la regardions ſeulement comme une aſſociation ou communauté de biens & de maux, & non pas comme un exercice de vertus. Mais celuy, qui d'un jugement plus ſain place ſes affections en Dieu, n'eſt pas ſeulement à couvert du danger de participer aux miſeres de l'object qu'il ayme, à raiſon de ſon immuable & eſſentielle felicité; mais encore il trouve ſes afflictions & ſes detreſſes addoucies, quand il conſidere que ce qu'il ayme eſt parfaitement heureux, & de plus qu'il a le pouvoir & la volonté de le rendre heureux auſſi, quand il en ſera temps. En outre, quoy que l'amour Seraphique ne nous faſſe participer, qu'aux felicitéz de l'adorable object que nous aymons; luy de ſa part, en recevant noſtre amour, entre dans la participation de nos ennuis; témoin ce texte, où le Prophete parlant de Dieu & de ſon peuple Iſraël, dit, *dans toutes leurs afflictions il eſtoit affligé.* Et le Seigneur Jeſus eſt tellement un avec ceux qui l'ayment, que

Eſaie 63. 8.

luy

luy comme Chef, & eux comme membres, ne conſtituent qu'un même corps, que l'Ecriture méme appelle du nom de Chriſt; ce qui fait qu'encore qu'en ſon particulier il ſoit autant au deſſus des attaintes de la perſecution, comme le ciel qu'il habite eſt au deſſus de la terre, il ne laiſſe pas de crier à Saul, qui avoit ſeulement le deſſein de perſecuter ſes bienaymez, *Saul, Saul, Pourquoy me perſecutes-tu?* Et pour montrer combien eſt grande la tendreſſe des compaſſions de Dieu, le Prophete dit de luy aux Iſraëlites, aprés leur retour de la captivité, *celuy qui vous touche, touche la prunelle de ſon œuil.* Or il n'eſt pas des compaſſions de Dieu, comme de la pitié des femmes, qui trouble la Maitreſſe ſans ſoulager l'amant, voire qui bien ſouvent, au lieu de conſoler l'amant, l'afflige davantage, en ce qu'il participe à la douleur que ſa Maitreſſe en reçoit. Mais la compaſſion de Dieu, toute active qu'elle eſt, demeure toûjours calme, & digne de luy-même, & produit les effets de la pitié la plus ſenſible, ſans luy donner aucune émotion, & elle l'engage à nous aſſiſter, & à nous ſecourir puiſ-
ſam-

1Cor. 12.12.

Zach. 2. 8.

.ſamment & avec efficace, quand il en
eſt ſaiſon. C'eſt ce qui fait que le Prophete , ayant dit , *dans toutes leurs
afflictions il eſtoit affligé*, il ajoute
immediatement aprés , *& l'ange de
de la preſence les a ſauvez, luy-même les
a rachetez par ſa dilection & par ſa
mercy, & les a portez ; & les a ſoula-
gez de tout temps.* Ouy céte pitié de
Dieu, encore qu'elle n'altere en aucune façon ſon repos, & ſa felicité , ne le porte pas moins à de-
montrer un reſſentiment de nos
miſeres , & à nous faire trouver
grace pour un ſecours opportun ;

Heb. 4. 16. & il eſt appellé opportun, ou de ſaiſon, parce quil ne vient pas toûjours
quand il eſt le plus deſiré, mais quand
il eſt le plus à propos. Or quand à
céte ſaiſon-là, celuy qui voit tout à
la fois, les choſes paſſées, les preſen-
tes & celles qui ſont à venir, eſt le
plus propre à la determiner.

Ce que Chriſt dit à ſes diſciples,

Act. 1. 7. *Ce n'eſt pas à vous à conoitre les temps
& les ſaiſons que le Pere a miſes en
ſa propre puiſſance ,* ſe peut appliquer
à beaucoup d'autre ſujets que celuy
qui le luy fit dire. La femme Cana-
neene fut obligée de boire un refus,

Math. 7. 27. & le nom odieux de chiene avant
que

que d'obtenir le fecours qu'elle de-
mandoit. Je vous diray pourtant,
en paffant, que ce mot eftoit une pa-
raphrafe ordinaire aux Juifs pour
defigner les payens, & on l'enten-
doit ainfi par ce mot ·꜀ꜳ꜠· qui
fignifioit gentil & non pas Grec:
les Ifraëlites auffi y comprenant les
Patriarches, furent reduits aux é-
coutes l'efpace de 433 années, a-
vant que d'eftre introduits dans la
terre qui leur avoit efté promife;
& durant une bonne partie de ce **Hab.**
long efpace de temps, il leur falut **3. 17.**
languir, & gemir fous les rudes far-
deaux & autres oppreffions, qui n'eftoient pas moins pefantes, de la
cruelle, & infortunée politique d'E- **Exod.**
gipte. St. Paul même pria trois fois, **ch. 34.**
pour eftre delivré de fon écharde,
fans pouvoir obtenir fa requefte : &
le Seigneur ne voulut pas, que la
bienheureufe Vierge, fa mere, le
trouvaft avant le troifiéme jour,
quoy qu'elle le cherchaft tout ce
temps-là avec follicitude & angoiffe:
Et Lazare qu'il avoit honoré durant
fa maladie, du titre glorieux d'amy,
titre fi haut que tous ceux des Cæ-
fars n'eftoient que bagatelles en com-
paraifon, ce qui donna la hardieffe à
Marie

Marie ſa ſœur de dire, parlant de luy à Jeſus Chriſt, *Celuy que tu aymois,* non ſeulement il le laiſſa dans les angoiſſes de la mort, mais auſſi le laiſſa deſcendre au ſepulchre, & differa de le ſecourir juſques à ce qu'il fuſt creu impoſſible; & il eſtoit impoſſible en effet, à toute autre puiſſance que celle du tout puiſſant. Cela nous montre que comme il n'y a point d'eſtat deſeſperé pour luy, il n'y a point auſſi d'extremité ſi grande qu'elle ne puiſſe bien conſiſter avec ſes compaſſions, voire avec ſon amitié.

Mal. 3. 9.

Celuy dont l'Eſprit inſpire les Prophetes, nous eſt repreſenté, par le dernier d'iceux, comme un forgeron, qui purifie ſon argent. Or ce n'eſt pas la coûtume des rafineurs de retirer du feu leur bien-aymé metal, ſi toſt qu'il commence à ſentir la violence de cet element purifiant, ni pas même ſi toſt qu'il eſt fondu; ils le laiſſent longtemps ſouffrir le choq & l'activité des flâmes, qu'ils excitent encore avec le ſoufflet, tant qu'il ait eſté tout ſon temps dans le feu, & qu'il y ait acquis une pureté & une ſplendeur achevée: J'eſpere que vous permettrez bien à un homme, qui converſe avec les fourneaux, quoyque

ſans

fans deffein d'y trouver la pierre Phi-
lofophale, de pouffer une metaphore
chimique, & de vous dire qu'encore que dans les afflictions, & particulierement dans les calamitez natio-
nales & publiques, Dieu femble bien
fouvent ne faire aucune diftinction
entre les objects de fes compaffions,
& les objects de fa fureur, les envelo-
pant indifferemment dans une même
deftinée; fi eft-ce, que fa prefcience
& fes intentions font une vafte difference, où fes coups femblent n'en
faire point; comme quand, dans un
même creufet & avec un même feu,
nous preffons egalement l'or & l'an-
timoine, nous le faifons avec une
prefcience & un deffein d'y mettre
une fi grande difference par l'evene-
ment, que l'un fera confumé ou reduit en craffe & en fumée, & l'autre
fera purifié & rendu plus beau fans
aucun dechet.

SECT. VI.

IL eft vray, Lindamor, afin que
vous ne m'accufiez pas de partialité
pour un amour, qui en a fi peu be-
foin pour eftre rendu preferable à
toutes les autres paffions, que je fuis
obli-

obligé de reconoitre, que la felicité, qui refulte de toutes ces hautes prerogatives de la devotion, eſt un peu moderée par le defir impatient qu'elle engendre de jouïr plus parfaitement de ſon Divin objeƈt ; & cela eſt un effet de la nature ſublime. De ces impatients & violents defirs d'une ame amoureuſe, vienent ces cris languiſſans de l'Epouſe au Cantique des Cantiques. *Soutien moy avec des Flacons, conforte moy avec des Pommes ; Car je Languis d'amour.* De là vienent auſſi ces defirs de l'Apoſtre de retourner & d'eſtre avec Chriſt ; car le mot Grec ἀναλῦσαι ſignifie retourner en ce paſſage-là, comme auſſi en Sᵗ. Luc: De là vient auſſi céte expreſſion de David, *Ainſi qu'on oyt le cerf bruire &c.*

Cant. 2, 5.

Chap. 12.36.

　Mais, Lindamor, il eſtoit neceſſaire, que quelques degrez de joye, incommunicables par tout ailleurs, nous fuſſent reſervez dans le ciel, pour y élever nos defirs & nos penſées. Et c'eſt un bon ſigne, dont les objeƈts terriens ne ſe peuvent vanter, que le manque qui ſe trouve dans la felicité des amans Seraphiques, ne procede pas du defaut de l'objeƈt, mais du

du defaut de le bien & entierement
poſſeder : & je vous diray, Lindamor, que même cet eſtat fâcheux de
ſeparation en partie, eſt autant adouci
qu'il le peut eſtre, ſans ceſſer d'eſtre
fâcheux ; car celuy, qui nous eſt une
claire evidence de l'amour Divin,
comme il en eſt auſſi le Docteur & le
Maiſtre, ayant declaré que le deſir de
perfection, donne droit à la perfection, ſuivant ces textes, *Bien-heureux* *Math.*
ſont ceux, qui ont faim & ſoif de juſtice, *5. 6.*
car ils ſeront raſſaſiez, & encore *celuy*
qui a ſoif viene ; & que celuy qui veut
prene de l'eau de vie ſans qu'elle luy *Marc.*
couſte rien ; & de plus les joyes du *22.17.*
ciel eſtant ſi vaſtes, qu'elles diffu-
ſent leur nature à toutes les eſperances bien fondées que nous avons
de les obtenir, il s'enſuit que chaque
nouveau deſir eſt une nouvelle aſ-
ſurance, & chaque nouvelle aſſu-
rance eſt un nouveau degré de joye,
qui ravit noſtre eſperance, quoy
qu'il ne ſatisface pas nos deſirs : &
ſi les efforts de noſtre ame aprés ces
amorces, cauſent pour le preſent
quelque inquietude, qui les doit faire
apprehender, ils nous ſont auſſi un
témoignage de noſtre zele & de
noſtre felicité future, qui les doit
faire

faire encore plus souhaiter. Car cette production de l'esprit en nos cœurs, peut legitimement estre appellée un arrhe, aussi-bien que l'esprit même, dans la seconde aux Corinthiens Chap. 5. vers 5. Or si ce mot d'arrhe témoigne que ce n'est pas la somme entiere, il témoigne aussi que ce n'en est pas seulement une partie, mais aussi un plaige & une caution du tout : Et de grace, Lindamor, cette modification des joyes de l'amour Seraphique, ou ce mélange d'un peu d'amertume avec tant de douceur, n'est-il pas plus supportable que les inquietudes & ls tourmens, qui ont coûtume d'accompagner l'amour sensuel ? Je ne veux pas perdre le temps, à faire un denombrement de tous ceux, qu'on l'accuse d'avoir envoyez au tombeau ; car quoy que je trouve dans les Romans une infinité de ces Histoires tragiques, j'avoüe pourtant, que ce sont des raretez par tout ailleurs ; & dans les regions que la curiosité m'a fait visiter, qui sont plus chaudes que la nostre, & où l'on croit que les flâmes d'amour brulent avec plus de violence, il ne me souvient pas d'avoir appris, que l'amour ait jamais causé la mort à personne, à

moins

moins que ç'ait esté par les düels,
ou par la verole; ou que, parlant en
Philofophes, (qui tiennent que la
raifon eft la forme effentielle & con-
ftituante de l'homme) nous voulions
affirmer, que l'amour, en oftant la
raifon, tue effectivement l'homme
quoy qu'il laiffe la vie à l'amant: Mais
je ne ferois pas volontiers jufques là
defobligeant à la nature humaine, que
de dire que l'amour eft un meurtrier
ordinaire des hommes; je croy pourtant que fans calommie, je puis dire
qu'il eft un grand ennemi de nôtre repos. Je vous demanderois bien, combien il faut que quantité d'amants fervent leurs Maitreffes, avant que d'a-
voir la liberté de s'en dire ferviteurs;
& je pourrois à céte queftion-là en
joindre un affez bon nombre de même nature, n'eftoit que je fuppofe
que voftre memoire m'épargnera la
peine de vous reprefenter les divers
tourmens de l'amour, que l'on pourroit auffi juftement appeller martires, comme il eft ordinaire à ceux qui
les reffentent de les nommer ainfi, fi
la grandeur de la peine, fans la caufe
& fans le vray object, pouvoit fuffire
à faire le martire.

Et quoy que la condition des a-
C
mou-

moureux nous soit si adroitement
& si agreablement décrite dans les
Romans, que moy-même, qui
ne suis pas d'humeur fort sangui-
ne, ay esté plusieurs fois tenté en les
lisant d'admirer leur felicité, & de
leur porter envie; neanmoins autant
de fois que quelqu'un de mes amis,
s'est trouvé reellement engagé dans
ces avantures-là, mon envie s'est
tournée en pitié; car quoy que les refus, les jalousies, les craintes, les ab-
sences, les desespoirs, & le reste des
inquietudes fâcheuses des amants,
soient bientost passées, pour ceux
qui les lisent dans quelque agreable
Roman; elles ne sont pas si tost passées ni si aisement supportées par un
povre amant desolé, & quoy qu'on
puisse deplorer ses propres malheurs,
d'une maniere à donner du plaisir au
lecteur; Croyez moy pourtant Lindamor, qu'il est beaucoup meilleur d'estre sans infortunes, que d'avoir le don
de s'en plaindre avec eloquence: Et
comme j'ay quelquefois pris beaucoup de plaisir à voir dans un tableau
la representation dune tempeste, faitte
par une excellente main, cela n'a pas
empeché que lors que j'ay esté sur la
mer exposé à la merci d'une mer irri-
tée,

tée, & que j'ay veu noſtre vaiſſeau tantoſt élevé juſques aux nues, & tantoſt preſt à enfoncer juſqu'aux abîmes, je n'aye trouvé qu'une tourmente eſt une choſe fort mal plaiſante & incommode : Ainſi quoy que la condition d'un amant repreſentée par une plume eloquente, nous donne quelque agreable émotion & nous plaîſe fort; neanmoins quand on y eſt engagé reellement & de fait, on trouve que c'eſt une condition fort mal plaiſante & pleine de fatigue & d'inquietude : C'eſt une condition qu'il vaut mieux voir deloin qu'embraſſer; & léxperience nous en donne des ſentimens bien plus triſtes, que ne fait la deſcription. Et ne croyez pas Lindamor, que tout le mal de vos ſouffrances amoureuſes, conſiſtaſt ſeulement en ce qu'elles n'eſtoient pas agreables à celle pour qui vous ſouffriez; quand vôtre Maitreſſe les auroit couronneés de mirthe, & qu'elle vous auroit eſté auſſi favorable que le mariage la pourroit rendre, je crains qu'elle n'euſt jamais pû vous recõpenſer, qu'en vous deſabuſant, & que tout le bonheur qui vous en ſeroit arrivé, euſt eſté de conoitre que vous vous eſtiez trompé, en croyant que la felicité conſi-

C 2

ſtoit

ſtoit à la poſſeder. Car ſi je ne me trompe Lindamor, la plus part de ces biens tranſitoires, qui ſont preſque tous nos deſirs, peuvent eſtre aſſez à propos comparez à céte plante ſenſitive, que vous avez autrefois admirée au jardin de Sion; Car, ſi aprés l'avoir contemplée longtemps avec attention, & avec quelque ſorte d'eſtonnement, vous vous en approchez pour la toucher, céte plante trompeuſe referme ſes feuilles, & par une contraction ſurprenante, reveſt une nouvelle forme, fort au deſſous de la precedente; ceſſez de la toucher & vous en éloignez un peu, elle reprendra par degrez ſa premiere beauté: Il en eſt de même de ces biens-là; tant que vous les voyez de loin, & avec un œuil d'eſperance & d'envie, ils ſont tous beaux, ils ſont charmans; ſi vous venez à les poſſeder & à les avoir entre les mains, leur luſtre s'évanouït, & ils paroiſſent tout autre choſe que ce qu'ils ſembloient auparavant; ſi par l'abſence, ou par en eſtre privez, on vient à perdre la memoire de leur vanité, & que l'on ſoit encore un coup reduit à les regarder à diſtance, ils reprenent leur premier éclat aux yeux de la plus part

des

des hommes, & les charment comme devant. Et il faut que je vous die
Lindamor , que quand je parle de
ces choses passageres, que l'on flat-
te du beau tître de biens, je n'en ex-
cepte pas la plus part des Maitresses ;
Car quoy que je ne sois pas si fort en-
nemy, du mariage, comme il plait
à quelques-uns de me croire , faute de bien comprendre le sens des
railleries dont je me sers quelquefois
en discourant ; & bien que je ne fis-
se aucune difficulté de vous donner, si non mon exemple, du moins
mon approbation , pour vous ma-
rier, je vous diray pourtant que j'ay
trouvé si peu de mariages heureux,&
tant d'infortunez , & j'ay veu si peu
d'hommes aymer autant leurs femmes que leurs Maitresses, que je ne
m'étonne pas, de ce que l'on a deffen-
du les divorces, pour faire durer les
contracts entre les maris & les femmes. Et tout de bon on ne peut mieux
comparer le mariage qu'à une lote-
rie ; car tant en l'un qu'en l'autre on
peut bien rencontrer , mais encore
mieux manquer ; si on rencontre
bien , on est richement payé de sa
peine, & du hazard où lon s'est exposé ; mais pour une prise qu'on peut
C 3

faire

faire, il y a quantité de blancs. Et
pour voftre égard, Lindamor, le
monde eft fort trompé, ou il y a une fi
grande antipathie entre voftre humeur & celle d'Hermione, que fi elle
avoit répondu à voftre attante, &
qu'elle vous euft époufé, vous auriez
poffedé la femme fans poffeder la felicité que vous efperiez, & elle n'auroit pas moins trompé vos efperances
en vous accordant vos defirs, qu'elle a
fait en vous les deniant.

SECT. VII.

Ais j'oublie Lindamor, la réfo-
lution que j'avois prife de ne
plus infifter fur les paraboles, & pourtant, au lieu de pourfuivre le difcours,
où je fuis infenfiblement tombé, tou-
chát les avantages de l'amour Seraphique au deffus de l'amour ordinaire;
je veux hazarder de vous encourager
au premier, en vous montrant que la
grande inclination, que vous avez euë
pour l'autre, vous y peut beaucoup
fervir : Ouy, Lindamor, je vous diray
hardiment, que voftre forte paffion
pour Hermione peut beaucoup ayder
à vous rendre la devotion plus aifée,
premierement en ce qu'elle a rom-
pu toutes les autres chaines qui atta-
choient

choient vos affections à des objects
mondains, & qui les empéchoient de
s'élever vers l'object Divin ; & en second lieu, elle est parvenuë à un degré
de hauteur propre pour l'amour Seraphique. Car l'amour a cela, qu'il nous
dépouille de l'amour de nous-mêmes,
& nous fait mettre sous les pieds fortune, repos, seureté, honneur, vie, &
toute sorte d'interets, lors qu'ils viennent en competition avec les interets
de la personne aymée ; & que nous
croyons, en les abandonnant, luy faire
un sacrifice agreable: L'amour fait encore, que nous n'estimons rien digne
du nom de bien, ou du nom de mal,
qu'entant qu'il nous vient d'elle, ou
par elle. Or il vous auroit esté mal-aisé
d'apprendre une meilleure leçon à l'é-
cole d'un beaucoup meilleur Maistre,
car l'amour vous ayant ainsi accoûtu-
mé à ces actes de renoncement, il ne
vous manque presque plus, que de tras-
ferer vos flâmes, d'un faux object au
vray, & vous aurez transformé vostre
amour en devotion, car le renoncement de soy-même, est ce qu'on croit
de plus difficile en cette haute vertu :
d'autre costé une sublime élevation
d'affection, vers quelque object que
ce soit, est une aussi grande disposition
C 4   à la

à la devotion, comme d'avoir appris
à conduire sa voix en chantant des
chansons profanes, est un grand ayde
à quelqu'un pour chanter des him-
nes, & chansons celestes, par lesquelles l'Eglise militante tâche d'i-
miter la triomphante, & de resonner
comme un Echo les Hallelujahs & les
louanges solennelles de la compagnie
des musiciens celestes : Et comme
par la chasse, quoy que ce soit d'un
povre lievre craintif, ou de quelque
autre animal contemptible, nous ne
laissons pas d'acquerir la vigueur, l'a-
gilité & l'habitude à souffrir la fatigue, qui nous rendent propres aux
plus rudes travaux, & incommodités
de la guerre, & qui nous ouvrent le
chemin de la gloire, & du throne :
De même, quoy qu'en amour, qui
est l'apprentissage de la devotion, la
personne que nous courtisons soit
bien souvent du rang de celles, qui ont
donné lieu aux peintres de represen-
ter Cupidon aveugle; cependant dans
le progrés & dans la conduite de nôtre
passion, nous contractons des habitudes si desinteressées, & si resignées,
qu'elles nous rendent fort propres à la
devotion, lors que nous recevons
l'honneur d'estre admis au service des

Mai-

objects celeftes. Et de fait un amour
violent n'eft à peu prés qu'une devotion mal addreffée, où même, les termes, dont nous nous fervons, peuvent
fuffire à nous defabufer ; car, dites-
moy, lors que vous donnez à voftre
Maitreffe le titre de Deeffe, & que
vous ne l'entretenez, que d'offrandes
de cœurs, d'adoration, de facrifices,
& de martires, ne donnés vous pas à
entendre, qu'au même temps que
vous parlez à une femme, vous pen-
fez à la Divinité, qui eft tellement le
vray & naturel object de l'amour
des hommes, que nous ne pouvons
exalter noftre paffion pour aucun autre, à moins que de le nous reprefenter fous une idée de la Deïté, & de le
reveftir de fes attributs, de même,
que les petits enfants decouvrent l'a-
mour naturel, qu'ils ont pour leurs
meres & pour leurs nourrices, en
donnant leurs noms aux poupées
qu'ils ayment le mieux, & comme
Aaron & les Ifraëlites donnerent à
un veau d'or, qu'ils s'étoient fait, le tître de Dieu, pour juftifier envers eux-
mêmes l'adoration qu'ils luy rendi-
rent, ce qui eftoit une reconoiffance
tacite, que l'adoration n'appartient
qu'à la Divinité : Ainfi lors qu'un a-

C 5

mant

TRAITÉ ÉLÉMENTAIRE

COMPLET

DE

MATHÉMATIQUES.

IMPRIMERIE DE E.-J. BAILLY,
Place Sorbonne, 2.

TRAITÉ ÉLÉMENTAIRE

COMPLET

DE

MATHÉMATIQUES,

A L'USAGE

DE TOUS CEUX QUI VEULENT ÉTUDIER LES SCIENCES ;

PAR

C. Menjaud,

Professeur agrégé au Collége SAINT-LOUIS, ancien élève de l'ÉCOLE
POLYTECHNIQUE , EX-RÉPÉTITEUR à cette école.

PREMIER VOLUME.

IIᵉ PARTIE.

Cette IIᵉ partie renferme la fin de la GÉOMÉTRIE , la continuation
de l'ALGÈBRE , jusqu'aux équations de degré quelconque.
La GÉOMÉTRIE DESCRIPTIVE et les DEUX TRIGONOMÉTRIES.

Le 1ᵉʳ volume est plus que suffisant pour les Examens des deux BAC-
CALAURÉATS , de l'ÉCOLE CENTRALE des Arts et Manufactures,
des Écoles MILITAIRE , de la MARINE et FORESTIÈRE.

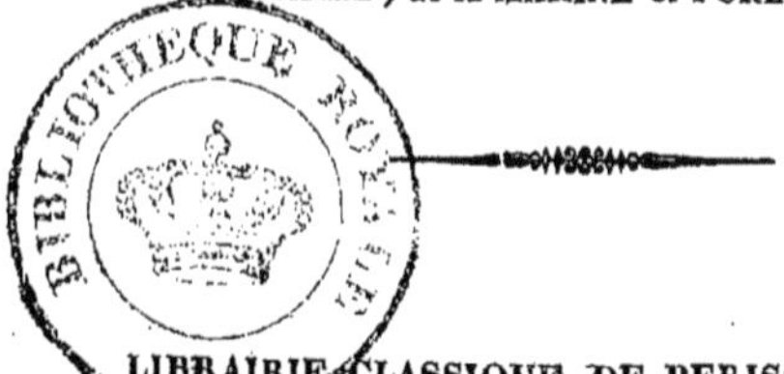

LIBRAIRIE CLASSIQUE DE PERISSE FRÈRES.

Paris,   **Lyon,**
RUE DU POT-DE-FER S.-SULPICE, 8.   GRANDE RUE MERCIÈRE, 33.

1838

mant donne le titre de divinité à celle
qu'il adore, c'est confesser tacitement,
que la Deité toute seule est le propre
& adæquat object de ce culte relevé.

SECT. VIII.

ET tout de bon, Lindamor, il n'est
pas jusques à l'inconstance des a-
moureux, qui ne concoure à témoigner céte verité; car ce que nous appel-
lons & jugeons inconstance, n'est autre chose qu'une chasse ou une pour-
suite de la parfaite beauté, que nostre
amour cherche inutilement dans la
pluralité des objects, ne la pouvant
rencontrer toute entiere en aucun; car
il est vray, que les Creatures n'en ont
que des fragmens bien petits & tres-
obscurs, & qui, par consequent, ne peuvent arréter ny satisfaire nostre appetit, lequel est né pour Dieu, & y aspire
aussi, malgré qu'il en ait: Et si l'instabi-
lité, & la legereté des hommes pour
les femmes, témoigne evidemment,
que Dieu est le propre & adæquat object de nôtre amour, la constance & la
fermeté des anges à l'aymer, ne le témoigne pas moins; tout ainsi, que l'inquietude tremblante de l'aiguille, tant
qu'elle n'est pas au point du compas,
qui regarde le Nort, est un témoignage

ge & un effet tout ensemble de l'inclination qu'elle a pour le pole; &
cette passion se fait autant veoir par
son inquietude, comme par son repos. Mais sçachez que ce defaut de satisfaction, que nous rencontrons dans
la jouïssance des choses terrestres, &
que nous deplorons comme un malheur de nostre nature, en est, au contraire, un grand privilege; ne plus, ne
moins, que c'est une prerogative aux
hommes faits, de ne pouvoir prendre
plaisir à un siflet, ou à une poupée, ou
à ces autres bijoux, qui font tous les
desirs & toute la joye des enfants. Et
vous pouvez en quelque sorte, Lindamor, concevoir la douceur inestima-
ble, qui est reservée à ceux qui met-
tent leurs affections en Dieu; si vous
considerez, qu'un Pere si indulgent,
& si capable de juger des choses, comme il est, a creu que le manque de satisfaction, qui se rencontre par son
decret, dans tous les biens de la terre,
est richement reparé par la disposition & aptitude qu'il nous donne à
placer nostre amour là haut.

SECT. IX.

J'Ay tâché jusqu'ici, cher Lindamor, de vous rendre l'amour

Sera-

Seraphique recommandable, par la representation de quelques unes de ſes proprietez, qui ſemblent ſe raporter davantage à l'amour même, qu'à ſon Divin object. Mais je crains que vous ne m'accuſiez de vous avoir trop long-temps entretenu par des conſiderations, qui ne ſont pas les plus importantes à céte matiere ; & qui de plus ont eſté écrites à la haſte, avec le peu d'ordre auquel elles ſe ſont preſentées à ma plume, ſans y obſerver la methode avec laquelle je les devois preſenter.

SECT. X.

C'Eſt pourquoy, Lindamor, puiſque la plus noble & la plus forte raiſon à nous obliger d'aymer Dieu, procede de ſes perfections infinies, & puiſque d'autre coſté les proprietés de l'amour qu'il nous porte, nous ſont infiniment plus avantageuſes que celles de noſtre amour à luy, & que conſequemment elles peuvent beaucoup ayder à nous faire embraſſer la devotion ; & puiſque c'eſt ſon amour qui fait, non ſeulement allumer céte devotion en nos cœurs, mais qui fait encore qu'il la fomente & qu'il la

rend

rend durable, & qu'il la couronnera finalement, si nous ne l'empéchons par une extinction volontaire; je ne doute pas que vous ne jugiez à propos que nous venions à la consideration de ces choses sublimes, & que nous demontrions clairement, que tout ce qui a de coûtume d'engager, & d'échaufer le plus nos affections, reluit en Dieu d'une façon toutafait eminente. Je n'ay pas besoin de vous prouver, que ce qui vous obligea d'aymer si fortement Hermione, fut une supposition qu'elle avoit beaucoup de merite, & qu'elle estoit fort aymable; & que d'autre part elle vous aymoit veritablement d'un amour libre, constant, & avantageux à vostre felicité. Or, je veux à present essayer, & je souhaite que ce ne soit pas en vain, de vous faire voir clairement, que toutes ces qualitez-là existent eminemment & conjointement en Dieu & en son amour.

SECT. XI.

PRemierement, Dieu est souverainement aymable, & merite le plus haut degré de nostre affection, à raison de l'excellence & des prerogatives

tives de sa nature. Mais croyez moy, Lindamor, que me trouvant à present engagé à dire quelque chose à la louange des perfections Divines par une necessité que m'impose la nature du discours que j'ay commencé : je sens bien que je ne puis parler qu'au desavantage de ce que je voudrois loüer, & qu'il me faut necessairement paroître incapable de parler dignement d'un sujet duquel les Seraphins mêmes ne peuvent parler sans luy faire injustice: & s'il est vray, comme l'Ecriture nous asseure, que les choses que Dieu a reservées à ceux qui l'ayment, ne sont jamais tombées sous les sens, ni ne sont jamais entrées en cœur d'homme, combien doivent étre ineffables, & incomprehensibles les choses, qu'il a reservées pour luy-même, puisque la superiorité infinie de sa nature par dessus toutes les choses creéës , met une difference infinie entre les plus excellentes qualités qu'il ait données, & les perfections sans borne qui sont en luy & qui ne se peuvent communiquer.

Ne vous estonnez donc pas, Lindamor, si mes yeux foibles n'osent pas s'arrester longtemps à la contemplation d'un object, qu'ils ne peuvent regarder fixement sans en demeurer ébloüis.

blouïs. Et ne trouvez pas eftrange, que j'ufe apparamment d'hiperboles en difcourant des perfections de Dieu, pour qui les plus hautes hiperboles ne le font qu'en apparence : car & fa nature & fa parole declarent hautement, qu'il eft élevé au deffus de toute louange , & de toute benediction. S'il étoit neceffaire de vous entretenir ici de ces attributs qui font vifibles dans les creatures; nous y remarquerions des traces fi admirables , & d'un pouvoir immenfe , & d'une fapience qu'on ne peut fonder, & d'une bonté qui paffe toutes bornes, que nous n'en aurions pas une fimple admiration ; Nous en ferions ravis d'un eftonnement indicible : & j'avouë, Lindamor , que lors que je fais la reveüe des étoiles & des planetes, tant vieilles que nouvelles, qui fervent d'ornement à la haute region du monde; & quand j'aperçoy dans des objets, qui autrement font invifibles, la fubtilité des ouvrages de la nature, qu'on ne peut imiter; quand en un mot , avec les couteaux de l'anatomie , & avec la lumiere des fourneaux chimiques, j'étudie au livre de la nature, & confulte les glofes d'Ariftote d'Epicure, de Paracelfe, de Harvey, d'Helmont, & autres expofiteurs de ce fçavant volume , je me

trouve,

ve souvent reduit à m'écrier avec le Pfalmiste, O *que tes œuvres font diverfes, Seigneur, tu les as toutes faites fagement*. Et quand je me fuis perdu dans l'admiration de ce que je ne puis comprendre, je fuis forcé de quiter mes recherches & d'appliquer aux œuvres de la creation, ce que S^t. Paul a dit des œuvres de la providence, *O profondeur des richeffes, & de la fapience & de la conoiffance de Dieu, que fes jugemens font incomprehenfibles, & fes voyes impoffibles à trouver*. Chacun des attributs de Dieu produira des exclamations de même nature, fi on les confidere bien : Mais j'ay traité cette matiere ailleurs particulierement, & n'en parleray pas ici davantage. Je veux a prefent vous inviter à confiderer avec moy, combien tous ceux, qui ont affez de vertu pour l'eftimer en autruy, font épris de Caton, de Scipion & de ces autres Heros, qui ont anobli & prefque furmonté la nature humaine, fur le fimple recit qu'on leur a fait de leurs vertus ; fans qu'il nous en reviene aucun perfonnel avantage, comme eftant morts beaucoup de fiecles, avant que nous fuffions nez. Puis donc que nous payons tant d'amour, & un a-
mour

104.
14.

Rom.
11.33.

mour si desinteressé, à un petit nombre de vertus feintes, & mal rafinées, qui ne nous ont de rien servi; combien à ce conte devons nous aymer, celuy qui possede tellement toutes les perfections, que chacune d'icelles est infinie en luy. Et je vous prie, Lindamor, s'il estoit possible que vous & moy nous fussions créez nous-mêmes, & que nous ne dependissions en aucune façon de Dieu, sans avoir ni esperance ni besoin de goûter sa bonté, ne serions nous pas ravis, neanmoins, de voir combien il est excellent, & combien il a fait de graces & de biens à tous les autres. Certainement cela suffiroit pour nous le faire aymer. Ouy, Lindamor, quand même il ne nous auroit pas obligez à l'aymer en nous bienfaisant, son Essence, qui est la seule source, & la seule cause mouvante de ses bienfaits, luy donneroit un droit sur nos affections ; & quand nous ne luy devrions rien, à cause de ce que nous sommes, nous luy devrions toûjours de l'amour à cause de ce qu'il est. Dieu est ce glorieux soleil, duquel procedent, comme autant de rayons, toutes les perfections, qui reluisent aux creatures, &

en

en qui elles aboutiſſent auſſi comme à leur centre. Sans parler de cette Majeſté Souveraine, qui le place ſi haut, que d'oſer dire ſeulement, que nous avons pour luy une paſſion ſi familiere, & qui reſſent ſi fort l'egalité comme fait l'amour; & qui plus eſt, oſer ſe promettre d'eſtre aymez de luy reciproquement, ſeroit peut-eſtre la plus haute preſomption dont l'homme puiſſe eſtre capable, n'eſtoit que ſes commandemens en ont fait un devoir. Mais pour ne pas inſiſter ſur cela, comme j'ay déja dit, conſiderons, un peu de temps, ce qu'il y a en luy de beau & d'atrayant & qui le rend proprement un objeĉt d'amour; cela s'y rencontre ſi eminemment, que ſi nous le pouvions voir; toute competition de la part des creatures, nous ſembleroit autant impoſſible quelle eſt injuſte. Dans la Prophetie d'Eſaye, les Seraphins, qui ſervent d'ornement à la Hierarchie celeſte, nous ſont repreſentez couvrant leurs faces, en la preſence de l'Eternel, ſoit qu'ils ayent honte de leur difformité, quand ils ſe regardent auprés de cette beauté tranſcendante, ou ſoit qu'ils ſoient incapables d'en ſoûtenir, l'inconcevable éclat.

éclat. De là venoit peut-eftre l'ancienne coûtume des juifs, comme nous pouvons juger de plufieurs paffages de leurs Rabbins, qui eftoit de voiler leur tefte & leur vifage quand ils vouloient prier; quoy qu'à prefent dans leurs Synagogues ils couvrent feulement leurs teftes, avec ces acoûtremens blancs qu'ils portent dans leurs devotions publiques; & de grace, Lindamor, fi le vifage de Moyfe, aprés quelques jours de converfation avec Dieu, jettoit une clarté qui ébblouiffoit les yeux des mortels; & fi les anges, lors qu'ils font envoyez ici-bas, faire quelque meffage, & qu'on les peut fuppofer d'eftre en leurs habits de fatigue (s'il eft permis de parler ainfi) & de s'abaiffer autant quant à la forme, comme au regard de la region, afin de fe mieux accommoder à noftre fragilité; fi dis-je ces excellents & prompts meffagers du tout puiffant, malgré cette condefcenfion, qui ternit leur éclat, furpaffent fi fort en luftre & en beauté, tous les objects de la terre, que même ceux qui afpiroient à imiter leurs vertus, ont efté confondus par leur prefence; fi, dis-je, à travers de leur voile,

ils

ils paroiſſent ſi glorieux , qu'avec tout le deſavantage que leur beauté reçoit de ce deguiſement, elle paſſe au delà de tout ce qu'on ſe peut imaginer de beau ; que pouvons nous ou pluſtoſt que ne pouvous nous pas conclure, de Dieu même, duquel il eſt écrit. *Celuy qui a planté l'oreille n'orra-t-il point , celuy qui a formé l'œil ne verra-t-il point ?* ceſt a-dire, celuy qui a communiqué quelque faculté, ou quelque excellence à la creature , ne la poſſedera-t-il pas luy-même d'une façon beaucoup plus eminente ? Et de fait, les beautés les plus pures des creatures, ne ſont que des foibles ombres, ou plutoſt le rebut de la ſienne. Ces petites goutes de gentilleſſe , qui ſont épandues çà & là entre les creatures , doivent ſervir, ſelon l'intention de Dieu à purifier & à élever nos conceptions, & non pas à tromper ou à retenir nos affections : Dieu ne nous les a pas données pour y terminer noſtre amour , mais ſeulement pour élever noſte foy par nos yeux au deſſus de ces choſes, & pour nous faire concevoir & nous aſſeurer par la veuë de ces petites beautés, qu'il

y

y a plus de beautés en leur auteur, que nous ne pouvons voir ou comprendre. Il en est comme du chariot d'Elie, toutes brillantes & éclatantes qu'elles sont, & de la plus noble & de la plus resplendissante matiere, leur fin, selon le decret du Seigneur, n'est que de nous conduire à luy : & comme le maistre d'hostel du Patriarche fut envoyé faire la demande de Rebeca, avec un equipage somptueux & magnifique, non pour luy-même, mais pour son seigneur Isaac; demême, tout cet equipage éclatant de beauté, & d'attraits, dont Dieu a revestu ses creatures, n'est que pour nous donner des sentimens plus relevez de la grandeur, & des richesses de leur Maitre. Pour user, comme il faut, des beautez passageres, vous devez considerer & Dieu & elles avec céte difference, que vous aviés coûtume de mettre entre le portrait de vostre Maitresse, & le cristal qui le couvroit : quoy que le cristal fust beau & sans tache, & bordé richement, le principal but de vos yeux n'estoit pourtant pas de s'amuser à le contempler; vous n'y borniez pas vôtre veuë, elle se portoit avidement au delà, & au travers de ce verre naturel,

je-

jettoit ſes regards ſur l'image ado-
rée, que ce voile tranſparant tra-
hiſſoit. Il me ſemble auſſi, que les
Amants Seraphiques & les amoureux communs, regardent les beautés exterieures d'une maniere auſſi
differente, comme les Aſtrologues &
les petits enfants, regardent les lunet-
tes de Galilée, (avec l'une deſquel-
les, qu'il me ſouvient d'avoir veuë
à Florence, il ſe vantoit en riant *d'ha-
ver trovata la corte à Giore.*) Ces derniers les eſtiment ſeulement pour ce
qu'elles paroiſſent, & les autres pour
ce qu'elles decouvrent. Les enfants
ſe contentant d'en admirer la longueur, & d'eſtre amoureux de l'ouvrage & de la dorure de la trompe, ne
portent point leur curioſité plus a-
vant, mais les Aſtrologues regardent
au travers, & ſans s'arreſter preſque
à en remarquer l'ornement, ou la
forme, s'en ſervent ſeulement pour
decouvrir dans l'air quelques lumie-
res inconnuës, ou pour appercevoir
dans le ciel, quelques eſtoiles qu'ils
n'ont pas veuës auparavant.

SECT. XII.

JE ne denie pas, que Dieu n'ait eu la
bonté d'orner quelques-unes de ſes

crea-

creatures, de quelques marques & caracteres de l'aimable, aussi-bien que de ses autres excellences; mais cela luy ressemble moins, sans comparaison, & beaucoup plus imparfaitement, qu'un soleil contrefait, comme nous en voyons quelquesfois dans les nües, ne ressemble le veritable, des rayons duquel il est produit, selon l'opinion de quelques subtils naturalistes : & cependant ce soleil derivatif, quoy qu'il ait quelque lustre & quelque clarté considerable, à comparaison du reste de la nuëe qu'il anoblit, il est pourtant aussi inferieur à l'autre, en clarté qu'en hauteur, & ne possede qu'un estre dependant, emprunté, & de peu de durée, qu'il perd bien souvent si tost qu'il l'a receu, & qu'il ne garde jamais longtemps. Ceux donc, qui negligent la supreme beauté qui reluit en Dieu, pour courir aprés les foibles & obscures representations qu'il en a mises en ses Creatures, ne sont pas moins ridicules, que le seroit un Perse, qui au lieu d'adorer le veritable soleil, offriroit ses sacrifices à un Pharelion, comme les Grecs l'apellent. Pour vray, Lindamor, si nôtre courte

veuë

veuë pouvoit difcerner les objects,
qui naturellement nous font invifibles, par un privilege femblable à celuy du ferviteur d'Elizée, à qui Dieu
ouvrit les yeux, & il vit que la montagne eftoit couverte de chevaux &
de chariots de feu ; fi Dieu nous en
faifoit autant, & que nous viffions ce
qu'il y a d'aymable & d'adorable en
luy, nous ne cefferions jamais de dire
avec le Prophete Zacharie, *quelle eft*
fa bonté & quelle eft fa beauté : Et fur
cela, nous pouvons obferver, que
comme l'Aimant attire plus fortement les aiguilles les plus luifantes,
& qui font faittes de l'acier le plus fin;
auffi les Anges, qui entre toutes les
Creatures, jouiffent de la clarté la
plus pure, & qui ont la plus diftincte
conoiffance de celuy qui les a faits,
l'ayment le plus paffionnement, &
avec une conftance fi ferme, que depuis cinq mil, & quelques centaines
d'années, ils n'ont jamais pû voir ni
en Dieu, ni hors de luy, chofe aucune, qui fuft capable de les feduire,
& de les perfuader au changement.
Ce qui eft d'aymable en Dieu (& qui
l'eft fi fort que l'eternelle jouiffance
qu'il a de luy-même, fait jufqu'à fa felicité,) fe peut comparer à une rare
muſi-

Chap.
9. 7.

muſique, qui, bien qu'elle plaiſe à tous les écoutans, n'en eſt pourtant pas également eſtimée ; ceux qui ont la conoiſſance de l'art, en font le plus de cas, & ſont, beaucoup plus que les autres, ravis des tranſports qu'elle produit, qui, de neceſſité, ſont proportionnez aux degrez de la conoiſſance de ſes admirateurs. Il eſt vray que les eſprits apoſtats ont quité leur ſtation premiere ; mais ce n'a pas eſté pour aucun défaut, qu'ils ayent pû remarquer en Dieu ; ils ſont probablement tombez, pour avoir, par inſolence, affecté l'égalité, & ſelon nos Docteurs, pour avoir d'un eſprit ſacrilege aſpiré à des perfections, qu'ils eſtoient criminellement incapables de regarder, ſans les ſouhaiter eux-mêmes. Et preſentement, ce qu'ils ſont ſeparez de Dieu, c'eſt la punition de leur crime, & une grande malediction. Je confeſſe ingenûment, Lindamor, que lors que je me repreſente quelque idée un peu avantageuſe des perfections de l'Eternel, j'encline à croire que la raiſon pourquoy il dit à Moyſe, *tu ne peux voir ma face, car nul ne me peut voir & vivre*, peut eſtre que comme les objects tranſcendants deſtruiſent

D les

les sens, une veuë si glorieuse & si aymable, & dont la continuation fera nostre felicité dans le Ciel, nous donneroit des joyes, & à même temps causeroit des desirs, qui passeroient la portée de nostre foible mortalité. Nostre ame ravie, à la veuë d'une telle proye, feroit un si grand effort, qu'elle romproit l'attache, qui la retient au corps, & qui l'empesche de voler vers cét object, auquel elle desire d'estre unie ; & nostre cœur se trouvant trop petit, pour contenir une si grande joye, afin de faire place à des hostes si agreables, se romproit en se dilatant. Le desir & la joye, estant separez font quelque - fois montez à un tel excés, qu'ils ont donné la mort : Il est donc bien croyable qu'estant unis, & dans leur plus haut point, ils produiroient le même effet ; & il peut estre, que dans la vie à venir, l'honneur de voir Dieu ne sera pas un privilege plus grand, que celuy de pouvoir vivre aprés l'avoir veu : Car sans doute c'est un object trop éclatant pour nos yeux, tant que nostre corps mortel n'a pas revestu l'immortalité. Mais il faut cesser de me

per-

perdre dans une matiere, dont il
est aisé de dire beaucoup, & impossible de dire assez : Je condamne tout
à fait la presomption de ceux, qui
osent entreprendre de nous donner
des definitions pertinentes de la nature Divine ; car si je ne me trompe, on ne la sçauroit mieux definir,
qu'en disant qu'il est impossible de la
definir ; & j'avouë que les plus em-
pressez à nous en donner la description veritable, sont ceux dont je
l'attends le moins : Car puis que nos
paroles ne sont autre chose que la representation de nos conceptions, qui
de necessité sont finies aussi-bien que
nostre estre, il n'y a personne, à mon
gré, plus capable de se tromper,
en parlant d'une nature infinie, que
celuy qui s'imagine de la pouvoir
renfermer dans une description. De
plus, ny l'assiduité, ny la constance
de nos speculations ne sçauroient re-
medier à ce mal ; car plus nous nous
attachons à contempler l'essence Divine, & moins nous sommes capables de la pouvoir comprendre ; de
même que St. Paul ne voyoit goute, Actes
à raison de la splendeur de céte lu- 22.
miere qui l'environnoit, lors que
Dieu l'appella pour le convertir.

D 2

Céte

AVANT-PROPOS.

I.

Dans l'ouvrage que nous présentons au public, et qui doit former, dans sa totalité, un *traité élémentaire complet de Mathématiques*, depuis l'ARITHMÉTIQUE jusqu'au CALCUL INFINITÉSIMAL, avec les principes et l'esprit des applications de ce calcul à la GÉOMÉTRIE, à la MÉCANIQUE et à la PHYSIQUE, voici ce que nous nous sommes proposé :

1° Exposer *complétement* les doctrines de la science, de manière pourtant à la rendre abordable pour tous; aussi bien pour ceux qui doivent la considérer comme un puissant moyen de culture intellectuelle, que pour tous ceux qui la regardent seulement comme un instrument propre aux *carrières spéciales,* quelles qu'elles soient, qu'ils doivent parcourir;

2° Sans compromettre la solidité des études mathématiques, en abréger de beaucoup la durée ;

3° Réduire la dépense occasionnée par l'achat des livres, laquelle se monte très haut, même pour le cours de première année des colléges.

II.

La vérité scientifique, qui est la vie même de l'homme intellectuel, et qui convient par conséquent à tous les hommes, est plus simple qu'on ne la fait, nous le croyons. *On met trop d'appareil à la science.* C'est ce qu'exprimait spirituellement l'illustre LAGRANGE, lorsque, interrogé sur la valeur d'un livre élémentaire , composé par un géomètre de très grand mérite , il disait familièrement : « *Il a mis habit bas pour fendre une paille en quatre.* » On doit donc, d'après une aussi imposante autorité, *employer à écrire les élémens de la science, la même simplicité qu'on a toujours recommandée pour les enseignemens d'une autre nature.*

En effet, quand on lit les Clairaut, les Monge, les Poinsot, etc., on s'étonne de la facilité qu'on trouve à pénétrer les choses dont l'énoncé tout seul effrayait l'intelligence ; et l'on ne s'étonne pas moins de la simplicité de conception et d'exposition qui se joint chez ces maîtres à la rigueur logique, caractère obligé de la science. L'esprit , satisfait de cette exactitude et charmé de cette simplicité, prend goût à pousser plus avant, dans une route à laquelle on a coutume de reprocher son aridité et ses dégoûts. Voilà les modèles qu'on peut désespérer d'atteindre , mais qu'on doit toujours s'efforcer d'imiter.

Dans les colléges, les études mathématiques , qui ne comprennent pourtant rien du calcul infinitésimal et de ses applications, durent trois années ; à supposer même que le temps de ces années est exclusivement employé à la science. Eh bien ! un quart à peine des élèves a fait des études fructueuses. C'est ce que témoignent les examens annuels pour l'École polytechnique. A quoi tient la petitesse d'un résultat si disproportionné avec le temps d'étude , et avec les efforts des élèves ? car on sait quelle ardeur anime les jeunes gens qui courent la carrière des écoles du gouvernement. A une seule chose : *on se défie trop de leur intelligence.* On craint pour ainsi dire de les abandonner un seul instant à la spontanéité de leur esprit. Le corollaire qu'ils déduiraient eux-mêmes d'une vérité connue , on ne se contente pas de l'énoncer ou d'indiquer la marche pour déduire , on le leur explique dans ses plus minces détails. Ce qui ne devait être considéré que comme exercice d'intelligence, et abandonné, avec quelques indications peut-être, aux recherches des élèves, on en fait des théories.

Il résulte de là beaucoup de mauvais effets : les livres se grossissent ; le vrai, le simple de la science s'obscurcit ; l'intelligence des jeunes gens perd son activité, et leur esprit, loin de pouvoir appliquer à la solution des questions, un instrument dont ils connaissent plutôt la forme que l'usage, n'est plus, pour ainsi parler, qu'un catalogue plus ou moins fidèle des faits de la science. D'un autre côté, à cause des longueurs et des inutiles difficultés dont l'enseignement est surchargé, la simultanéité des études mathématiques et des autres études devient impossible ; et c'est là un très grave inconvénient. Car l'état de beaucoup de jeunes gens dépendant aujourd'hui de la culture des sciences, on se voit obligé de proscrire de bonne heure les enseignemens littéraires ; on arrache les enfans à l'étude des langues, je ne dirai pas quand ils ne savent pas encore sentir les beautés de la parole et des écrits, mais même quand ils ne savent pas écrire et parler leur langue maternelle. On ferme ainsi pour eux à jamais l'une des vastes carrières où s'exerce l'intelligence de l'homme. Et si l'on réussit avec eux par la science, on n'est parvenu, après tout, qu'à en faire des hommes incomplets.

La dépense occasionnée par l'achat des livres mathématiques est considérable ; elle ne se monte pas à moins de 3o fr. pour le cours de première année seulement, et à moins de 5o fr. pour le cours complet des colléges. L'inutile accroissement du volume dans chaque ouvrage des traités, et la nécessité d'acheter tout un volume dont on ne doit connaître quelquefois, pour la spécialité qu'on a en vue, que la plus faible partie, entrent pour beaucoup dans l'exagération de ce prix.

III.

Nous avons tenté de remédier aux graves inconvéniens que nous venons de signaler. Pour cela, nous suivons, autant qu'il est donné à notre intelligence, les excellens modèles que nous avons déjà cités. Sans oublier quelle est l'importance des applications et des exercices, pour affermir les jeunes gens dans l'intelligence de la théorie et de son emploi, nous n'oublions pas non plus que les liaisons naturelles des théories ne doivent point s'effacer, et que ce qui fait l'essence de la doctrine, ne doit point être envahi et comme étouffé par des détails parasites. Notre ouvrage, complet dans son ensemble quoique resserré dans des limites typographiques peu étendues, est d'un prix très modique par rapport aux traités en usage, quoiqu'il doive comprendre *la haute analyse* et *ses applications,* dont il n'est pas fait mention dans ces traités. Les diverses parties dont il se compose, peuvent être mises dans les mains de l'élève qui a commencé les études classiques. Elles le suivent, en quelque sorte, et l'accompagnent à mesure qu'il s'élève dans les classes, et lui donnent ainsi les moyens de mener de front et de terminer en même temps ses études littéraires et son instruction scientifique.

IV.

Nous avons fait marcher ensemble l'arithmétique, l'algèbre et la géométrie. Le passage de l'algèbre à l'arithmétique se fait facilement par la comparaison de ces deux sciences; l'esprit ayant présent à la fois la nature des considérations arithmétiques et l'insuffisance de cette science, comprend tout de suite l'origine, la nécessité et le vrai caractère de l'algèbre.

Pour la géométrie, deux motifs nous ont déterminés : le premier; c'est qu'à l'abord d'une science, il faut reposer l'esprit sur les choses les plus simples; et que les considérations géomtriquées , qui s'adressent aux yeux et à l'imagination autant qu'à la logique, sont une initiation simple et facile aux abstractions de la science mathématique en général. Le second, c'est que la géométrie offre en secours à l'arithmétique et à l'algèbre, des applications intéressantes, utiles, et auxquelles on ne peut pas reprocher le vide des exercices qu'on propose trop souvent aux jeunes gens, pour leur apprendre à appliquer le calcul.

V

Chaque partie de l'ouvrage répond à l'une des **NÉCES-SITÉS SPÉCIALES** auxquelles doivent satisfaire les jeunes gens qui ont terminé leur éducation.

La première partie du premier volume contient les matières du **BACCALAURÉAT-ÈS-LETTRES.**

Les deux parties formant le premier volume contiennent : l'*Arithmétique*, la *Géométrie*, *la moitié de l'Algèbre*, les *Trigonométries* et *les élémens de la Géométrie descriptive.* Ce sont les matières exigées pour les examens d'admission aux Écoles **MILITAIRE,** de la **MARINE** et **FORESTIÈRE,** et exigées seulement en partie, pour l'admission à **L'ÉCOLE CENTRALE** des arts et manufactures, et pour l'obtention du grade de **BACHELIER-ÈS-SCIENCES.**

Ce volume, composé de 410 pages, équivaut à des livres dont le prix total monte à la somme de 20 fr.

Les deux premiers volumes composent le *Cours complet* pour l'admission à l'**ÉCOLE POLYTECHNIQUE.**

Le troisième volume expose les doctrines du *calcul différentiel et intégral,* avec les principes et l'esprit des applications de ce calcul à la *géométrie ,* à la *mécanique* et à la *physique.*

2.

ERRATUM DE LA DEUXIÈME PARTIE.

A la seconde colonne de l'erratum, la lettre *d* signifie en descendant la page, et la lettre *r*, en remontant la page.

Corrigez à la main avant de lire.

Pages.	Lignes.	Il y a.	Lisez.
218	3 d.	155	156
221	3 d.	$y=\frac{1}{2}b$	$y=2b$
229	15 r.	$x^{m-p-\lambda}$	$x^{\overline{m-p-1}}$
231	5 d.	$4\times(30)^4\times2$	$4\times(30)^3\times2$
244	3 r.	0 3	*effacez le 3*
260	1 r.	$+10$	-10
264	2 r.	$s(1+r)$	$s(1+r)^n$
270	5 r.	ed	cd
272	11 d.	ABDC	ABD_1C
272	12 d.	CBD	CBD_1
274	9 r.	MN	$APP'A'$
278	9 r.	G	C
290	5 d.	cylindre	cône
290	6 d.	$\pi R^2 H$	$\frac{1}{3}\pi R^2 H$
303	11 d.	fig. 18	fig. 21
324	10 r.		*effacez* positifs
325	9 d.		*effacez* positifs
327	5 d.	cos A	cot A
327	7 d.	quatrième... sixième	troisième... cinquième
352	6 r.		*effacez* R
338	11 r.	$\pm q \cos q$	$\pm \cos q$
339	8 r.	$\pm \dfrac{q}{\cos}$	$\pm \dfrac{q}{\cos \varphi}$
374	7 d.	ANB	APB
374	8 d.	BM	BN
380	12 d.	α'	α
381	6 et 8 d.	v	v
388	6 r.	$ab,\ ab$	$ab,\ a'b'$
395	14 d.	articles	cercles
401	10 d.	tm'	$t'm'$
402	7 r.	$t_1v,\ vu'_1$	$t_1v_1,\ v_1u'_1$

TRAITÉ COMPLET

DE

MATHÉMATIQUES.

SECONDE PARTIE.

CHAPITRE VIII.

QUELQUES PROPRIÉTÉS DE NOMBRES. — APPLICATION DE CES PROPRIÉTÉS A L'ARITHMÉTIQUE.

§ I.

137. Dans ce chapitre, qui pourra être considéré comme un complément de l'arithmétique, nous démontrerons quelques propriétés, dont nous ferons application, soit aux opérations de l'arithmétique, soit à la démonstration de quelques vérités plus curieuses qu'utiles, mais qu'on a l'habitude de faire entrer dans l'enseignement.

2.   13*

138. La propriété unique, la seule dont il soit nécessaire de retenir la démonstration, parce que toutes les autres s'en déduisent très simplement, est celle-ci :

Si un nombre P *divise exactement le produit de deux autres nombres* A *et* B, *et qu'il soit premier avec* A *l'un de ces deux nombres, il divise exactement l'autre* B.

En effet, appliquons aux nombres A et P le procédé du plus grand commun diviseur ; le dernier de tous les restes sera l'unité, puisque A et P sont premiers entre eux. Si avant d'opérer nous avions préalablement multiplié A et P par B, tous les restes de l'opération auraient été ceux déjà obtenus multipliés par B. Car soit R le premier reste dans la première recherche ; on a

A $=$ P Q $+$ R, d'où en multipliant par B

A B $=$ P B $\times$ Q $+$ R B. Le reste de la division de A B par P B est donc le reste de la division de A par P, mais qu'on a multiplié par B. En divisant P B par le reste R B, on trouvera de même le reste R′ de la première opération multiplié par B. Le dernier de tous les restes dans la recherche du plus grand commun diviseur entre A B et P B sera donc I $\times$ B ou B. Mais P divise exactement A B et B P, il divisera donc tous les restes successifs R B, R′ B, etc. (72), donc il divise exactement B ; ce qu'il fallait démontrer.

Corollaires. 1° Si P divise le produit d'un nombre quelconque de facteurs A, B, C, D, E, F, et qu'il soit premier avec plusieurs de ces facteurs A, B, C ; il divisera exactement le produit D E F de tous les autres. On prouvera qu'il divise exactement les produits successifs BCDEF, CDEF, DEF.

2° Quand un nombre A est divisible par plusieurs

nombres premiers entre eux n, n', n'', il est divisible par le produit de ces nombres.

Car A étant divisible par n, on a $A = n\,Q$; $n\,Q$ est donc divisible par n'. Or n' est premier avec n, donc il divise exactement Q, donc $Q = n'\,Q'$. On prouvera de même que $Q' = n''\,Q''$. En rapprochant ces deux égalités de la première, on conclura celle-ci :

$$A = n\,n'\,n'' \times Q'',$$

qui démontre la proposition.

3° Une fraction $\dfrac{a}{b}$ dont les deux termes sont premiers entre eux, ne saurait être ramenée à de moindres termes. Car supposons qu'on puisse égaler $\dfrac{a}{b}$ à $\dfrac{\alpha}{6}$, α et 6 étant plus petits que a et b, et étant premiers entre eux; on aurait $a = \dfrac{\alpha b}{6}$; donc b serait un multiple $q6$ de 6, d'où a serait un même multiple $q\alpha$ de α, ce qui est contraire à l'hypothèse. Il suit de là que la division des deux termes de la fraction $\dfrac{a}{b}$ par le $p.\ g.\ c.\ d.$ de a et de b, la réduit à sa plus simple expression (72).

4° Lorsque deux nombres, p, P, sont premiers entre eux, les puissances quelconques p^a P^A de ces nombres sont premières entre elles. Car supposons qu'un nombre premier divise exactement $p^a = p\,p\,p\,p\dots$ et $P^A = P\,P\,P\,P\dots$, il devrait diviser à la fois p et P; ce qui est impossible.

5° Lorsqu'un nombre est formé par la multiplication des facteurs A, B, C, D, etc., il ne saurait être divisible par un nombre qui contiendrait un facteur premier, étranger aux facteurs premiers de A, B, C, D, etc.

De là il suit immédiatement que, si un nombre est formé par le produit de certaines puissances des nombres premiers α, δ, γ, soit $N = \alpha^n \delta^p \gamma^q$, tout facteur de ce nombre ne peut être que le produit deux à deux, trois à trois, de ces facteurs élevés à des puissances respectives qui ne peuvent dépasser n pour α, p pour δ, q pour γ.

Nous indiquons plutôt que nous ne faisons la démonstration de ces théorêmes, afin de fixer particulièrement l'attention des élèves sur le seul principe que nous avons démontré plus haut, et afin de ne pas accroître les points de théorie, dont ils croient toujours devoir charger leur mémoire. Ils doivent se convaincre que leur intelligence suffisant, dans un très grand nombre de cas, à faire spontanément les déductions d'un principe, c'est de leur part s'abandonner à une marche rétrograde que *d'apprendre* de mémoire dans un livre, ce qu'ils peuvent *trouver* d'eux-mêmes par la réflexion.

139. *Recherche de tous les diviseurs d'un nombre.* Soit pris pour exemple le nombre 360 ; décomposons 360 en ses facteurs premiers, en faisant des divisions successives par les facteurs simples 2, 3, 5, etc., répétées pour chacun autant de fois qu'il se peut ; nous trouverons $360 = 1 \times 2^3 \times 3^2 \times 5$. Maintenant prenons ces facteurs et leurs puissances diverses, et les combinant par produit un à un, deux à deux, trois à trois, nous aurons formé, d'après le dernier corollaire du numéro précédent, tous les diviseurs du nombre 360.

Le tableau ci-dessous explique ces deux séries d'opérations.

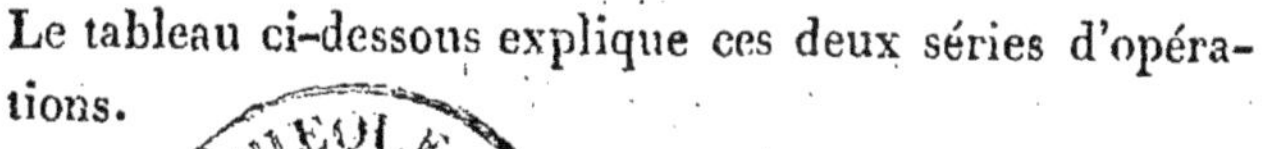

Diviseurs composés.

Quotiens résultant des diviseurs premiers.	Diviseurs premiers.													
360	1.				$560 = 1 \times 2^3 \times 3^2 \times 5.$									
180	2													
90	2	4												
45	2	8												
15	3	6	12	24										
5	5	9	18	36	72									
1	5	10	20	40	15	30	60	120	45	90	180	360		

Combinaison des diverses puissances de 2.

Combinaison des diverses puissances de 2 avec la 1re puissance de 5.

Id. avec la 2e puiss. de 5.

Combinaison des diverses puissances de 2 et de 3 avec 5.

Pour former tous les diviseurs composés, on prend successivement, en commençant par le haut, chaque diviseur premier, et l'on multiplie par ce diviseur tous ceux qui précèdent dans la même colonne, ainsi que tous les produits qu'on a déjà formés et inscrits dans les colonnes suivantes, en ayant soin d'éviter les répétitions.

Voici comment on raisonne pour connaître d'avance le nombre total des diviseurs d'un nombre 360, quand on connaît les puissances des nombres premiers dont il est le produit. En multipliant les deux polynomes :

$$1 + 2^1 + 2^2 + 2^3, \quad 1 + 3^1 + 3^2,$$

les termes du produit seront tous les facteurs de 360, formés par les diverses puissances de 2 et de 3 et de leurs

2.

combinaisons. Comme il n'y aura aucune réduction dans les termes de ce produit , le nombre de ces termes sera égal au nombre $3+1$ des termes du multiplicande , multiplié par le nombre $2+1$ des termes du multiplicateur. Le produit étant effectué, multiplions-le par $1+5^1$: la multiplication par le terme 1 reproduira tous les diviseurs déjà mentionnés ; le produit par le terme 5^1 donnera toutes les combinaisons qu'on peut faire deux à deux, trois à trois, des diverses puissances de 2 et de 3 avec 5. Donc le produit total renferme tous les diviseurs de 36o , depuis l'unité jusqu'à 36o lui-même. Or le nombre total des termes de ce produit, et par conséquent le nombre total des diviseurs de 36o est donné par la formule

$$(1 + 3) \; (1 + 2) \; (1 + 1).$$

Plus généralement n, n', n'', etc., représentant les plus hautes puissances des nombres premiers qui entrent dans la composition d'un nombre N, on obtient le nombre des diviseurs de ce nombre, en faisant le produit

$$(1 + n) \; (1 + n') \; (1 + n'').$$

Nous allons appliquer la décomposition ci-dessus à deux opérations importantes.

140. *Réduction des fractions à leur plus petit dénominateur commun.* Lorsque les deux termes des fractions sont premiers entre eux, ce que nous supposons, la réduction au même dénominateur ne se peut faire, qu'en multipliant les deux termes de chaque fraction, par le quotient qu'on obtient en divisant le nombre qui doit servir de dénominateur commun, par le dénominateur de la fraction con-

(199)

sidérée. D'après cette remarque, il suffit de trouver le plus petit nombre qui, divisé par le dénominateur de chaque fraction, donne un quotient entier ; et de multiplier les deux termes de chaque fraction par le quotient correspondant. Soit, pour exemple, les fractions

$$\frac{2}{3}, \ \frac{5}{6}, \ \frac{11}{28}, \ \frac{13}{126};$$

décomposons les dénominateurs en leurs facteurs premiers ; 3 ; 2 × 3, 2² × 7, 2 × 3² × 7. Un nombre ne pouvant être divisible par un autre, qu'autant qu'il contient, à des puissances au moins équivalentes, tous les facteurs premiers de cet autre, le plus petit nombre cherché sera

$$2^2 \times 3^2 \times 7.$$

Il est formé de tous les facteurs premiers communs élevés aux plus hautes puissances possibles.

Cette décomposition même donne immédiatement pour chaque fraction, le quotient par lequel il faut multiplier son numérateur, pour être en droit de lui donner le nouveau dénominateur $2^2 \times 3^2 \times 7 = 252$.

141. *Recherche du plus grand commun diviseur à plusieurs nombres.*

Soit les nombres 504, 630, 1386 ; décomposons-les en leurs facteurs premiers, $2^3 \times 3^2 \times 7$, $2 \times 3^2 \times 7 \times 5$, $2 . 3^2 . 7 \times 11$. Tout diviseur commun à ces nombres ne peut renfermer que les facteurs premiers 2, 3, 7 qui leur sont communs, élevés à des puissances qui ne sauraient dépasser 1 pour le facteur 2, 2 pour le facteur 3, 1 pour le facteur 7. Le plus grand de tous ces diviseurs communs est donc $2 \times 3^2 \times 7$. D'où cette règle : *Pour com-*

poser le plus grand commun diviseur à plusieurs nombres, prenez les facteurs premiers communs à tous les
nombres; donnez à chacun de ces facteurs l'exposant
qu'il a, dans celui des nombres où l'exposant du facteur
est le plus faible.

Le procédé des divisions successives pour trouver le
p. g. c. d. entre deux nombres s'applique aussi au cas de
trois ou de plus de trois nombres A, B, C.... En effet, soit
D le *p. g. c. d.* entre A et B; D sera divisible par le *p. g.
c. d.* entre les trois nombres; donc ce *p. g. c. d.* sera
le *p. g. c. d.* entre D et C.

142. EXERCICE. 1° *Toute fraction ordinaire dont le
dénominateur ne contient que des facteurs 2 et 5, est
exactement réductible en décimale.* Le nombre des
chiffres décimaux est égal au degré de la moindre puissance des deux facteurs du dénominateur.

*Toute fraction ordinaire dont le dénominateur con-
tient des facteurs étrangers à 2 et 5, donne lieu à un
quotient décimal périodique.*

Ces deux vérités se démontrent, en considérant la pos-
sibilité ou l'impossibilité de rendre exacte la division du
numérateur par le dénominateur, quand on ajoute plusieurs zéros au numérateur.

2° *Toute fraction dont le dénominateur ne renferme
ni facteur 2 ni facteur 5, donne lieu à une période
simple.*

*Toute fraction dont le dénominateur renferme des
facteurs premiers et aussi des facteurs 2 et 5, donne
lieu à une période mixte.* Le nombre des chiffres de la

partie mixte est égal au plus grand exposant des facteurs 2 et 5 du dénominateur.

La démonstration de ces vérités s'appuie sur la formule modifiée, qui donne le retour d'une fraction périodique décimale quelconque à une fraction ordinaire. Soit p, q, r, s les chiffres de la période, et m, n, l ceux de la partie mixte; les formules de retour seront, pour la période simple $\dfrac{pqrs}{9999}$ et pour la période mixte $\dfrac{mnl}{1000} + \dfrac{pqrs}{9999000}.$

Celle-ci se transforme en $\dfrac{mnl \times 9999 + pqrs}{9999000} =$

$$\dfrac{mnl\,(10000-1) + pqrs}{999900} = \dfrac{mnl \times 10000 + pqrs - mnl}{9999000}.$$

On fera aussi usage pour la démonstration de cette remarque, que s'il y a par exemple trois chiffres mixtes dans le quotient décimal, il y a dans le dénominateur de la fraction de retour trois facteurs 2 et trois facteurs 5, dont l'un des deux doit rester nécessairement en nombre trois, quelle que soit la réduction qu'on fasse subir aux deux termes de cette fraction.

§ II.

DES SYSTÈMES DE NUMÉRATION QUELCONQUE.

143. On appelle base d'un système de numération, le nombre qui exprime combien il faut prendre d'unités d'un ordre, pour former l'unité de l'ordre immédiat supérieur : 10 est la base du système décimal.

Si l'on écrivait les nombres dans un système différent, par exemple celui dont la base est 11, il faudrait un chiffre de plus pour exprimer la collection de dix unités.

Soit δ ce chiffre, $29\delta3$ serait un nombre écrit dans le système *undécimal*. Pour l'écrire dans le système décimal, il suffit de remarquer que chacune des collections d'unités qui le composent, est le produit d'une puissance de 11 multiplié par le chiffre de cette collection. On aurait donc simplement à calculer le polynome $3 + \delta \times 11 + 9 \times 11^2 + 2 \times 11^3$. Réciproquement pour écrire dans le système undécimal le nombre 3864 écrit dans le système décimal, on divisera ce nombre par 11. Le quotient exprimera le nombre d'unités du second ordre ou de *onzaines* qu'il renferme, et le reste qui ne saurait atteindre 11, sera le chiffre des unités ; on divisera le quotient par 11 pour avoir dans le nouveau quotient la quantité d'unités du troisième ordre que renferme le nombre, et dans le reste le chiffre des unités du second ordre ; on continuera ainsi jusqu'à ce qu'un des quotiens soit plus petit que 11, et ce quotient exprimera le chiffre des plus hautes unités du nombre écrit dans le système *undécimal*.

144. EXERCICES. 1° Exécuter des additions et des soustractions sur des nombres écrits dans des systèmes quelconques.

2° Etant donné un nombre écrit dans un système quelconque, l'écrire dans un autre système aussi quelconque. Il suffira pour cela de calculer les termes du polynome qui représente le nombre donné ; on exécutera ensuite l'addition numérique de ces termes dans le second système.

3° Exécuter des multiplications sur des nombres écrits dans un système quelconque. Lorsqu'on aura multiplié deux chiffres entre eux, on posera au produit le chiffre qui exprime l'excédant du nombre obtenu, sur le plus grand multiple de la base que renferme le produit de ces deux chiffres.

4° Exécuter des divisions sur des nombres écrits dans un système quelconque. Pour ne pas se tromper dans ces opérations, il suffira de se rappeler que les accroissemens qu'on donne au chiffre du dividende partiel, pour rendre la soustraction à effectuer possible, sont toujours des multiples de la base de numération dans laquelle on opère.

145. Au chapitre V, n° 71 de la première partie, nous avons expliqué les caractères de divisibilité par 2, 4, 8; par 5, 25, 125; par 3 et par 9 des nombres écrits dans le système décimal. Indiquons ici, pour un nombre écrit dans un système de numération quelconque, b, le caractère de divisibilité par le nombre $b+1$. Soit γ le plus grand chiffre de ce système, comme 9 est le plus grand dans le système décimal. Représentons par les lettres m, n, p, q, r, les chiffres qui composent le nombre. La base de ce système sera représentée par 10 et le nombre $b+1$ par 11.

La valeur arithmétique du nombre proposé s'obtiendrait en calculant la somme des termes du polynome :

$$r + q \times b + p \times b^2 + n \times b^3 + m \times b^4,$$

qu'on peut écrire

$$r + q \times 10^1 + p \times 10^2 + n \times 10^3 + m \times 10^4.$$

Or une puissance paire de la base diminuée de 1, dont la formule est

$$10^{2n} - 1,$$

est divisible par $b+1$ ou 11. Car ce nombre s'écrirait
$\gamma\gamma\gamma\gamma\gamma\gamma$, il se composerait d'un nombre pair de chiffres γ ; il pourrait donc se décomposer dans une somme
$\gamma\gamma 0000 + \gamma\gamma 00 + \gamma\gamma$, dont chaque partie est divisible
par 11 ou $b+1$. Une puissance impaire de la base aug-
mentée de 1, dont la formule est

$$10^{2a+1} + 1,$$

est aussi divisible par $b+1$ ou 11. Car ce nombre peut
s'écrire

$$10^{2a+1} + 1 - 10 + 10 = 10(10^{2a} - 1) + 10 + 1.$$

Il se compose donc de deux parties, dont chacune est divisible par $b+1$ ou 11.

Ces deux principes établis, on décomposera le nombre proposé de la manière suivante :

$$+q(10+1) + p(10^2-1) + n(10^3+1) + m(10^4-1)$$
$$+r-q \qquad +p \qquad\quad -n \qquad\quad +m$$

La première ligne est évidemment divisible par $b+1$
ou 11; donc le nombre sera divisible par $b+1$ ou 11, si
la deuxième ligne, soit qu'elle donne un nombre négatif, soit qu'elle donne un nombre positif, est divisible
par 11. Or cette ligne est *la différence entre la somme
des chiffres de rang impair et la somme des chiffres de
rang pair*.

146. Exercice. 1° Chercher dans le système dont la
base est 10, les caractères de divisibilité d'un nombre
par 11.

5° Chercher dans le système dont la base est 7, les
caractères de divisibilité d'un nombre par 6.

3° Dans le système dont la base est 10, et, plus généralement, dont la base est b, comment trouvera-t-on à l'inspection d'un nombre le reste de la division de ce nombre par $b+1$?

4° Preuves par 9 et par 11 de la multiplication et de la division, pour un nombre écrit dans le système décimal.

CHAPITRE IX.

RÉSOLUTION DE L'ÉQUATION DU DEUXIÈME DEGRÉ. — APPLICATION DE CETTE RÉSOLUTION A QUELQUES QUESTIONS GÉNÉRALES.

§ I.

147. On appelle équation du 2e, 3e ......m^{me} degré à une seule inconnue, celle dans laquelle la plus haute puissance de l'inconnue est le nombre 2, 3, m.

Lorsqu'on fait passer dans un seul membre tous les termes d'une équation du 2e degré à une seule inconnue, et qu'on divise tous les termes par le coefficient de l'inconnue, cette équation est ramenée à la forme générale

$$x^2 + p x + q = 0 \ (1),$$

p et q sont des nombres quelconques de signes quelconques.

La méthode de résolution consiste à ramener l'équation du 2e degré à deux équations du 1er degré, qui peuvent la remplacer. Pour cela, on considère $x^2 + p x$ comme les deux premiers termes du carré du binome $x + \frac{1}{2}p$. On ajoute au premier membre $+ \frac{1}{4}p^2 - \frac{1}{4}p^2$, ce qui permet d'écrire l'équation comme il suit :

$$x^2 + px + \tfrac{1}{4}p^2 - \tfrac{1}{4}p^2 + q = (x + \tfrac{1}{2}p)^2 - (\tfrac{1}{4}p^2 - q) = 0 \ (2).$$

Le premier membre est la différence des carrés des

quantités $x + \frac{1}{2} p$, $\sqrt{\frac{1}{4} p^2 - q}$; l'équation peut donc s'écrire ainsi :

$$\left\{ x + \frac{1}{2}p + \sqrt{\frac{1}{4}p^2 - q} \right\} \left\{ x + \frac{1}{2}p - \sqrt{\frac{1}{4}p^2 - q} \right\} = 0 \ (4),$$

ou plus simplement

$$(x - x')(x - x'') = 0 \ (5).$$

en posant

$$x' = -\frac{1}{2}p - \sqrt{\frac{1}{4}p^2 - q} \qquad x'' = -\frac{1}{2}p + \sqrt{\frac{1}{4}p^2 - q}.$$

Or, en considérant l'équation (5), le produit $(x-x')$ $(x-x'')$, qui forme le premier membre, peut être annulé par toute valeur d'x qui annulera l'un ou l'autre des deux facteurs dont il se compose ; de plus il ne saurait être annulé par une valeur d'x qui ne produirait pas cet effet. Donc les *racines* de l'équation (5) et de la proposée, qui est la même que cette équation, sont les mêmes que les racines x', x'' des deux équations du 1er degré

$$x - x' = 0, \qquad x - x'' = 0.$$

De là on conclut que *l'équation du 2e degré a deux racines, et n'en a que deux.*

On a l'habitude d'écrire ces racines dans une seule formule, de la manière suivante :

$$x = -\frac{1}{2} p \pm \sqrt{\frac{1}{4} p^2 - q},$$

qu'on traduit comme il suit en langage ordinaire :

L'inconnue est égale à la moitié du coefficient d'x pris en signe contraire, plus ou moins, la racine carrée du carré de ce nombre diminué du terme tout connu.

148. Quelquefois on donne la résolution de la manière suivante :

On part de l'équation (2), et on l'écrit :

$$(x + \tfrac{1}{2}p)^2 = (\tfrac{1}{4} p^2 - q),$$

d'où l'on tire, en extrayant la racine carrée des deux membres,

$$x + \tfrac{1}{2}p = \pm \sqrt{\tfrac{1}{4}p^2 - q} \text{ et } x = - \tfrac{1}{2}p \pm \sqrt{\tfrac{1}{4}p^2 - q}.$$

Le signe $\pm$ est mis devant le radical, parce qu'en admettant la règle des signes sur les quantités isolées, $+ \sqrt{\tfrac{1}{4}p^2 - q}$, ou $- \sqrt{\tfrac{1}{4}p^2 - q}$, étant élevés au carré, reproduiront l'un comme l'autre $\tfrac{1}{4} p^2 - q$, qui doit être la valeur de $(x + \tfrac{1}{2} p)^2$.

149. Du premier mode de résolution, on conclut ces deux vérités importantes :

1° Le premier membre d'une équation du second degré, ramenée à la forme $x^2 + px + q = 0$, est le produit de deux binomes, dont le premier terme est x et dont le second terme est $- x'$ ou $- x''$, c'est-à-dire chaque racine prise en signe contraire.

2° Le coefficient du second terme est égal à la somme des racines prises en signe contraire, et le terme connu est égal au produit de ces mêmes racines, prises avec leur signe.

Le premier membre de l'équation (5), qui n'est que l'équation proposée, démontre la première vérité. Quant à la seconde, développons ce premier membre en exécutant la multiplication indiquée, et comparons le produit $x^2 - (x' + x'') x + x' x''$ au premier membre de l'équation proposée ; il faudra, pour établir leur identité, écrire $p = - (x' + x'')$, et $q = x'x''$.

Si l'équation avait été présentée sous la forme

$$mx^2 + nx + p = 0 \ \text{ou} \ m\left(x^2 + \frac{n}{m}x + \frac{p}{m}\right) = 0,$$

on aurait trouvé pour formule de résolution

$$x = \frac{-n}{2m} \pm \sqrt{\frac{n^2}{4m^2} - p} = \frac{-n \pm \sqrt{n^2 - 4mp}}{2m}.$$

150. EXERCICES. 1° Résoudre les équations

$$x^2 + x - 2 = 0, \ x^2 - x - 6 = 0, \ x^2 - 7x + 12 = 0,$$
$$6x^2 - 5x + 1 = 0, \ 12x^2 - 7x + 1 = 0.$$

$$b^2 - 2bx = ab - x^2, \ ax^2 + 1 = a + 2ax, \ a^2 - 2a^2x^2$$
$$= 1 - ax, \ a^2(x^2 - 1) = 2ax - 1, \ ax^2 - 2a^2x + 2a^2b$$
$$= 2abx - bx^2.$$

2° Composer des équations du second degré algébriques et numériques, qui aient les racines données suivantes ; c'est-à-dire calculer les coefficiens de ces équations.

$$\tfrac{1}{2} \text{ et } \tfrac{1}{5} ; \ -\tfrac{1}{3} \text{ et } +\tfrac{1}{5} ; \ -1 \text{ et } +1 ; \ -a \text{ et } +a ; \ a \text{ et } a ;$$
$$a + b \text{ et } a - b ; \ a + \sqrt{bc} \text{ et } a - \sqrt{bc}.$$

3° Décomposer la fonction entière du second degré $mx^2 + nx + p$ en facteurs du premier degré. Dans cette fonction, m, n, p, sont des nombres donnés entiers, fractionnaires, rationnels ou irrationnels ; mais x est une variable susceptible de prendre des valeurs quelconques. On la dit entière par rapport à x, parce qu'aucun de ses termes ne renferme la variable x au dénominateur.

Cette fonction étant mise sous la forme

$$m\left(x^2 + \frac{n}{m}\,x + \frac{p}{m}\right),$$

il suffira, pour en opérer la décomposition, de trouver les deux valeurs x', x'' de la variable x, qui rendraient nul le facteur $\left(x^2 + \frac{n}{m}\,x + \frac{p}{m}\right)$; la fonction $mx^2 + nx + p$ pourra s'écrire alors $m\,(x - x')\,(x - x'')$.

Exemples : $15x^2 - 2x + 1$; $x^2 - 1$; $a^2 - 2ax + a^2$; $x^2 - 2ax + a^2 + b^2$.

151. Les exercices ci-dessus suggèrent les remarques suivantes :

Les troisième et quatrième exemples de 2° amènent aux équations

$$x^2 - 1 = 0, \quad x^2 - a^2 = 0,$$

qui manquent de second terme et qu'on appelle *équations à deux termes*. La résolution de ces équations se fait d'après la règle générale donnée au n° 147 ; ou plus simplement, après les avoir écrites ainsi qu'il suit, $x^2 = 1$, $x^2 = a^2$, par une simple extraction de racine.

Le troisième exercice de 3° conduit à une équation dont les deux racines sont *égales*.

Le quatrième du même article conduit aux racines $a \pm \sqrt{a^2 - (a^2 + b^2)}$ qu'on ne pourrait réaliser qu'en faisant deux opérations successives inexécutables, savoir la soustraction $a^2 - (a^2 + b^2)$, et l'extraction de la racine carrée d'un nombre négatif. Ces racines, qu'on écrit sous la forme $a \pm \sqrt{-b^2}$, indiquent, par l'impossibilité de leur réalisation, l'impossibilité même qu'il y a de satisfaire à l'équation proposée $x^2 + 2ax + a^2 + b^2 = 0$ par aucun nombre, *quel qu'il soit*, mis au lieu de x : on les appelle *imaginaires*.

§ II.

DISCUSSION DES RACINES DE L'ÉQUATION DU DEUXIÈME DEGRÉ.

152. On peut facilement reconnaître, à l'inspection d'une équation, quelle est la nature de ses racines. En effet, écrivons de nouveau l'équation générale et la formule de résolution :

$$mx^2 + nx + p = 0, \qquad x^2 + px + q = 0,$$

$$x = \frac{-n \pm \sqrt{n^2 - 4mp}}{2m}, \quad x = -\tfrac{1}{2}p \pm \sqrt{\tfrac{1}{4}p^2 - q}.$$

Tant que la soustraction $n^2 - 4mp$ ou $\tfrac{1}{4}p^2 - q$ est possible, les racines sont *réelles*, de plus elles sont *inégales*.

La condition pour que les racines soient réelles et inégales est donc $n^2 - 4mp$ ou $\tfrac{1}{4}p^2 - q$ positif, ce qu'on écrit ainsi :

$n^2 - 4mp > 0$ ou $\tfrac{1}{4}p^2 - q > 0$. *Racines réelles inégales.*

Si $n^2 - 4mp$ ou $\tfrac{1}{4}p^2 - q$ devient nul, les deux racines se ramèneront l'une et l'autre à $-\dfrac{n}{2m}$ ou $-\tfrac{1}{2}p$; d'où la condition

$n^2 - 4mp = 0$ ou $\tfrac{1}{4}p^2 - q = 0$. *Racines réelles égales.*

Si la soustraction $n^2 - 4mp$ ou $\frac{1}{4}p^2 - q$ n'est pas exécutable, s'il y a sous le radical un nombre *négatif*, les racines n'existent pas. On écrit cette condition ainsi qu'il suit :

$$n^2 - 4mp < 0 \quad \tfrac{1}{4}p^2 - q < 0. \; \textit{Racines imaginaires.}$$

Les trois conditions établies sur la fonction $n^2 - 4mp$, déterminent respectivement les cas où la fonction entière $mx^2 + nx + p$ peut se décomposer en facteurs du premier degré réels inégaux, réels égaux, imaginaires.

153. **Avant** d'appliquer les principes sur la résolution des équations et sur la discussion des racines, à des questions particulières et à quelques questions plus générales, nous parlerons du calcul des quantités radicales du deuxième degré, dont les transformations ont une importance générale, et qu'on aura particulièrement l'occasion d'employer dans les questions qui amènent à des équations du second degré.

Addition et soustraction des quantités radicales. Les polynomes formés de termes soit additifs, soit soustractifs, comme $2\sqrt{a} + \sqrt{4ab^2} - 5\sqrt{ab^2} - \sqrt{ac^2}$, sont souvent susceptibles d'une réduction. En effet, en appliquant la transformation du n° 108, le polynome devient celui-ci : $2b\sqrt{a} + 4b\sqrt{a} - 5b\sqrt{a} - c\sqrt{a}$; dont les termes ne renferment plus que des *radicaux semblables*, c'est-à-dire dont les quantités sous le signe racine sont identiques. Alors les additions et les soustractions s'exécutent sur les facteurs qui précèdent ces radicaux, et qu'on appelle leurs coefficiens; le polynome se réduit à

$$(b - c) \, \sqrt{a}.$$

Multiplication et division. Le produit indiqué $\sqrt{a}\sqrt{b}\sqrt{c}$ s'effectuera en écrivant $\sqrt{abc}$, et le quotient indiqué $\dfrac{\sqrt{a}}{\sqrt{b}}$ s'effectuera en écrivant $\sqrt{\dfrac{a}{b}}$. Car si l'on élevait ces deux dernières expressions au carré, on arriverait à abc, $\dfrac{a}{b}$, tout comme en élevant au carré $\sqrt{a}\sqrt{b}\sqrt{c}$ et $\dfrac{\sqrt{a}}{\sqrt{b}}$. En effet

$$(\sqrt{a}\sqrt{b}\sqrt{c})^2 = (\sqrt{a})^2 \, (\sqrt{b})^2 \, (\sqrt{c})^2 = abc,$$
$$\left(\frac{\sqrt{a}}{\sqrt{b}} \right)^2 = \frac{(\sqrt{a})^2}{(\sqrt{b})^2} = \frac{a}{b}.$$

154. Lorsqu'on applique ces calculs aux *expressions imaginaires*, dont les combinaisons sont très utiles dans l'analyse, on tombe sur une contradiction qui n'est qu'apparente. En effet, d'après le principe de multiplication $\sqrt{-a^2} \times \sqrt{-a^2}$ donne pour produit a^2; tandis que par l'élévation au carré,

$$\sqrt{-a^2} \times \sqrt{-a^2} = (\sqrt{-a^2})^2 = -a^2,$$

lequel des deux résultats doit-on adopter? C'est le second. En voici la raison : Soit l'équation $x^2 + a^2 = 0$ ou $x^2 = -a^2$, d'où l'on tire l'équation $x = \sqrt{-a^2}$. Une opération faite sur les deux membres de cette dernière équation, qui reproduira l'un des membres de la première, doit aussi reproduire l'autre membre. Or, si l'on élève au carré, on trouve x^2 au premier membre, donc on doit trouver $-a^2$ au second membre. L'adoption de ce résultat conserve seule à l'expression imaginaire, son caractère originel d'impossibilité ; puisque si l'on écrivait $\sqrt{-a^2} \times \sqrt{-a^2} = a^2$, ce serait revenir de l'équation impossible $x = \sqrt{-a^2}$, à une équation possible $x^2 = a^2$, ou $x - a^2 = 0$.

C'est donc avec raison qu'on a choisi pour base de tous les calculs sur les quantités imaginaires, le principe, que pour élever au carré une quantité radicale du second degré, il suffit d'ôter le radical.

Afin que ce principe se prête avec facilité à tous les cas, on a coutume d'écrire la formule imaginaire

$$a \pm \sqrt{-b^2} \text{ sous la forme } a \pm b \sqrt{-1},$$

en lui appliquant la réduction établie au n° 108.

D'après cela, on trouve facilement le résultat des opérations de multiplication et de division entre $\sqrt{-a^2}$ et $\sqrt{-b^2}$. Car $\sqrt{-a^2} = a\sqrt{-1}$, $\sqrt{-b^2} = b\sqrt{-1}$; donc

$$\sqrt{-a^2} \times \sqrt{-b^2} = ab(\sqrt{-1})^2 = -ab.$$

$$\frac{\sqrt{-a^2}}{\sqrt{-b^2}} = \frac{a\sqrt{-1}}{b\sqrt{-1}} = \frac{a}{b}.$$

155. On est souvent conduit à des fonctions $\sqrt{a \pm \sqrt{b}}$ qui sont doublement irrationnelles, du moins dans leur forme. Ces expressions peuvent quelquefois se transformer en des irrationnelles simples. En effet, posons $\sqrt{a \pm \sqrt{b}} = \sqrt{p} + \sqrt{q}$, et cherchons quelles conditions doivent remplir a et b, pour que p et q soient rationnels. On tire de l'égalité ci-dessus

$$a \pm \sqrt{b} = p + q + 2\sqrt{pq}, \qquad a - (p+q) = 2\sqrt{pq} \mp \sqrt{b}.$$

Cette égalité se partage nécessairement en deux autres :

$$a = p + q, \quad \pm \sqrt{b} = 2\sqrt{pq} \,; \text{ ou } a = p + q, \quad \frac{b}{4} = pq.$$

Car si les deux membres de cette égalité n'étaient pas nuls, il faudrait supposer que la différence entre deux nombres rationnels a et $p+q$, qui s'exprime toujours rigoureusement par un entier ou par une fraction, est égale à la différence ou à la somme, l'une et l'autre nécessairement irrationnelles, de deux nombres $2\sqrt{pq}$ et $\sqrt{b}$, laquelle ne saurait s'exprimer rigoureusement par aucun nombre.

Les deux dernières équations montrent que p et q sont les racines d'une équation de second degré $z^2 - az + \frac{b}{4} = 0$ (140), donc les valeurs de p et q sont :

$$\frac{a}{2} \pm \frac{\sqrt{a^2 - b}}{2}.$$

La transformation demandée sera donc possible, sous la condition que $a^2 - b$ soit un carré m^2. Dans ce cas, on aura

$$\sqrt{a \pm \sqrt{b}} = \sqrt{\frac{a+m}{2}} \pm \sqrt{\frac{a-m}{2}}.$$

Cette transformation s'applique utilement aux quantités imaginaires doublement radicales. Soit posé :

$$\sqrt{a \pm b\sqrt{-1}} \text{ ou } \sqrt{a \pm \sqrt{-b^2}} \text{ égal à } \sqrt{p} \pm \sqrt{-q^2}.$$

En recommençant les raisonnemens et les calculs comme ci-dessus, on trouvera

$$\sqrt{p} = \sqrt{\frac{a + \sqrt{(a^2 + b^2)}}{2}}, \quad \sqrt{-q^2} = \sqrt{\frac{a - \sqrt{(a^2 + b^2)}}{2}}$$

$$= \sqrt{\frac{\sqrt{a^2 + b^2} - a}{2}} \cdot \sqrt{-1}.$$

Et, en posant $\sqrt{a^2 + b^2}$, nombre essentiellement réel égal à m

$$\sqrt{a \pm b \sqrt{-1}} = \sqrt{\frac{a + m}{2}} \pm \sqrt{\frac{m - a}{2}} \cdot \sqrt{-1} =$$

$$a' \pm b' \sqrt{-1}.$$

Cette formule montre, *qu'une fonction imaginaire du deuxième degré doublement radicale peut toujours être ramenée à la forme imaginaire simplement radicale de la fonction elle-même.* Les coefficiens réels a' et b' de la transformée seront *simplement irrationnels,* sous la condition que $a^2 + b^2$ soient un carré m^2. C'est exactement la même condition que celle trouvée ci-dessus pour la fonction réelle $\sqrt{a \pm \sqrt{b}}$.

156. Terminons par la transformation qu'on fait subir aux fonctions radicales fractionnaires $\dfrac{a + \sqrt{b}}{c \pm \sqrt{d}}$, lorsqu'on se propose de calculer leur valeur arithmétique. Multipliez les deux termes de la fraction par $c \mp \sqrt{d}$; vous aurez ainsi la fraction $\dfrac{(a + \sqrt{b})(c \mp \sqrt{d})}{c^2 - d}$, dont le dénominateur est rationnel.

Ainsi l'erreur du calcul arithmétique ne portera que sur le numérateur de la fraction.

157. EXERCICES. 1° Transformer les doubles irrationnelles

$$\sqrt{4 \pm \sqrt{7}}, \quad \sqrt{6 \pm \sqrt{11}}, \quad \sqrt{\tfrac{9}{5} \pm \sqrt{\tfrac{104}{225}}}, \quad \sqrt{2 \pm \sqrt{3}},$$

$$\sqrt{a \pm \sqrt{2ab - b^2}}, \quad \sqrt{2a + b \pm \sqrt{4ab}}, \quad \sqrt{a - b \pm \sqrt{a^2 - 2ab}}.$$

2° Transformer les imaginaires

$$\sqrt{a \pm \sqrt{-2ab - b^2}}, \quad \sqrt{2a - 3b \pm \sqrt{-24ab}}, \quad \sqrt{5 \pm \sqrt{-25}}.$$

3°. Evaluer à moins d'une approximation donnée les irrationnelles

$$\frac{3}{4 - \sqrt{6}}, \quad \frac{7 \pm \sqrt{2}}{11 - \sqrt{21}}, \quad \frac{36\sqrt{8}}{\sqrt{2049} - 7}.$$

§ III.

APPLICATION DE CE QUI PRÉCÈDE A LA RÉSOLUTION ET A LA DISCUSSION DES QUESTIONS SUIVANTES.

158. 1° *Traduire géométriquement l'équation générale du second degré* $x^2 \pm px \pm q^2 = 0$ *en regardant* p, q, x *comme des longueurs rectilignes.* Discuter la question avec toutes les combinaisons possibles de signes. Mettez l'équation sous la forme $x(x \pm p) = \pm q^2$, et considérez le 1er membre comme le produit des deux élemens d'un rectangle et le deuxième membre comme la surface de ce rectangle.

2° *A l'inspection d'une équation dont les signes des coefficiens sont en évidence, fixer les signes des racines, et leur grandeur relative quand elles sont des signes différens.* Rappelez-vous la composition des coefficiens par les racines.

3° *Lorsqu'on fait* m $=$ o *dans les formules*

$$x = \frac{-n \pm \sqrt{n^2 - 4mp}}{2m},$$

qui sont les racines de l'équation $mx^2 + nx + p = 0$,

ces formules se présentent sous la forme $\dfrac{0}{0}$, $-\dfrac{2n}{0}$.

Quelle appréciation doit-on faire de ces racines? Rendez le numérateur rationnel par l'artifice employé au n° 155, afin de mettre en évidence aux deux termes de la fraction

$$\frac{-n \pm \sqrt{n^3 - 4mp}}{2m}$$

le facteur commun qui anéantit ces deux termes.

4° Un homme achète un cheval dont il se défait ensuite pour 24 louis. A cette vente il a perdu autant de francs sur cent qu'il y a de louis dans le prix d'achat. Quel est le prix d'achat?

(Deux solutions dans le sens propre de la question.)

5° Trouver les côtés d'un rectangle dont on connaît la surface s^2 et la somme des côtés $2p$.

(Les deux inconnues données par les racines d'une même équation. Les racines peuvent être réelles inégales, réelles égales, imaginaires.)

6° On diminue la base d'un rectangle de b unités; il doit en résulter un accroissement de h sur la hauteur, pour que le rectangle conserve la même surface s^2. Quelles sont les deux dimensions du rectangle primitif?

(La racine négative prise positivement est la valeur de la seconde dimension.)

7° Partager une ligne a en moyenne et extrême raison.

(Une solution négative indiquant dans la question une généralité qu'on n'y avait pas aperçue. Racines imaginaires qui peuvent résulter d'une construction mal faite, pour poser la question.)

8° Connaissant la différence d de deux nombres, et la

valeur $a^2 b^2$ qui résulte de la différence prise entre ces nombres respectivement multipliés par les carrés a^2 et b^2, trouver les deux nombres.

(*Question pouvant donner lieu à une racine infinie.*)

9° *Les intensités lumineuses de deux lumières* A *et* B, *observées à la même distance de chacune de ces lumières, sont exprimées respectivement par les nombres* a *et* b. *On demande de trouver le point de la ligne* AB *également éclairé par les deux lumières, qu'on suppose séparées par une distance* d.

Les intensités lumineuses d'une même lumière à deux distances différentes, sont inversement proportionnelles aux carrés de ces distances. Soient x et $d - x$ les distances de A et de B au point également éclairé ; d'après le principe établi ci-dessus, on aura :
$$\frac{a}{x^2} = \frac{b}{(d-x)^2},$$
d'où l'on tirera $x = \dfrac{d\sqrt{a}}{\sqrt{a} \pm \sqrt{b}}, \quad a - x = \dfrac{\pm d\sqrt{b}}{\sqrt{a} \pm \sqrt{b}}.$

(*Cette question donne lieu à toutes les discussions qui se rencontrent dans les problèmes ci-dessus.*)

159. ÉQUATIONS BICARRÉES. On nomme ainsi les équations de la forme $x^4 + px^2 + q = 0$; elles renferment seulement la seconde et la quatrième puissance de l'inconnue. En prenant x^2 pour inconnue, elles se résoudront comme l'équation du second degré ; on obtient successivement

$$x^2 = -\tfrac{1}{2}p \pm \sqrt{-\tfrac{1}{4}p^2 - q}, \quad x = \pm\sqrt{\left\{-\tfrac{1}{2}p \pm \sqrt{\tfrac{1}{4}p^2 - q}\right\}}$$

L'équation a donc quatre racines ; c'est autant qu'il y a d'unités dans le degré. Ces racines sont égales deux à deux et de signes contraires. La réduction des doubles irrationnelles trouve là son application.

Problème. Un nombre écrit dans un certain système de numération se compose de quatre chiffres, qui sont à partir des unités 0 , 0 , 2 , 0 , 1. La valeur de ce nombre dans le système décimal est de 288. Quelle est la base du système dans lequel le nombre est écrit?

QUESTIONS DE MAXIMA ET DE MINIMA.

160. Un grand nombre de questions, parmi lesquelles il y en a de très importantes, conduisent à la recherche suivante : *étant donnée une fonction de la variable* x , *trouver les valeurs de cette variable, qui rendent la fonction la plus grande ou la plus petite possible.* La haute analyse donne une méthode générale pour résoudre ce genre de questions ; mais lorsque la fonction n'est que du second degré, la résolution de la question se fait très simplement par la théorie de l'équation du second degré.

Premier exemple. Construire un triangle rectangle dont un côté de l'angle droit est b, et tel, que la troisième proportionnelle entre le côté inconnu et l'hypothénuse soit un minimum.

x étant le côté inconnu, la deuxième proportionnelle est représentée par la fonction $\dfrac{x^2 + b^2}{x}$. C'est cette fonction qui doit être minimum : appelons-la y, posons $\dfrac{x^2 + b^2}{x} = y$, et tirons la valeur $x = \tfrac{1}{2} y \pm \sqrt{\tfrac{1}{4} y^2 - b^2}$.

D'après l'inspection du radical, on voit que la plus petite de toutes les valeurs qu'on puisse donner à la fonction y est celle qu'on tire de $\frac{1}{4}y^2=b^2$; car toute autre *valeur inférieure* donnerait pour x un *nombre imaginaire*. Le minimum de la fonction est donc $y=\frac{1}{2}b$; la valeur correspondante de la variable est b.

Deuxième exemple. Trouver la valeur maximum de la fonction $\dfrac{b(b+x)-x^2}{5b}=y$. En résolvant, on a $x=\frac{1}{2}b\pm\sqrt{5b(\frac{1}{4}b-y)}$. Toute valeur d'$y$ supérieure à $\frac{1}{4}b$ donnerait pour x un nombre imaginaire ; $\frac{1}{4}b$ est donc le maximum demandé ; la valeur d'x correspondante est $\frac{1}{2}b$.

Troisième exemple. Trouver la valeur maximum ou minimum de la fonction $\dfrac{x^2+2bx+c^2}{2bx}=y$; résolvons :

$$x=-(b-by)\pm\sqrt{b^2y^2-2bby+(b^2-c^2)}.$$

Ici, la fonction y est engagée sous le radical, à la fois par la première et par la seconde puissance ; les valeurs d'y ne sauraient excéder les limites, au delà et en deçà desquelles la valeur numérique du trinome du second degré en y, placé sous le radical, pourrait devenir négative.

161. *C'est ici l'occasion de rechercher généralement sous quelles conditions la fonction entière du second degré* my^2+ny+p *prendra des valeurs arithmétiques positives ou négatives.* Pour cela, à l'aide des valeurs $y'\,y''$ d'y, qui annulent le trinome, décomposons-le en facteur du premier degré, nous aurons

$$m\left(y^2+\frac{n}{m}+y\,\frac{p}{m}\right)=m(y-y')\,(y-y'').$$

1° *Supposons que les racines* y′ *et* y″ *sont réelles et* inégales.

Toute valeur d'y comprise entre les deux racines y′ y″, quel que soit le signe de ces racines, *donnera au trinome, une valeur affectée du même signe que le coefficient* m *du premier terme. Toute valeur d'y hors des limites* y′ y″, soit au delà, soit en deçà, *donnera au trinome le même signe que* m.

2° *Supposons que les racines* sont égales.

Le trinome devient $m(y-y')^2$; *ses valeurs arithmétiques sont de même signe que* m, *quel que soit* y.

3° *Supposons que les racines sont* imaginaires.

Le trinome peut s'écrire

$$m\left\{ \left(y + \frac{n}{2m} \right)^2 + \frac{4mp - n^2}{2m} \right\}.$$

Le second facteur est la somme de deux nombres essentiellement positifs (152). *Donc les valeurs du trinome seront de même signe que* m, *quel que soit* y. Les trois circonstances énoncées correspondent respectivement aux trois états suivans de la fonction $n^2 - 4mp$:

$$n^2 - 4mp > 0, \quad n^2 - 4mp = 0, \quad n^2 - 4mp < 0.$$

Revenons maintenant à la recherche du maximum et du minimum de la fonction $\dfrac{x^2 + 2bx + c^2}{2^6 x}$. Les deux racines du trinome $6^2 y^2 - 2b^6 y + (b^2 - c^2)$ égalé à zéro sont $\dfrac{b+c}{6}$, $\dfrac{b-c}{6}$; le coefficient 6^2 du premier terme de ce trinome est essentiellement positif. Donc les valeurs de y au dessus ou au dessous desquelles le radical deviendrait imaginaire sont respectivement $\dfrac{b+c}{6}$, $\dfrac{b-c}{6}$.

Donc la fonction proposée a $\dfrac{b+c}{6}$ pour maximum, et $\dfrac{b-c}{6}$ pour minimum. Les valeurs d'x correspondantes à ces deux états sont c et $-c$. Les élèves pourront s'exercer à traiter la question pour toutes les combinaisons possibles de signes des quantités b, c, 6.

162. Exercices. 1° Le produit de deux nombres étant p, quel est le minimum de la somme de ces deux nombres ?

2° *Partager un nombre p en deux parties dont le produit soit un maximum.*

3° Inscrire dans un cercle un triangle isoscèle maximum ; circonscrire à un cercle un triangle isoscèle minimum.

4° Maximum des rectangles inscrits dans un triangle donné.

5° Examiner dans quelles circonstances la fonction $\dfrac{mx^2+nx+p}{qx+r}$ peut passer par tous les états de grandeur, et dans quel cas elle est susceptible de maximum ou de minimum.

CHAPITRE X.

ÉLÉVATION AUX PUISSANCES. EXTRACTION DES RACINES DES FONCTIONS ALGÉBRIQUES ET DES NOMBRES.

§ I.

BINOME DE NEWTON.

163. Le développement de la puissance d'un binome $x+a$, sert de base au développement de la puissance quelconque, ainsi qu'à l'extraction de la racine de degré quelconque des nombres et des fonctions algébriques. C'est la loi de ce développement, moyen puissant et fécond, sur lequel l'analyse moderne s'est presque exclusivement élevée, qui va nous occuper.

Pour trouver cette loi, voici la marche qu'on suit : 1° on observe la loi constante du produit des binomes $(x+a)$, $(x+b)$, $(x+c)$, qui ont un terme commun ; 2° on prouve la généralité de cette loi ; 3° après avoir fait $a = b = c = d$ dans le produit, on calcule la formule générale, qui donne le coefficient numérique, résultant pour chaque terme du développement de l'égalité posée entre a, b, c, d.

164. Si l'on exécute la multiplication de deux, de trois, de quatre de ces facteurs, on reconnaît que la loi qui se manifeste dans le produit ci-dessous est constante. Voici cette loi :

L'exposant de x dans chaque terme décroît depuis m, qui exprime le nombre des binomes multipliés entre eux, jusqu'à zéro. Le coefficient d'un terme quelconque dont l'exposant de x serait $m-p$, est la somme de tous les produits différens qu'on peut former avec les m seconds termes, pris p à p.

$$(x+a)\,(x+b)\,(x+c) = x^3 \begin{array}{|c} +a \\ +b \\ +c \end{array} \begin{array}{|c} x^2+ab \\ +ac \\ +bc \end{array} \begin{array}{|c} x+abc \end{array}$$

$$(x+a)\,(x+b)\,(x+c)\,(x+d) = x \begin{array}{|c} +a \\ +b \\ +c \\ +d \end{array} \begin{array}{|c} x^3+ab \\ ac \\ +ad \\ +bc \\ +bd \\ +cd \end{array} \begin{array}{|c} x^2+abc \\ +abd \\ +acd \\ +bcd \end{array} \begin{array}{|c} x+abcd \end{array}$$

Pour montrer que cette loi est générale, soit représenté par

$$x^m + A_1\,x^{m-1} + A_2\,x^{m-2} + A_{p-1}\,x^{m-p+1} + A_p\,x^{m-p} \ldots + A_m.$$

le produit de m facteurs binomes. Supposons que la loi se vérifiant pour ce produit, A_1, A_2, A_{p-1} représentent la somme des produits des m seconds termes pris 1 à 1, 2 à 2.... $p-1$ à $p-1$.

Multiplions ce produit par un nouveau binome $x+l$; nous trouverons pour produit de $m+1$ binomes.

$$x^{m+1}\begin{array}{|c} +A_1 \\ +l \end{array} \begin{array}{|c} x^m+A_2 \\ +lA_1 \end{array} \begin{array}{|c} x^{m-1}+A_p \\ +lA_{p-1} \end{array} \begin{array}{|c} x^{m-p+1}\ldots+lA_m. \end{array}$$

La loi des exposans de x dans ce produit est la loi annoncée; il en est de même de la loi des coefficiens. En effet, considérons le terme général intermédiaire, que nous écrirons comme il suit :

2.15 *

$$\left. \begin{array}{c} A_p \\ +l A_{p-1} \end{array} \right| x^{(m+1)-p}$$

son coefficient se compose 1° de A_p c'est-à-dire de tous les produits différens p à p qu'on peut faire avec les $m+1$ lettres a, b, c, k, l, excepté les produits où entre la dernière lettre l; 2° d'un complément $l A_{p-1}$, qui est justement la somme des produits p à p dans lesquels entre la lettre l. Donc ce coefficient est la somme totale des produits qu'on peut faire avec les $m+1$ lettres a, b, c, k, l, prises p à p.

La loi énoncée est donc générale.

On pourrait démontrer cette loi de la manière suivante, sans aucun préliminaire. 1° Le produit des m binomes

$$(x+a)\,(x+b)\,(x+c)\dots(x+l)$$

renfermera un terme dont x^{m-p} sera un des facteurs, p étant plus petit que m. Car, multipliez entre eux les $m-p$ premiers facteurs, puis aussi entre eux les facteurs restans, le produit qu'on formera à l'aide de ces deux résultats sera le produit des m facteurs. Or, le premier terme du premier produit renferme x^{m-p} comme facteur; le dernier terme du second produit ne contient pas x; donc le produit de ces deux termes, qui est un terme du produit des m facteurs, renferme x^{m-p} comme facteur. p pouvant passer par toutes les valeurs depuis o jusqu'à m, il s'en suit que *l'exposant de* x *dans le produit décroît depuis* m *jusqu'à zéro.*

2° Le produit est homogène, et il n'y a aucune réduction de terme; donc le coefficient du terme x^{m-1} ne peut être qu'un facteur linéaire en a, b, $c\dots$ sans aucune répétition de ces lettres ; le coefficient du terme en x^{m-2} ne peut être qu'un facteur du second degré en ab, ac, bc et sans aucune répétition d'aucun de ces produits ; le coefficient de x^{m-p} ne peut être qu'un polynome du degré p, dont les termes seront des produits p à p des lettres, sans aucune répétition d'aucun de ces produits.

Mais en nous arrêtant à ce terme général, il est clair que si le coefficient renferme un produit p à p, il n'y a aucune raison pour qu'il ne renferme pas tout autre de ces produits. *Donc le coefficient d'un terme quelconque en* x^{m-p} *est la somme des produits différens qu'on peut former avec* m *lettres, prises* p *à* p.

Pour passer de la loi du produit des m binomes à la loi de la puissance m du binome $x+a$, faisons $a=b=c$, $=k$ dans le produit ; le coefficient du terme en x^{m-p} sera $\mathrm{P}_p\, a^p$, en désignant par P_p le nombre des produits différens de m lettres p à p, et l'on écrira

$$(x+a)^m = x^m + \mathrm{P}_1\, ax^{m-1} + \mathrm{P}_2\, a^2 x^{m-2}\ldots\ldots$$
$$+ \mathrm{P}_{p-1}\, a^{p-1} x^{m-\overline{p-1}} + \mathrm{P}_p\, a^p x^{m-p}\ldots + a^m.$$

165. La loi sera donc connue d'une manière tout-à-fait explicite, quand on aura la formule générale du nombre P_p. On fait dépendre cette formule de deux autres, savoir : celle qui donne le nombre de dispositions différentes qu'on peut donner à m lettres prises p à p, en inversant ces lettres de toutes les manières possibles ; c'est ce qu'on appelle les *arrangemens* de m lettres p à p. Et celle qui donne le nombre de dispositions différentes qu'on peut donner à p lettres, en les prenant toutes ensemble ; c'est ce qu'on appelle *permutations* de p lettres. Voici

2.

quelle est cette dépendance. Si l'on connaissait les produits différens de m lettres p à p, en *permutant* chacun
d'eux de toutes les manières possibles, on obtiendrait
tous les *arrangemens* de m lettres p à p. Or, chacun de
ces produits de p lettres donne autant d'arrangemens
qu'on peut faire de *permutations* avec p lettres. Donc le
nombre des *arrangemens* de m lettres p à p, est le produit du nombre de *permutations* de p lettres, multiplié
par le nombre *des produits différens de* m lettres p à p.

Donc le nombre des produits différens de m *lettres*
p *à* p *s'obtiendra en divisant le nombre des arrange-*
mens par le nombre des permutations.

Arrangemens de m *lettres* abcd....k *prises* p à p. Soit
Q le nombre des arrangemens de m lettres $p-1$ à $p-1$.
Prenez un de ces arrangemens abc... placez à la
suite de cet arrangement successivement chacune des
$m-(p-1)$ lettres restantes, vous formerez $m-(p-1)$
arrangemens p à p. Faites de même pour tous les arrangemens $p-1$ à $p-1$, vous aurez formé tous les arrangemens p à p. Le nombre de ces arrangemens sera exprimé par la formule

$$Q. \overline{(m-p-1)}.$$

Pour rendre cette formule explicite, arrangeons m
lettres une à une, nous aurons m arrangemens ; arran-
geons-les deux à deux ; dans ce cas Q sera égal à m, et le
nombre cherché sera, d'après la formule précédente,

$$m. m-1.$$

donc la formule développée est

$$m. (m-1) (m-2).... \overline{(m-p-2)} \; \overline{(m-p-1)}. \qquad (A)$$

Permutations de p *lettres.* En faisant $m = p$ dans la formule précédente, nous aurons les permutations de p lettres. Le nombre de ces permutations sera donc exprimé par la formule $p. (p—1)(p—2)..... 2. 1.$, qu'on écrit ordinairement

$$1. 2. 3.... (p—2). (p—1). p \qquad (\text{P}_r)$$

Produits différens de m lettres p à p. Divisons la première formule par la seconde et nous aurons

$$\frac{m}{1}.\frac{m—1}{2}.\frac{m—2}{3}......\frac{m—\overline{p—2}}{p—1}.\frac{m—\overline{p—1}}{p}. \qquad (\text{P}^r)$$

166. En ôtant de la formule P, le dernier, les deux derniers, les trois derniers facteurs, on obtient les produits différens de m lettres prises. $p — 1$ à $p—1$, $p—2$ à $p—2$, $p—3$ à $p—3$, c'est-à-dire tous les coefficiens du développement de $(x+a)^m$. Cette remarque permet de donner la règle suivante, pour passer d'un terme du développement en $x^{m—p—1}$ au terme en $x^{m—p}$. *Multipliez le coefficient du dernier terme obtenu par l'exposant* $m—\overline{p—1}$ *de ce terme, et divisez par le nombre* p *des termes qui le précèdent.*

Pour éviter les calculs inutiles dans l'écriture du développement, il faut remarquer que *les termes à égale distance des extrêmes, ont le même coefficient numérique;* en sorte qu'il suffit de composer la moitié seulement des termes, pour écrire l'autre moitié sans calcul. En effet, si l'on développe $(a+x)^m$ à côté de $(x+a)^m$;

$$a^m + mxa^{m—1} + ... — + \text{P}_p\, x^p\, a^{m—p} + ... + x^m$$
$$a^m + max^{m—1} + ... + \text{P}_p\, x^p\, a^{m—p} + ... + a^m$$

les termes de même rang auront le même coefficient numérique; or, le développement $(a+x)^m$ n'est que le développement $(x+a)^m$, écrit en ordre inverse; donc deux termes de même rang dans ces deux développemens; comme $\mathrm{P}_p x^p a^{m-p}$ et $\mathrm{P}_p a^p x^{m-p}$ se trouvent l'un et l'autre dans le développement de $(x+a)^m$, et de plus ils sont à égale distance des termes extrêmes de ce développement.

167. *Exercices.* 1° Démontrer directement que le coefficient numérique de deux termes à égale distance des extrêmes, dans le développement du binome, est le même.

2° Démontrer directement que le produit $m \cdot m - 1 \cdot m - 2 \ldots\ldots m - \overline{p - 1}$ est divisible par un des nombres quelconques compris entre 1 et p.

3° Démontrer directement que le quotient des deux produits $m \cdot m-1 \cdot m-2 \ldots\ldots m-\overline{p-1}$ et $1 \cdot 2 \cdot 3 \ldots\ldots p$ est un nombre entier.

4° Quelle hypothèse faut-il faire sur x et a dans le développement de $(x+a)^m$ pour trouver la valeur de la somme des coefficiens numériques de tous les termes du développement ?

5° Quel est le développement de $(x-a)^m$?

§ II.

EXTRACTION DE LA RACINE DE DEGRÉ m D'UN NOMBRE.

168. Le procédé de cette extraction, se déduit de la connaissance des deux premiers termes de la puissance m d'un binome. En effet, soit le nombre $\left\{ \begin{array}{l} 32, \\ 327, \end{array} \right.$ dont nous ferons le binome $\left\{ \begin{array}{l} (30 + 2) \\ (320 + 7) \end{array} \right.$, en le décomposant en dizaines et unités. La quatrième puissance

de ce nombre est $\qquad$ 1048576;

$$1143381\,1041\,;$$

on l'obtiendrait en faisant la somme des termes du développement

$$(30+2)^4 = (30)^4 + 4\times(30)^4\times2+ \text{etc.}$$
$$(320+7)^4 = (320)^4 + 4\times(320)^3\times7+ \text{etc.} \qquad n^o\ 165.$$

La quatrième puissance des dizaines est terminée par quatre zéros, donc les quatre premiers chiffres de droite du nombre donné, ne font point partie de cette puissance. Je les sépare des autres par un point;

$104{\cdot}8576$
$1143381{\cdot}1041$, la partie à gauche $\begin{matrix}104\\1143381\end{matrix}$ renferme donc cette quatrième puissance tout entière. La racine de la plus grande quatrième puissance renfermée dans cette partie est $\begin{matrix}3\\32\end{matrix}$, *ce sont exactement les dizaines de la racine.* Car le nombre proposé étant compris entre $\begin{matrix}(30)^4\\(320)^4\end{matrix}$ et $\begin{matrix}(40)^4\\(330)^4\end{matrix}$, la racine quatrième de ce nombre est comprise entre $\begin{matrix}30\\320\end{matrix}$ et $\begin{matrix}40\\330\end{matrix}$; donc cette racine se compose de $\begin{matrix}3\\32\end{matrix}$ dizaines plus un certain nombre d'unités; donc les dizaines de la racine sont exactement exprimées par le nombre $\begin{matrix}3\\32\end{matrix}$. Il reste à obtenir le chiffre des unités. Pour cela, dégageons le nombre proposé de la quatrième puissance des dizaines, et considérons le reste $\begin{matrix}238{\cdot}576\\948051{\cdot}041\end{matrix}$

$$
\begin{array}{c|l}
104{\cdot}8576 & 32 \\
\ \ \ \ 81 & \\ \hline
238{\cdot}576 & 108.\quad 3^4=81 \\
 & \qquad\ \ \ 32^4=104{\cdot}8576
\end{array}
\qquad
\begin{array}{c|l}
114{\cdot}3381{\cdot}1041 & 327 \\
\ \ \ \ 81 & \\ \hline
\ \ \ 333{\cdot}381 & 108=4\times3^3 \qquad 3^4=81\\
\ \ \ 1048576 & 131072=4.32^3 \quad 32^4=1048576\\ \hline
\ \ \ 948051{\cdot}041 & \qquad\qquad 327^4=1143381\,1041.
\end{array}
$$

Ce reste se compose du développement ci-dessus moins son premier terme ; or le terme $\frac{4\times(\ 30\ )^3\times 2}{4\times(320)^3\times 7}$, qui se forme de quatre fois la troisième puissance des dizaines multipliées par les unités , est nécessairement terminé par trois zéros ; donc les trois chiffres de droite du reste n'entrent pas dans sa composition. Je les sépare des autres par un point $\frac{238 \cdot 576}{948051 \cdot 041}$; la partie à gauche $\frac{238}{948051}$ renferme le terme tout entier. Je forme quatre fois la troisième puissance des dizaines ; c'est l'un des deux facteurs du terme en question ; je l'écris au dessous de la racine ; je divise par ce facteur la partie séparée $\frac{238}{948051}$; j'obtiens ainsi un chiffre $\frac{2}{7}$, qui pourrait être plus fort que les unités de la racine , parce que la partie séparée est plus grande que le quadruple produit du cube des dizaines multipliées par les unités. C'est pourquoi, avant de poser ce chiffre à la racine, je l'essaie en faisant la quatrième puissance de $\frac{32}{327}$, et comparant avec le nombre proposé.

169. Dans le second des deux exemples que nous avons choisis, on ne saurait trouver tout d'un coup les 32 dizaines qui se tirent de l'extraction de la racine quatrième du nombre 1143381, obtenu par la séparation de quatre premiers chiffres de droite. On considère que la racine de la plus grande quatrième puissance renfermée dans ce nombre se compose *nécessairement* de dizaines et d'unités. Pour obtenir les dizaines de cette

racine, on sépare de nouveau les quatre chiffres 3381, et l'on extrait la racine quatrième du nombre restant 114 ; on trouvera le chiffre 3. On retranche de 1143381 la quatrième puissance de 3 ; et, après avoir séparé trois chiffres du reste 333381, comme il est indiqué dans l'exemple, on divise la partie résultante 333 par le quadruple cube de 3 ; le chiffre 2 obtenu par cette division sera essayé ; il complétera les 32 dizaines de la racine totale cherchée. La règle générale à suivre s'énonce ainsi qu'il suit :

Pour extraire la racine m^{me} d'un nombre entier, ou de la plus grande puissance m^{me} contenue dans un nombre entier, on le séparera de la droite vers la gauche en tranches de m *chiffres ; on extraira la racine m^{me} de la dernière tranche ; après avoir soustrait de cette tranche la m^{me} puissance du chiffre obtenu à la racine, on abaissera près du reste la tranche suivante ; on séparera du nombre ainsi formé les* m—1 *derniers chiffres de droite. On divisera la partie à gauche, par* m *fois la* $(m—1)^{me}$ *puissance du premier chiffres de la racine, cela donnera le second chiffre. On élèvera à la puissance* m *le nombre formé des deux chiffres de la racine, on la retranchera du nombre composé des deux premières tranches de gauche. On agira avec le reste et tous les suivans comme avec le premier, jusqu'à ce qu'on ait épuisé toutes les tranches. On obtiendra ainsi successivement tous les chiffres de la racine m^{me} du nombre donné.*

170. En se reportant aux n°s 103 et 104, où est exposée la théorie de l'extraction de la racine carrée et cubique des fractions, et l'extraction des racines appro-

chées des nombres entiers , on conclura les règles suivantes pour des racines de degré quelconque :

Pour extraire la racine m^{me} *dé la fraction* $\dfrac{A}{B}$, *on extraira la racine* m^{me} *de chaque terme.*

Si la fraction $\dfrac{A}{B}$ *n'est pas la* m^{me} *puissance d'une
autre fraction, on rendra son dénominateur une* m^{me}
puissance en multipliant les deux termes par B^{m-1}, *et
l'on retombera dans le cas précédent.*

Pour extraire la racine m^{me} *d'un nombre* N *à moins
d'une approximation* $\dfrac{1}{b}$, *on multipliera* N *par* b^m, *on
extraira à moins d'une unité, et l'on divisera la racine
obtenue par* b.

Pour extraire la racine m^{me} *d'un nombre entier ou
décimal à moins de* 0,1 0,01, *etc., on complétera les
décimales de ce nombre, de manière qu'il en ait* m,
2m, *etc., c'est-à-dire autant de fois* m *qu'on veut de
chiffres décimaux à la racine. On extraira la racine
du nombre ainsi obtenue ; enfin on séparera le nombre de chiffres décimaux qu'on doit avoir à la racine.*

171. Lorsque le degré de la racine à extraire n'est pas
un nombre premier , on peut arriver à la racine par plusieurs extractions successives. En effet, soit à extraire la
racine sixième de a^6 ; $a^6 = a^{2 \cdot 3} = a^{3 \cdot 2}$; or, d'après la règle
d'élévation aux puissances des monomes, $a^6 = (a^2)^3 =
(a^3)^2$; donc pour obtenir la racine sixième de a^6, on
pourra extraire d'abord la racine $\overset{\text{cubique}}{\underset{\text{carrée}}{}}$ de ce nom-

bre, puis après extraire la racine $\frac{\text{carrée}}{\text{cubique}}$ du résultat.

§ III.

EXTRACTION DE LA RACINE DE DEGRÉ QUELCONQUE DE MONOMES ET DES POLYNOMES.

172. Pour élever un monome à la puissance m, on sait par la multiplication même, qu'il faut élever le coefficient à la puissance m, et multiplier par m les exposans de toutes les lettres. Donc *pour extraire la racine du degré* m *d'un monome, on doit extraire la racine* m^{me} *du coefficient, et diviser les exposans des lettres par le nombre* m.

Si la division de tous les exposans par l'indice de la racine n'est pas possible, comme il arrive pour le monome $162a^6b^{11}d^8c^5e$, dont on voudrait extraire la racine quatrième, on décompose le monome en deux facteurs, dont l'un est une puissance quatrième exacte :

$$162a^6b^{11}d^8c^5e = 81a^4b^8d^8c^4 \times 2a^2b^3ce\,;$$

on extrait la racine quatrième de chaque facteur, et l'on trouve

$$\sqrt[4]{162a^6b^{11}d^8c^5e} = ab^2d^2c \times \sqrt[4]{2a^2b^3ce}.$$

173. Soit le polynome $P = A + B + C + D + E +$ etc., qu'on veut élever à la puissance m, afin de découvrir la règle générale d'extraction de la racine. En groupant tous les termes, excepté le premier, de la manière suivante $P = \{A + (B + C + D + E +$ etc.$)\}$, on aura

$$P^m = A^m + mA^{m-1} (B+C+D+ \text{etc.}) + m\frac{m-1}{2}A^{m-2} \times$$
$$(B+C+D+\text{etc.})^2 + \ldots (B+C+D+\text{etc.})^m.$$

Supposons que P soit ordonné par rapport aux puissances descendantes d'une lettre ainsi que P^m; il est clair que le terme A^m, et après lui le terme mA^{m-1} sera affecté du plus haut exposant de la lettre ordonnatrice; donc si l'on extrait la racine m^{me} du premier terme de P^m, on aura le premier terme A de la racine; si l'on divise le second terme de P^m qui est $mA^{m-1}B$ par le monome A^{m-1}, composé avec A, on aura le second terme B de la racine.

Cela fait, retranchons de P^m la puissance m de la somme $A+B$ qui est

$$A^m + mA^{m-1}B + m\frac{m-1}{2}A^{m-2}B^2 + \ldots + B^m;$$

le terme de plus haut exposant dans le reste sera $mA^{m-1}C$; c'est-à-dire le produit du troisième terme de la racine par le facteur constant mA^{m-1}. Il est, en effet, facile de comprendre que tout autre terme du reste comme $m\frac{m-1}{2}A^{m-2}C^2$, $m\frac{m-1}{2}A^{m-2}\times 2BC$, a un exposant de la lettre ordonnatrice moindre que $mA^{m-1}C$. Divisons donc le premier terme du reste par mA^{m-1}, nous aurons le troisième terme de la racine.

Cela fait, retranchons de P^m la puissance m de la somme $A+B+C$, le premier terme du reste sera le produit $mA^{m-1}D$ du quatrième terme de la racine. On obtiendra donc ce terme et tous les suivans par le moyen employé pour les précédens, lequel consiste toujours à diviser le premier terme des restes par m fois la $(m-1)^{\text{ième}}$ puissance du premier terme obtenu à la racine.

Appliquez cette règle à extraire la racine cubique du polynome suivant :

$$125a^6 + 150ba^5 + 60b^2 - 75c \ \Big|\ a^4 + 8b^3 - 60bc \ \Big|\ a^3 - 12b^2c + 15c^2 \ \Big|\ a^2 + bc^2a - c^3$$

§ IV.

CALCUL DES QUANTITÉS RADICALES ET DES EXPOSANS DE NATURE QUELCONQUE.

174. Le calcul des quantités de la forme $\sqrt[m]{a}$, $\sqrt[n]{b}$, qu'on appelle quantités radicales, est fondé sur les principes suivans :

1° *On peut multiplier l'indice d'un radical et l'exposant de la quantité sous le radical par un même nombre.* En effet, représentons par p la quantité $\sqrt[m]{a}$, $p = \sqrt[m]{a}$. Elevons les deux nombres de cette égalité à la puissance m, et les deux membres de l'égalité résultante à la puissance n; on aura $p^m = a$, $p^{mn} = a^n$. Extrayons les racines mn, nous aurons $p = \sqrt[mn]{a^n}$; donc $\sqrt[m]{a} = \sqrt[mn]{a^n}$.

2° *La racine mn d'un nombre s'obtient en extrayant successivement de ce nombre, d'abord la racine m, puis la racine n; ou dans l'ordre inverse, d'abord la racine n, puis la racine m.* En effet, écrivons l'égalité $p^{mn} = c$, en extrayant successivement les racines n et m, on aura $p^m = \sqrt[n]{c}$ et $p = \sqrt[m]{\sqrt[n]{c}}$, ou $p = \sqrt[n]{c}$ et $p = \sqrt[n]{\sqrt[m]{c}}$.

Mais extrayant de cette même égalité tout d'un coup

la racine du degré mn, on trouvera aussi $p = \overset{mn}{\sqrt{}}\,c$; donc

$$\overset{mn}{\sqrt{}}\,c = \overset{m}{\sqrt{}}\,\overset{n}{\sqrt{}}\,c = \overset{n}{\sqrt{}}\,\overset{m}{\sqrt{}}\,c.$$

Cette double égalité renferme le principe énoncé.

Multiplication et division. Soit les quantités radicales $\overset{m}{\sqrt{}}\,a$, $\overset{n}{\sqrt{}}\,b$; réduisons-les au même indice en appliquant le principe ci-dessus, nous aurons $\overset{mn}{\sqrt{}}\,a^{n}\ \overset{mn}{\sqrt{}}\,b^{m}$, d'où l'on déduit les deux égalités

$$\overset{m}{\sqrt{}}\,a \times \overset{n}{\sqrt{}}\,b = \overset{mn}{\sqrt{}}\,a^{n} \times \overset{mn}{\sqrt{}}\,b^{m} = \overset{mn}{\sqrt{}}\,{a^{n}b^{m}},$$

$$\frac{\overset{m}{\sqrt{}}\,a}{\overset{n}{\sqrt{}}\,b} = \frac{\overset{mn}{\sqrt{}}\,a^{n}}{\overset{mn}{\sqrt{}}\,b^{m}} = \overset{mn}{\sqrt{}}\,\frac{a^{n}}{b^{m}}.$$

Ces égalités se vérifient en élevant les deux membres à la puissance mn.

Elévation aux puissances et extraction des racines.

$$\left(\overset{m}{\sqrt{}}\,a\right)^{n} = \overset{m}{\sqrt{}}\,a . \overset{m}{\sqrt{}}\,a \ldots \ldots \overset{m}{\sqrt{}}\,a = \overset{m}{\sqrt{}}\,a^{n} \qquad \overset{n}{\sqrt{}}\left(\overset{m}{\sqrt{}}\,a\right) = \overset{nm}{\sqrt{}}\,a$$

Cette seconde égalité résulte du deuxième principe démontré ci-dessus.

175. La division et l'extraction des racines des monomes, quand elles ne sont pas possibles exactement, donnent lieu à des notations nouvelles très employées dans l'analyse.

Si l'on divise a^{p} par a^{p+q}, le quotient est $\dfrac{1}{a^{q}}$.

Si l'on appliquait la règle de soustraction des exposans, on trouverait a^{-q}. Ces deux notations a^{-q}, $\dfrac{1}{a^{q}}$, s'emploient indifféremment l'une pour l'autre. La seconde a l'avantage de faire disparaître d'une fonction toutes les formes fractionnaires. Exemple :

$$\frac{b}{c}+\frac{a}{bc}-\frac{c}{a^{q}} = bc^{-q}+ab^{-1}c^{-1}-ca^{-q}.$$

Si l'on doit extraire la racine pq de a^p, on écrit $\sqrt[pq]{a^p}$. Si l'on appliquait la règle de division de l'exposant par l'indice de la racine, on trouverait $a^{\frac{1}{q}}$. Les deux notations, $a^{\frac{n}{q}}$, $\sqrt[q]{a^n}$, s'emploient indifféremment l'une pour l'autre. La première a l'avantage de faire disparaître d'une fonction toutes les formes irrationnelles. Exemple :

$$\sqrt[m]{a^p} + b\sqrt[n]{c^q} - 2\sqrt[r]{a^p b^q} = a^{\frac{p}{m}} + bc^{\frac{q}{n}} - 2a^{\frac{p}{r}}b^{\frac{q}{r}}.$$

176. Mais ce qui fait le véritable avantage de ces nouvelles notations, c'est qu'en appliquant aux expressions qui résultent de leur emploi, les règles de calcul données pour les exposans entiers et positifs, on obtient les résultats fournis par les règles sur les quantités fractionnaires et radicales.

En effet, soit à multiplier ou à diviser l'un par l'autre deux monomes a^{-p}, $a^{\frac{q}{r}}$; si l'on applique la règle ordinaire, on trouve

$$\text{pour produit } a^{\frac{q}{r}-p}, \text{ et pour quotient } a^{-p-\frac{q}{r}};$$

lesquelles, en réduisant les exposans au même dénominateur, et les reportant ensuite à la première nature de notations, reviennent à

$$\sqrt[r]{a^{q-rp}} \text{ pour le produit, et } \sqrt[r]{\frac{1}{a^{pr+q}}} \text{ pour le quotient.}$$

Or ce sont là précisément les résultats auxquels on sera conduit, si on ramène préalablement à la forme frac-

tionnaire et irrationnelle, les deux monomes ci-dessus,
qui se trouveront alors écrits de la manière suivante :

$$\frac{1}{a^p} \qquad \sqrt[r]{a^q}.$$

En élevant les monomes proposés a^{-q} et $a^{\frac{q}{r}}$ à une
puissance quelconque, ou en extrayant une racine de
degré quelconque par la règle des exposans ordinaires,
on prouvera comme ci-dessus, que les résultats obtenus
ont le même sens que ceux qu'auraient donné les mêmes
opérations, exécutées sur les monomes ramenés aux
formes habituelles.

177. De là se tire l'avantage, que toute fonction algébrique pourra s'écrire sous la forme entière et rationn-
nelle, et pourra être traitée sous cette forme, sans aucun
inconvénient, par toutes les règles données déjà dans les
cas ordinaires. On pourrait donc se passer dans l'analyse
des notations fractionnaires et irrationnelles; puisque
les notations exponentielles correspondantes remplissent
les mêmes fonctions. Ce serait une chose bonne en soi
que de rayer ces anciennes notations de l'alphabet ana-
lytique; car deux signes qui représentent identiquement
la même idée sont, dans une langue, bien plutôt un em-
barras qu'une richesse.

Exercices. 1° Multiplier ou diviser entre eux $a^2 b^{-1} c^{\frac{3}{5}}$
et $a^{-1} b^2 c^{\frac{3}{5}}$.

2° Elever à la puissance 3 ou $\frac{2}{5}$ ou $-\frac{3}{4}$ le monome
$a^{\frac{2}{5}} b^{-1} c^{\frac{2}{5}}$.

3° Extraire la racine de l'indice 3 ou $\frac{2}{5}$ ou $-\frac{3}{4}$ du monome $a^6 b^{-2} c^{-\frac{2}{7}}$.

§ V.

ÉQUATION EXPONENTIELLE.

178. On appelle de ce nom l'équation à deux variables $a^x = y$, dans laquelle le nombre a seul est connu.

En donnant à x une série de valeurs consécutives positives ou négatives, on peut faire passer la variable y par tous les nombres possibles positifs, soit entiers, soit fractionnaires. En effet, supposons d'abord que a est plus grand que l'unité; donnons à x les valeurs positives entières depuis o jusqu'à l'infini positif, nous aurons pour y les valeurs successives

$$1, a, a^2, a^3 \ldots\ldots\ldots \infty.$$

Les nombres compris entre deux puissances de a, comme a^2, a^3, seront donnés par une valeur de x comprise entre 2 et 3, comme serait $\frac{2}{5}$. Car $a^{\frac{2}{5}} = \sqrt{a^5} = a^2 \sqrt{a}$, est un nombre évidemment renfermé entre a^2 et a^3.

Donnons à x les valeurs négatives entières depuis o jusqu'à l'infini négatif, d'après la théorie des exposans de nature quelconque, nous aurons pour y les valeurs successives

$$1, \frac{1}{a}, \frac{1}{a^2}, \frac{1}{a^3} \ldots\ldots\ldots\ldots \frac{1}{\infty} = 0.$$

On prouvera comme ci-dessus, que tout nombre plus petit que 1, lequel est nécessairement compris entre deux termes de cette série, par exemple entre

16

$\frac{1}{a^2}$ et $\frac{1}{a^3}$, s'obtiendra en donnant à x une valeur comprise entre — 2 et — 3.

Si le nombre a était plus petit que l'unité, qu'il fût égal à $\frac{1}{\alpha}$, α étant plus grand que l'unité, on n'en pourrait pas moins obtenir par des valeurs convenables de x, tous les nombres possibles pour y. L'équation $a^x = y$ reviendrait à $\left(\frac{1}{\alpha}\right)^x = y$. Pour obtenir les valeurs de y, croissant de 1 vers l'infini, il faudrait donner à x des valeurs négatives ; tandis que pour obtenir la série décroissante de 1 vers o, il faudrait donner à x des valeurs croissantes positives.

179. On peut se demander quelle doit être la composition du nombre y relativement au nombre a, pour que la valeur de x soit un nombre rationnel $\frac{m}{n}$, en sorte qu'on ait exactement $a^{\frac{m}{n}} = y$. Tirons de cette équation $a^m = y^n$. Les deux nombres rationnels a^m, y^n ne sauraient être égaux qu'autant qu'ils sont composés des mêmes facteurs premiers élevés à des puissances égales. Donc en décomposant a et y en leurs facteurs premiers p_α, q^6, r^δ et $p^{\alpha'}$, $q^{6'}$, r^{α}, ce qui donne à la dernière équation la forme $p^{\alpha m} q^{6m} r^{\delta m} = p^{\alpha' n} q^{6'n} r^{\delta' n}$. Il faudra et il suffira qu'on ait $\alpha m = \alpha' n$, $6m = 6' n$, $\delta m = \delta' n$, d'où l'on tire $\frac{\alpha}{\alpha'} = \frac{6}{6'} = \frac{\delta}{\delta'} = \frac{n}{m}$, équations qui donnent la composition corrélative des nombres y et a et en même temps la valeur $\frac{n}{m}$ de x qui produira le nombre y.

Si le nombre a était fractionnaire $\frac{A}{A_1}$, il faudrait que y fût de la même nature $\frac{B}{B_1}$, et on devrait avoir exactement l'égalité

$$\left(\frac{A}{A_1}\right)^{\frac{m}{n}} = \frac{B}{B_1}.$$

Nous pouvons supposer que $\frac{A}{A_1}$ $\frac{B}{B_1}$ sont irréductibles.

On tire de cette équation $\left(\frac{A}{A_1}\right)^m = \left(\frac{B}{B_1}\right)^n$ et $\frac{A^m}{A^m_1} = \frac{B^n}{B^n_1}.$

Ces deux fractions irréductibles, dont les termes sont rationnels, étant égales, on a séparément $A^m = B^n$, $A_1^m = B_1^n$: or ces équations sont semblables à celles obtenues dans le cas précédent.

De là il résulte que A, A_1 se décomposant en leurs facteurs premiers de la manière suivante : p^α, q^6, r^δ ; $p_1^{\alpha_1}$, $q_1^{6_1}$, $r_1^{\delta_1}$, il faudra que B, B_1 soient respectivement égaux à $p^{\alpha'} q^{6'} r^{\delta'}$, $p_1^{\alpha'_1} q_1^{6'_1} r_1^{\delta'_1}$, et qu'on ait, comme au cas précédent,

$$\frac{\alpha}{\alpha'} = \frac{\alpha_1}{\alpha'_1} = \frac{6}{6'} = \frac{6_1}{6'_1} = \frac{\delta}{\delta'} = \frac{\delta_1}{\delta'_1} = \frac{n}{m}.$$

Pour calculer les nombres y à l'aide de l'équation $a^x = y$, nous donnerons plus tard des méthodes qui permettront d'obtenir x avec tel degré d'approximation qu'on voudra.

CHAPITRE XI.

DES PROGRESSIONS ET DES LOGARITHMES.

§ I.

PROGRESSIONS.

180. On appelle progression par différence ou quotient arithmétique, géométrique, une suite de nombres 2, 5, 8, 11, 14, etc. 3, 6, 12, 24, 48, etc. dont l'un quelconque se forme en ajoutant au multipliant le précédent le par nombre constant 3, 2, qu'on nomme raison de la progression. On écrit cette progression en mettant en tête deux quatre points séparés par un trait, et un deux points entre chaque terme.

$\div$ 2 . 5 . 8 . 11......32	$\div\div$ 3 : 6 : 12 : 24 :...... : 3072.
$\div$ a . b . c . d.........l.	$\div\div$ $a : b : c : d$:........ : l.

En considérant les nombres comme ayant tantôt un sens d'augmentation, tantôt un sens de diminution, la progression par différence peut s'étendre de l'infini positif à l'infini négatif. En effet, les termes de la série

$$\infty ...-10-7-4-1.2.5.8.11...\infty$$

se forment les uns des autres d'après la définition.

La progression par quotient peut s'étendre depuis l'infiniment grand jusqu'à 0 ou l'infiniment petit. En effet, les termes de la série

$$0:...3:\tfrac{3}{8}:\tfrac{3}{4}:\tfrac{3}{2}:3:6:12:24:.....:\infty$$

se forment les uns des autres d'après la définition.

Lorsqu'en partant d'un terme quelconque, on marche dans ces progressions vers la droite, on dit que la progression est croissante; vers la gauche, on dit que la progression est décroissante.

181. En reprenant les progressions simples ci-dessus, on voit, d'après la définition même, que le deuxième terme est égal au premier $\overset{+}{\times}$ la raison ; que le troisième terme est égal au premier $\overset{+\ \text{deux fois.}\ \dots\dots}{\times\ \text{la deuxième puissance de}}$ la raison; que *le terme de rang* n *est égal au premier* $\overset{+\,(n-1)\,fois.\ \dots\dots}{\times\ \text{la}\,(n-1)^{\text{me}}\,puissance\,de}$ *la raison.* Donc en désignant dans chaque espèce de progression

<table>
<tr><td>par a le premier terme,
par r la raison,
par l le terme de rang n,</td><td>par a le premier terme,
par q la raison,
par l le terme de rang n,</td></tr>
</table>

on aura en général

$$l = a + (n-1)r. \qquad\qquad l = a \times q^{n-1}.$$

Si l'on avait pris les progressions dans le sens décroissant, ces équations deviendraient

$$l = a - (n-1)r.$$

Dans ce cas, la raison qui était r, devient $-r$.

$$l = a \times \frac{1}{q^{n-1}} = a \times q^{-(n-1)}$$

Dans ce cas, la raison qui était q, devient q^{-1} ou $\frac{1}{q}$.

Ces équations rentrent dans les premières, en regardant r et q comme susceptibles de prendre les valeurs $-r$ et q^{-1}.

Si le premier terme de la progression par $\genfrac{}{}{0pt}{}{\text{différence}}{\text{quotient}}$ est $\genfrac{}{}{0pt}{}{0,}{1,}$ on voit par les équations ci-dessus que, *un terme quelconque de la progression est* $\genfrac{}{}{0pt}{}{\textit{un multiple}}{\textit{une puissance}}$ *de la raison, marqué par le nombre des termes qui précèdent celui qu'on considère.*

182. Dans une progression, quand on considère un nombre fini de termes, le premier et le dernier s'appellent extrêmes ; on appelle moyens deux termes également distans de ces extrêmes. Cela posé : .

Dans une progression $\genfrac{}{}{0pt}{}{\textit{par différence, la somme}}{\textit{par quotient, le produit}}$ *des moyens est* $\genfrac{}{}{0pt}{}{\textit{égale à la somme}}{\textit{égal au produit}}$ *des extrêmes.* En effet

Le dernier moyen se compose du dernier extrême, diminué d'un certain nombre de fois la raison ; tandis que le premier moyen se compose du premier extrême, augmenté d'un même nombre de fois la raison.	Le dernier moyen se compose du dernier extrême, divisé par une certaine puissance de la raison ; tandis que le premier moyen se compose du premier extrême, multiplié par la même puissance de la raison.

Si les deux progressions commencent l'une par 0, l'autre par 1, *la somme de deux termes quelconques de la première sera un terme de la progression;* car ce sera un multiple de la raison. *Le produit des deux termes correspondans, c'est-à-dire de même rang, dans la seconde sera une puissance de la raison de même indice que ce multiple; par conséquent ce produit sera un terme de la seconde progression, et ce sera un terme de même rang que celui de la première.*

(247)

183. Cherchons la formule qui exprime la somme s de n terme d'une progression.

$\div\ a.\ b.\ c\text{.......}\ i.\ k.\ l.$

Ecrivez cette progression en sens inverse,

$\div\ l.\ k.\ i\text{........}\ c.\ b..a.$

Ajoutez ces deux progressions terme à terme, et faites la somme des binomes résultans, qui devra vous donner 2s.

Tous ces binomes sont égaux ; il y en a n, donc $(a+l)n=2s$, d'où

$$(2)\quad s=(a+l)\frac{n}{2}.$$

$\div\ a:b:c\text{.......}\ i:k:l.$

Ecrivez les égalités suivantes, qui ne sont que la définition même de la progression ;
$b=aq,\ c=bq,\text{........}\ k=iq,\ l=kq.$
Ajoutez ces égalités membre à membre $b+c+\text{.....}k+l=q\,(a+b+\text{.....}+i+k)$ ou bien $s-a=q$ $(s-l)$ d'où l'on tire

$$(2)\quad s=\frac{ql-a}{q-1}.$$

En rapprochant de cette équation celle déjà obtenue, savoir :

$$(1)\quad l=a+(n-1)r,$$

$$(1)\quad l=aq^{n-1},$$

on a les élémens nécessaires pour résoudre toutes les questions qui se rapportent aux progressions.

184. Parmi ces questions, l'une des plus importantes est celle-ci : *Entre deux quantités données* A *et* B, *insérer un nombre* m *de moyens* $\genfrac{}{}{0pt}{}{\textit{différentiels,}}{\textit{proportionnels,}}$ c'est-à-dire écrire m nombres qui fassent avec A et B une progression. Cette progression aura $m+2$ termes. Le premier terme est A, le dernier, de rang $m+2$, est B. Tout se réduit à calculer la raison R ou Q. Or l'équation (1) appliquée à la question donne

$$R=\frac{B-A}{m+1}$$

$$Q=\sqrt[m+1]{\frac{B}{A}}$$

Cette équation montre que, *si l'on insère le même nombre de moyens entre tous les termes* a, b, c, d..... *d'une progression, la nouvelle série qu'on obtiendra sera une progression.* Car la raison des diverses progressions entre a et b, entre b et c, entre c et d est la même, puisque

$$ \mathrm{R} = \frac{b-a}{m+1} = \frac{c-b}{m+1} \cdots = \frac{r}{m+1}, $$

$$ \mathrm{Q} = \sqrt[m+1]{\frac{a}{b}} = \sqrt[m+1]{\frac{c}{b}} = \cdots\cdots = \sqrt[m+1]{q}. $$

Et que, de plus, le dernier terme de la progression entre a et b, est le premier de la progression entre b et c, comme le dernier de celle-ci est le premier de la suivante.

185. Exercices. 1° A l'aide des équations (1) et (2) du N° 183, résoudre toutes les questions de progression dans lesquelles on se donne trois des quantités a, l, n, r ou q et s pour obtenir les deux autres.

Faire la somme de tous les termes d'une progression par quotient et décroissante. Dans la valeur de s ql devient nul, et l'on trouve

$$ s = \frac{a}{1-q}. $$

2° Trouver la somme d'un nombre quelconque de terme de la série des nombres impairs successifs 1, 3, 5, 7, etc., ou des nombres pairs successifs 0, 2, 4, 6, etc.

3° Combien de secondes mettra un corps abandonné à son propre poids, pour arriver au fond d'un puits de mine de 400 mètres de profondeur. On sait qu'un corps grave, dans les secondes successives de sa chute, parcourt

4^m, 9 répétés successivement par la suite 1, 3, 5, 7 des nombres impairs.

4° Un homme place à la fin de chaque mois, à la caisse d'épargne, sur la tête de son fils, âgé de 10 ans. Le premier placement est de 5 francs, chacun des suivans est double de celui qui précède. Quelle somme d'argent possédera le fils à 20 ans.

§ II.

LOGARITHMES.

186. La remarque faite ci-dessus (182), sur les propriétés relatives et la correspondance des termes de deux progressions, l'une par quotient ayant 1 pour un de ces termes, l'autre par différence, ayant 0 pour un de ces termes, donnent lieu à l'invention des *logarithmes*. C'est à l'aide des logarithmes qu'on abrège les calculs, et que l'on rend possibles des opérations nécessaires aux sciences, surtout à la science astronomique, et sans lesquels ces opérations seraient tout-à-fait impraticables, à cause de leur longueur.

Soit les deux progressions, l'une par quotient, l'autre par différence ,

$$\ldots\ldots \frac{1}{243} : \frac{1}{81} : \frac{1}{27} : \frac{1}{9} : \frac{1}{3} : 1 : 3 : 9 : 27 : 81 : 243 : 729 \ldots\ldots$$

$$\ldots\ldots -10 \cdot -8 \cdot -6 \cdot -4 \cdot -2 \cdot 0 \cdot 2 \cdot 4 \cdot 6 \cdot 8 \cdot 10 \cdot 12 \ldots\ldots$$

187. Les termes de la première progression s'appellent *nombres*, les termes correspondans de la seconde s'appellent *logarithmes* de ces nombres.

Si l'on multiplie entre eux certains nombres 3, 27,

243 de la progression par quotient, on aura pour produit un terme de cette progression, lequel occupera le 9e rang à partir du terme 1; puisque ces nombres sont les 1re, 3me, 5me puissances de la raison 3 de la progression. Si l'on ajoute entre eux les logarithmes 2, 6, 10 de ces nombres, on aura pour somme un terme de la progression par différence, qui occupera aussi le 9e rang à partir du terme 0; puisque ces logarithmes sont les 1er, 3me, 5me multiples de la raison.

La même correspondance aurait lieu, quand bien même on prendrait certains nombres dans la partie de droite de la progression par quotient. En effet, prenons les nombres $\frac{1}{27}$, $\frac{1}{3}$, 729, ainsi que leurs logarithmes —6, —2, —12. Le produit des trois premiers donnera un terme de la progression par quotient, qui occupera le 2e rang à partir du terme 1. En effet, dans le produit, qu'on peut écrire ainsi $\frac{729}{27.3}$, le premier nombre $\frac{1}{27}$ apporte une division par la 3e puissance de la raison; le second $\frac{1}{3}$, une division par la 1re puissance de la raison; le troisième $729 = 3^6$ apporte une multiplication par la 6e puissance de la raison; le résultat de l'opération donnera donc la 2e puissance de la raison. D'un autre côté, la somme des logarithmes — 6, — 2, $+$ 12 donnera un terme de la progression par différence, et ce sera aussi le 2e, à partir du terme 0; puisque les deux logarithmes —6,—2 apportant une diminution de quatre fois la raison, cette diminution se fait sur le troisième logarithme $+$ 12, qui se compose de 6 fois la raison. Donc la correspondance des deux résultats existe pour toute l'étendue des deux progressions.

Conclusion : Si avec les termes des deux progressions prolongées dans les deux sens, on forme une table dans laquelle ces termes, c'est-à-dire les *nombres* et leurs *logarithmes* se correspondent, pour avoir le produit de plusieurs nombres, il suffira de chercher les *logarithmes* dans la table, de les ajouter, et de prendre dans cette même table le *nombre* correspondant à la somme trouvée.

Cette règle s'énonce sous la forme d'un principe de la manière suivante :

Le logarithme d'un produit de deux ou plusieurs facteurs est égal à la somme des logarithmes de ces facteurs. De ce principe se tire immédiatement celui-ci :

Le logarithme du quotient de deux nombres est égal à la différence entre le logarithme du dividende et le logarithme du diviseur. La table de logarithmes permet donc de substituer des soustractions à des divisions.

La puissance m d'un nombre n'étant que le produit de m facteurs égaux à ce nombre, il s'ensuit que :

Le logarithme de la puissance m *d'un nombre est égal à* m *fois le logarithme de ce nombre.* La table de logarithmes permet donc de substituer une multiplication par un assez petit nombre à la formation d'une puissance. De ce principe se tire immédiatement celui-ci :

Le logarithme de la racine m^{me} *d'un nombre est égal au logarithme du nombre divisé par l'indice* m *de la racine.* La table de logarithmes permet donc de substituer une division par un assez petit nombre, à l'extraction des racines.

188. Mais pour que cette substitution d'opérations si simples, à des calculs si longs, ait une véritable utilité, il faudrait que la table de logarithmes, c'est-à-dire le tableau des deux progressions, renfermât pour la première progression, tous les nombres sur lesquels on peut avoir à opérer, et pour la seconde tous les logarithmes de ces nombres. On peut comprendre théoriquement l'intercalation de ces nombres dans les deux progressions de la manière suivante : Insérez entre tous les termes des deux progressions (184), un assez grand nombre de moyens, pour que deux termes consécutifs de la progression par quotient interceptent entre eux le *nombre* 11, que vous voulez introduire dans la table, et pour que les logarithmes de ces deux termes, c'est-à-dire les termes correspondans dans la progression par différence, ne diffèrent entre eux que dans le 8e chiffre décimal. Le logarithme de 11 sera compris entre ces deux logarithmes ; et si l'on prend les sept décimales communs à ces deux logarithmes, elles conviendront au *logarithme* de 11, qu'on aura ainsi à moins d'une unité décimale de 8e ordre. C'est ce *logarithme* approché et le *nombre* 11 correspondant qu'on écrirait dans la table.

Les calculs, exécutés sur une semblable table, portant sur des logarithmes inexacts, quoique très approchés, amèneraient à des résultats également inexacts. Mais on peut et l'on sait calculer cette inexactitude. D'ailleurs, selon les besoins des approximations, on emploie des logarithmes renfermant un moins ou un plus grand nombre de décimales fidèles.

189. Lorsque la progression par différence qu'on ad-

joint à une progression par quotient, pour composer la table de logarithmes, est formée de la suite des nombres naturels, comme cela arrive pour les tables ordinaires, dont la progression par quotient procède par la raison 10,

$$\ldots\ \frac{1}{1000} : \frac{1}{100} : \frac{1}{10} : 1 : 10 : 100 : 1000 \ldots$$
$$\ldots -3 \cdot -2 \cdot -1 \cdot 0 \cdot 1 \cdot 2 \cdot 3 \ldots$$

Ou bien :

$$\ldots\ 10^{-3} : 10^{-2} : 10^{-1} : 1 : 10^{1} : 10^{2} : 10^{3} \ldots$$
$$-3 \cdot -2 \cdot -1 \cdot 0 \cdot 1 \cdot 2 \cdot 3 \ldots$$

On voit que les logarithmes des nombres sont les diverses puissances de la raison 10. Cela a encore lieu après les insertions de moyens entre les deux progressions.

En effet, si l'on insère deux moyens entre tous les termes de chacune des deux progressions, la nouvelle raison sera (184).

$\sqrt[3]{10} = 10^{\frac{1}{3}}$ pour la première et $\frac{1}{3}$ pour la seconde ; les deux progressions développées seront, d'après les calculs des exposans de nature quelconque (176)

$$:10^{-2}:10^{-\frac{5}{3}}:10^{-\frac{4}{3}}:10^{-1}:10^{-\frac{2}{3}}:10^{-\frac{1}{3}}:1:10^{\frac{1}{3}}.10^{\frac{2}{3}}:10:10^{\frac{4}{3}}:10^{\frac{5}{3}}:10^{2}$$
$$-2 \cdot -\frac{5}{3} \cdot -\frac{4}{3} \cdot -1 \cdot -\frac{2}{3} \cdot -\frac{1}{3} \cdot 0 \cdot \frac{1}{3} \cdot \frac{2}{3} \cdot 1 \cdot \frac{4}{3} \cdot \frac{5}{3} \cdot 2.$$

qui constatent la propriété énoncée.

Or, tout système de deux progressions, commençant l'un par 0, l'autre par 1, peut être ramené par insertions

à deux autres progressions, dont la progression par différence contiendra la suite naturelle des nombres.

Par exemple, en prenant les deux progressions quelconques

$$..... \overset{-2}{3} : \overset{-1}{3} : 1 : 3 : \overset{2}{3} .....$$
$$4. — 2. — 0 . 2 . 4$$

Il suffit, pour les ramener à cet état, d'insérer un
moyen entre tous les termes des deux progressions, et
elles deviendraient

$$\overset{-2}{3} . \overset{-\frac{3}{2}}{3} : \overset{-1}{3} : \overset{-\frac{1}{2}}{3} : 1 : \overset{\frac{1}{2}}{3} : \overset{1}{3} : \overset{\frac{3}{2}}{3} : \overset{2}{3}$$
$$-4. — 3. — 2. — 1 . 0 . 1 . 2 . 3 . 4$$

La raison de la première de ces progressions est $3^{\frac{1}{2}}$;
représentons-la par a, et récrivons :

$$\overset{-4}{a} : \overset{-3}{a} : \overset{-2}{a} : \overset{-1}{a} : 1 : a^1 : a^2 : a^3 : a^4$$
$$-4. — 3. — 2. — 1 . 0 . 1 . 2 . 3 . 4.$$

Ces deux progressions manifestent la propriété générale en question. On peut donc dire que :

*Les logarithmes sont les puissances auxquelles il
faut élever un nombre fixe* a, *pour obtenir tous les nombres possibles.* Cette définition, qu'on adopte en algèbre,
se résume dans l'équation exponentielle.

$$a^x = y$$

Le nombre fixe a s'appelle base des logarithmes.

Les quatre propriétés relatives des nombres et de leurs

logarithmes (187) se démontrent très facilement à l'aide de cette équation, en appliquant aux équations $a^{x'}=y'$, $a^{x''}=y''$, et les règles d'opérations sur les monomes.

190. Lorsqu'une table de logarithmes a été calculée dans une base a, on peut la calculer très simplement dans une base b. En effet, soit y un nombre, soit x son logarithme dans la base a, x' son logarithme dans la base b, il sera donné également par les deux équations exponentielles

$$a^x = y \qquad b^{x'} = y \text{ d'où l'on déduit } a^x = b^{x'}.$$

En appliquant à la dernière équation le principe des puissances, et désignant par les initiales l, L les logarithmes pris dans la base a, et dans la base b on aura

$$x = l(b^{x'}) = x'lb \text{ ou } ly = \mathrm{L}y.lb \text{ d'où } \mathrm{L}y = \frac{ly}{lb} = ly.\frac{1}{lb}$$

C'est-à-dire que *pour calculer les logarithmes dans la nouvelle base* b, *il suffira de multiplier les logarithmes dejà calculés dans la base* a, *par un nombre constant* qui est le logarithme de la nouvelle base pris dans l'ancien système. Le multiplicateur constant $\frac{1}{lb}$ se nomme le *module*.

191. Exercices. 1° Calculer par logarithme le quatrième terme d'une proportion $a : b :: c : x$

$$\log x = \log b + \log c - \log a ;$$

2° Calculer par logarithmes un terme de rang quelconque d'une progression par quotient, ou la somme d'un nombre quelconque de termes d'une progression par différence

$$l = aq^{n-1}, \quad \log l = \log a + (n-1) \log q$$

$$s = (a+l)\frac{n}{2}, \quad \log s = \log(a-l) + ln - l2;$$

3° Calculer par logarithmes les expériences algébriques suivantes :

$$x = \frac{y^2 - 2a\gamma + a^2 - b^2}{\sqrt{y^2 - a^2}} \qquad\qquad x = \frac{a^5 y - \gamma^4}{a\sqrt{\gamma^4 - a^2 b^2}}$$

Dans la première formule, décomposez en facteur aux deux termes et prenez les logarithmes des deux membres, en appliquant les règles du n° 187; vous aurez

$$\log x = \log(x - a + b) \log(x - a - b) - \tfrac{1}{2}\log(\gamma + a) - \tfrac{1}{2}\log(\gamma - a.)$$

Dans la seconde formule, mettez γ^4 en facteur commun au numérateur, et γ^2 au dénominateur; simplifiez et appliquez les logarithmes, vous aurez d'abord

$$\log x = 2 \log \gamma + \log\left(\frac{a^5}{\gamma.} - 1\right) - la - \tfrac{1}{2} l\left(1 + \frac{ab}{\gamma^2}\right) - \tfrac{1}{2} l\left(1 - \frac{ab}{\gamma^2}.\right)$$

Pour réduire les nombres entre parenthèses, il faudra calculer par logarithme $\frac{a^5}{\gamma^2}$ et $\frac{ab}{\gamma^2}$ dont les logarithmes sont $3la - 3ly$ et $la + lb - 2ly$. En cherchant dans la table de logarithmes, on trouvera les nombres $\frac{a^5}{\gamma^5}, \frac{ab}{\gamma^2}$ qu'on mettra dans les parenthèses. Ensuite, faisant les opérations d'addition et soustraction indiquées, on trouvera la valeur numérique de lx ; puis, à l'aide de la table, on obtiendra x.

Tout cela suppose que l'on sait se servir d'une table de logarithmes.

§ III.

DISPOSITION ET USAGE DES TABLES DE LOGARITHMES.

192. Les tables de *Callet* contiennent les logarithmes des nombres entiers, depuis 1 jusqu'à 108000. Ces logarithmes sont donnés avec sept décimales ; la partie entière ou *caractéristique* des logarithmes n'est jamais inscrite dans la table, *parce qu'elle est toujours égale, à autant d'unités, moins une, qu'il y a de chiffres dans la partie entière du nombre.* Les cinq premières pages contiennent, avec huit décimales, les logarithmes des 1200 premiers nombres.

Dans chacune des autres pages, la 3ᵉ colonne de gauche, intitulée N, renferme des nombres depuis 1020, 1021, 1022, etc., jusqu'à 10798, 10799, 10800. Les chiffres en gros caractères, qui sont dans la même ligne horizontale que la lettre N, complètent ces nombres d'un chiffre de plus pour en faire les nombres

10200, 10210, 10220, etc., 107980, 107990, 108000.
10209, 10219, 10229, etc., 107989, 107999.

La partie décimale des logarithmes de ces nombres, se partage en deux parties ; les trois premiers chiffres déci-

17

maux sont près de la colonne marquée N, et le plus souvent au dessus des deux chiffres du nombre qui bordent
le trait de droite de la colonne N; les quatre derniers
chiffres décimaux sont dans la même ligne horizontale
que les deux chiffres du nombre déjà mentionné, mais
ils sont situés dans la colonne marquée du dernier chiffre
du nombre. La dernière colonne à droite renferme les
différences entre les logarithmes consécutifs, et aussi des
calculs **tout** faits sur ces différences.

Voyons comment on fera usage de la table.

193. *Étant donné un nombre, trouver son logarithme.*

Soit M le nombre donné que nous supposons entier ou
décimal; placez la virgule de manière qu'il y ait cinq
chiffres à sa gauche, vous formerez un nombre N_1 compris entre deux nombres $N+1$ et N de la table. Prenez
dans la table les décimales du logarithme de N, lequel est
composé seulement de cinq chiffres entiers; ajoutez aux
décimales de ce logarithme le quatrième terme de la proportion suivante

$$(N+1) - N = 1 : \text{diff. des tables} :: N_1 - N : x,$$

dont voici la traduction :

$$\text{Quand on ajoute} \left\{ \begin{array}{c} 1 \text{ à } N \\ \text{pour avoir } N+1 \end{array} \right\},$$

$$\text{il faut ajouter} \left\{ \begin{array}{c} \text{à log } (N), \text{ la diff. tabulaire } \log(N+1) - \log(N) \\ \text{pour avoir } \log(N+1) \end{array} \right\};$$

$$\text{mais lorsqu'on ajoutera seulement.} \ldots \left\{ \begin{array}{c} \text{la diff. } N_1 - N \text{ à } N_1 \\ \text{pour avoir } N_1 \end{array} \right\},$$

$$\text{que faudra-t-il ajouter} \left\{ \begin{array}{c} \text{à log } N \\ \text{pour avoir } \log N_1 \end{array} \right\}?$$

Après cette addition, vous aurez les décimales du logarithme de N_i, et par conséquent celles du nombre proposé qui est 10, 100, 1000 fois plus grand ou plus petit que N_i, selon le mouvement qu'il a fallu donner à la virgule, pour passer de ce nombre à N_i. Pour compléter ce logarithme, on placera en avant des décimales obtenues, une caractéristique égale à autant d'unités moins une, qu'il y a de chiffres entiers dans ce nombre.

Premier exemple. Soit $M = 5108,73$; on aura $N_i = 51087,3$, $N = 51087$, $N + 1 = 51088$; exécutez les calculs indiqués dans la proportion, et vous trouverez pour partie décimale du logarithme de N_i, et par consé- de M, $0,7083130$. Donc $\log M = 3,7083130$.

Deuxième exemple. Soit $M = 0,510873$ on aura $N_i = 51087,3$, $N = 51087$, $N + 1 = 51088$. Exécutez les calculs indiqués dans la proportion, et vous trouverez pour partie décimale du logarithme de N_i $0,7083130$. Pour passer de là au logarithme de M, lequel doit être négatif, *il suffira de retrancher de ces décimales le nombre 4, composé d'autant d'unités, moins une, qu'il y a de chiffres entiers dans N_i. On trouvera ainsi*

$$\log M = 0,7083130 - 4.$$

Or, il y a deux manières d'écrire ce logarithme : ou bien on exécute la soustraction, et l'on obtient un logarithme entièrement négatif; ou bien on n'exécute pas la soustraction, on place — 4 en caractéristique, et l'on indique par un point mis à la place de la virgule, que la partie décimale est positive. On aura donc l'un des deux résultats suivans :

$$\log \textsc{m} = -3,2916870 \qquad \log \textsc{m} = -4.7083130.$$

La seconde manière d'écrire est commode, parce que dans les combinaisons de sommes qu'il faut faire entre les logarithmes, la caractéristique — 4 étant seule négative, elle apporte une soustraction bien plus facile à exécuter, que celle qui résulte du logarithme entièrement négatif — 3,2916870.

C'est même pour éviter ces soustractions complètes, qu'on remplace les logarithmes entièrement négatifs, par le *complément arithmétique.*

Le complément arithmétique d'un nombre 3,2916870 est le nombre 10—3,2916870, qu'il faudrait ajouter à 3,2916870 pour obtenir 10. Ce complément s'écrit chiffre par chiffre, à mesure qu'on lit les décimales dans l'ordre 0, 7, 8, 6, 1, 9, 2. Car on n'a qu'à soustraire la première décimale significative de 10 et toutes les autres de 9, on trouve ainsi

$$C \log (3,2916870) = 6,7083130.$$

Si le logarithme négatif doit se combiner avec une somme s, *qu'il est nécessairement destiné à diminuer, on le remplacera par son complément, ayant soin de retrancher ensuite de la somme* s *le nombre* 10, *afin de compenser exactement l'erreur qui résulte de l'emploi de ce complément.* La raison de ceci se lit dans l'égalité suivante,

$$s - 3,2916870 = s + (10 - 3,2916870) + 10.$$

Si le logarithme négatif avait une caractéristique plus grande que 10 , on le remplacerait par son complément à 20, à 30, etc. Le calcul fait, on devrait accroître le résultat de 20, de 30.

Troisième exemple. Prenons pour M une fraction $\frac{7}{11}$. On pourrait réduire $\frac{7}{11}$ en décimales, puis opérer comme au deuxième exemple ; mais, pour agir directement, on écrira

$$\log \left(\tfrac{7}{11}\right) = \log (7) - \log (11), \qquad \text{ou bien}$$
$$\log \left(\tfrac{7}{11}\right) = \log 7 + C \log (11) - 10.$$

La première égalité donnera un logarithme entièrement négatif ; la seconde donnera un logarithme dont la caractéristique seule est négative.

194. *Étant donné un logarithme, trouver le nombre auquel il appartient.*

Soit k le logarithme du nombre cherché M. La partie décimale de ce logarithme que nous supposons positive, est comprise entre celles de deux logarithmes consécutifs correspondants aux deux nombres N et N + 1. Prenez dans la table ou faites vous-même la différence δ des deux logarithmes consécutifs ; faites la différence δ_k entre k et le logarithme de N, et pour avoir les chiffres de M, ajoutez à N le quatrième terme, calculé seulement jusqu'aux centièmes, de la proportion suivante :

Quand on ajoute $\left\{ \begin{array}{c} \text{la différence tabulaire } \delta \text{ à log N} \\ \text{pour avoir log N} + 1 \end{array} \right\}$,

on doit ajouter 1 à N   pour avoir N + 1.

Mais lorsqu'on ajoutera seulement { la différence d_k à log N pour | avoir les décimales de log M }

que faudra t-il ajouter à N pour avoir les chiffres de M ?

Connaissant tous les chiffres de M, vous disposerez la virgule selon la caractéristique de k.

Premier exemple. Soit $k = 2,5386717$. La partie décimale $0,5386717$ tombe entre deux logarithmes de la table, dont le plus petit correspond au nombre N $= 34567$. Exécutez les calculs indiqués dans la proportion, vous trouverez pour quatrième terme $0,79$, que vous ajouterez à N, ce qui donnera pour les chiffres de M, $34567,79$. Pour avoir M dans sa valeur absolue, placez la virgule pour qu'il y ait aux entiers un chiffre de plus qu'il n'y a d'unités dans la caractéristique de k, vous aurez enfin M $= 345,6779$.

Deuxieme exemple. Soit $k = -2.5386717$, logarithme dont la caractéristique seule est négative. En considérant seulement la partie décimale $+ 0,5386717$ on arrivera, comme dans l'exemple précédent, au nombre N $= 34567,79$, dont le logarithme serait $+ 4,5386717$. Le logarithme proposé étant plus petit que celui-là de 6 unités, le nombre M cherché doit être 1000000 plus petit que M ; donc M $= 0,03456779$. *On a donc dû avancer la virgule d'autant de chiffres qu'il faut ajouter d'unités à la caractéristique — 2, pour obtenir le résultat $+ 4$.*

Troisième exemple. Soit un logarithme entièrement négatif $— 2,4613283$. Ajoutez $+ 7$ à ce logarithme pour qu'il ait la caractéristique $+ 4$; et vous aurez

$k = + 4,5386717$; le nombre N correspondant à ce logarithme est 34567,79. Ce nombre est 10000000 plus grand que le nombre cherché, puisque son logarithme est de 7 unités plus fort que le logarithme proposé. Avancez la virgule de 7 rangs, *c'est-à-dire d'autant de rangs qu'il fallait ajouter d'unités au logarithme proposé, pour que la caractéristique devînt* + 4. Vous trouverez pour le nombre proposé 0,0034567 79.

Dans ce cas, comme dans le précédent, l'addition des décimales 0,79 données par la proportion, n'était pas indispensable, l'approximation obtenue étant déjà très grande sans cette addition.

195. Les proportions établies dans le n° précédent, et par lesquelles on calcule le complément à ajouter soit à un logarithme de la table, pour composer le logarithme d'un nombre donné qui n'est pas dans la table, soit à un nombre de la table, pour composer un nombre dont le logarithme donné n'est pas dans la table, ne sont point exactes en principe ; mais lorsque le dernier terme de ces proportions n'est évalué, pour le calcul des logarithmes, que jusqu'au septième ordre décimal, et pour le calcul des nombres que jusqu'aux centièmes , les proportions ne donnent pas d'inexactitude. Quand nous aurons donné les séries logarithmiques , nous ferons voir quel est le rapport qui s'établit entre l'étendue des tables qu'on emploie, et les approximations que peuvent donner ces proportions.

§ IV.

APPLICATIONS SUR LES PROGRESSIONS ET LES LOGARITHMES.

196. 1° Résoudre l'équation $a^x = b \ldots\ldots xla = lb$ d'où $x = \dfrac{lb}{la}$.

2° Résoudre l'équation $a^{2x} + pa^x + q = 0$, et plus généralement $a^{2mx} + pa^{mx} + q = 0$. Prenez a^x ou a^{mx} pour inconnue ; ayant les valeurs de a^x et de a^{mx}, agissez comme au premier exercice.

3° Lorsqu'une somme d'argent a été placée pendant un certain nombre d'années, et qu'au lieu de retirer à la fin de chaque année les intérêts échus , on les joint à la somme principale pour que ces produits portent eux-mêmes un intérêt annuel, on dit que la somme a été placée à *intérêts composés.* Après cette explication, résolvons la question suivante :

L'intérêt d'un franc pour un an étant r, *que deviendra une somme* s *placée à intérêt composé pendant* n *années?*

Soit y la valeur qu'aura prise la somme au bout des n années.

A la fin de la première année , la somme s devient $s + rs = s(1 + r)$; à la fin de la seconde année, elle devient $s(1 + r) + r \times s.(1 + r) = s.(1 + r)^2$; à la fin de la n^{me} année, elle sera enfin devenue

$$x = s(1 + r) .$$

Application. Soit $s = 100000$, $n = 10$, supposons que

l'intérêt est à 5 p. o/o par an. Substituez dans la formule, appliquez les logarithmes, et calculez x à l'aide de la table.

4° La formule $x = s(1+r)^n$ renferme quatre quantités, savoir : s, n, r et x. Les élèves, en suivant l'exemple donné n° 118 dans la première partie, s'exerceront à énoncer les quatre questions d'intérêt composé qui ressortent de cette formule. Ils les résoudront par logarithmes, en donnant des valeurs numériques aux trois quantités qu'ils regarderont comme connues.

5° La population de la France, au commencement de l'année 1831, s'élevait à 32,560,934 âmes; pendant cette année il y a eu 986,709 naissances et 802,761 décès. On demande en combien d'années, à partir de 1831, la population se trouverait doublée, si l'accroissement de la population pour toutes les années subséquentes, suivait la même progression.

6° On place tous les ans, pendant n années, une somme s à intérêt composé. Au bout de n années, quelle somme totale retirera-t-on ?

A la fin du temps,
La première somme placée sera devenue $s(1+r)^n$;
La deuxième id.   id.   sera devenue $s(1+r)^{n-1}$;
La $(n-1)^{me}$ id.   id.   sera devenue $s(1+r)$.

Ce sont les termes d'une progression dont x doit être la somme.

$$x = \frac{s(1+r)\left((1+r)^n - 1\right)}{r}$$

Les élèves donneront des valeurs numériques aux

quantités qui entrent dans cette formule ; ils y appliqueront le calcul logarithmique.

Ils s'exerceront aussi à tirer de cette formule générale, toutes les questions particulières qu'elle renferme, comme il est indiqué au quatrième exercice.

CHAPITRE XII.

GÉOMÉTRIE DES PLANS.

197. Jusqu'à présent, nous avons toujours supposé que les figures étaient tracées sur un seul et même plan; l'espace qu'elles occupaient était renfermé dans deux dimensions. Maintenant les figures dont nous étudierons les propriétés, pourront bien être accidentellement tracées dans des plans; mais l'ensemble de ces figures, si ce n'est chacune d'elles, occupera l'espace conçu dans son état le plus complet, c'est-à-dire dans ses trois dimensions.

Nous parlerons d'abord de la géométrie des plans. On entend par là l'étude des propriétés des figures formées par des plans différens les uns des autres, et qui se combinent dans l'espace, soit entre eux, soit avec des lignes droites.

§ I.

DES PERPENDICULAIRES A UN PLAN, ET DES OBLIQUES.

198. *L'intersection de deux plans est une ligne droite,* car si trois points de la ligne d'intersection pouvaient n'être pas une ligne droite, les deux plans ne seraient pas distincts l'un de l'autre; puisque trois

points donnent à tous les plans qui les contiennent une position unique invariable.

199. Définition : *Lorsqu'une ligne* AP *est perpendiculaire à toutes les droites* PB, PC, PE, *qui passent par son pied dans un plan* MN, *elle est dite perpendiculaire au plan : toute autre droite* AB *est une oblique.*

THÉORÈME. Fig. 1.

Quand une ligne AP *est perpendiculaire à deux droites* PB, PC, *qui passent par son pied dans le plan* MN, *elle est perpendiculaire au plan* MN.

Il suffit de prouver que AP est perpendiculaire à une troisième ligne quelconque AD du plan MN. Pour cela, prolongez AP de $\mathrm{PA}'=\mathrm{PA}$; traversez les lignes PB, PC, PD, par une droite BDC, et joignez les points B, D, C aux points A et A'. Les deux triangles CAB, CA'B sont égaux, comme ayant les trois côtés égaux chacun à chacun. Donc en faisant tourner l'un de ces triangles autour de BC jusqu'à ce qu'il s'applique sur l'autre, il coïncidera avec ce triangle. Donc les lignes AD, A'D sont égales ; donc la ligne DP est perpendiculaire sur APA' ; donc AP est perpendiculaire à toute droite qui passe par son pied MN ; donc, etc.

THÉORÈME. Fig. 1.

200. *Les obliques* AB, AC, AE, *qui s'écartent également du pied de la perpendiculaire, sont égales :* cela résulte de l'égalité des triangles APB, APC, APE.

De deux obliques AE, AD, *celle qui s'écarte le plus,* *soit* AE, *est la plus longue.* Prenez PD'=PD, on aura AD'=AD ; mais on a AE>AD', donc aussi on a AE>AD.

DÉFINITION. *Deux plans qui ne se rencontrent pas,* *à quelque distance qu'on les prolonge, sont dits paral-* *lèles.*

COROLLAIRE. *Si une droite est perpendiculaire à deux* *plans, ces deux plans sont parallèles.* Car s'ils se rencontraient, en joignant un point quelconque o de leur intersection avec les pieds de la perpendiculaire sur chaque plan, on aurait, dans le plan qui contient la perpendiculaire et les deux lignes de jonction, deux perpendiculaires abaissées d'un point sur une droite.

THÉORÈME. Fig. 2.

201. *Si une droite* AP *est perpendiculaire au plan* MN, *la parallèle* A'P' *est perpendiculaire au plan* MN.

A'P' est perpendiculaire à PP'. Je dis qu'elle est, en outre, perpendiculaire à BB', menée par P dans le plan MN, et perpendiculairement à la ligne de jonction PP'. En effet, soit P'B=P'B'; les obliques AB, A'B', qui s'écartent également du pied de la perpendiculaire AP, sont égales ; donc AP' est perpendiculaire à B'B ; donc B'B est perpendiculaire au plan APP', dans lequel se trouve P'A'; donc l'angle A'P'B est droit ; donc, etc.

SCHOLIE. La droite PP', perpendiculaire à la fois aux deux droites AP, BB', qui ne sont pas en même plan, est plus courte que toute ligne CB' qui joindrait deux points quelconques de ces deux lignes. Car on a CB'>CP' et CP'>P'P. La ligne PP' est dite *la plus courte distance* *entre* AP *et* BB'.

Corollaire. *Si deux lignes* AP, A'P' *sont perpendiculaires au plan* MN, *elles sont parallèles entre elles.* Car si A'P' n'était pas parallèle à AP, la parallèle qu'on mènerait à AP par le point P' serait perpendiculaire au plan MN ; il y aurait donc en A' deux perpendiculaires au plan MN, ce qui ne se peut.

202. Exercices. 1° *Le lieu de toutes les perpendiculaires élevées d'un point d'une droite à cette droite, est un plan.*

2° D'un point hors d'un plan, on ne peut abaisser qu'une seule perpendiculaire à ce plan.

3° Par un point, on ne peut mener qu'un seul plan perpendiculaire à une droite.

§ II.

DES PLANS PARALLÈLES ET DES LIGNES PARALLÈLES DANS L'ESPACE.

THÉORÈME. Fig. 3.

203. *Les intersections de plans parallèles par un plan transversal sont parallèles ;* car si elles se rencontraient, les plans qui les contiennent et qui sont parallèles devraient se rencontrer.

Corollaires. 1° *Les parties* ab, cd, ef *de lignes parallèles interceptées entre deux plans parallèles* MN, PQ *sont égales.* Elles sont côtés de parallélogrammes abcd, cdef, qui ont un côté commun.

2° *Réciproquement, si trois lignes* ab, cd, ef *sont pa-*

ralléles et égales, *leurs extrémités sont en plans paral-*
lèles. Car si le plan parallèle au plan *bdf* menées par le
point *a* n'était pas *ace*, ce serait *ac'e'*; il faudrait alors
que *c'd* et *e'f* fussent égales à *ab*, et par conséquent à
cd et *ef*, ce qui est absurde.

3° *Les angles* ace, bdf *formés dans l'espace par des
droites respectivement parallèles sont égaux, leurs
plans sont parallèles.* Prenez *ca=bd*, *ce=df*, joignez
bf et *ae*; prouvez l'égalité des triangles *ace*, *bdf* par la
comparaison des parallélogrammes de la figure ; concluez
l'égalité des angles *ace*, *bdf*. Puis du parallélisme et de
l'égalité des lignes *ab, cd, ef*, concluez que les plans des
angles sont parallèles.

4° *Deux lignes parallèles à une troisième sont pa-*
rallèles entre elles. Coupez ces lignes par deux plans
parallèles ; comparez les parallélogrammes qui résultent
de cette construction.

5° *Lorsque deux plans se coupent, l'angle formé
par des perpendiculaires menées dans chacun des plans
en un point de l'intersection commune, est le même,
quel que soit le point de l'intersection.*

6° *Les parties* ef, fg ; hi, io *de plusieurs droites* KL,
TU *interceptées entre des plans parallèles* MN, PQ, RS,
forment une suite de rapports égaux. Joignez *eo* ; soit
v l'intersection de cette droite avec le plan intermé-
diaire ; les rapports $\dfrac{ef}{fg}$, $\dfrac{hi}{io}$ sont égaux au rapport $\dfrac{ev}{vo}$.
Donc ils sont égaux entre eux.

204. EXERCICES. 1° *Si deux droites sont parallèles,*

tout plan qui passe par l'une d'elles est parallèle à l'autre.

2° Si deux plans passent par deux droites parallèles, l'intersection des plans est parallèle à ces deux droites.

§ III.

DES ANGLES DIÈDRES ET DES PLANS PERPENDICULAIRES ENTRE EUX.

205. DÉFINITION. L'ouverture plus ou moins grande de deux plans qui se rencontrent s'appelle angle dièdre.

THÉORÈME. Fig. 4.

Soit deux angles dièdres ABDC, A'B'D'C'; *si les angles linéaires* CBD, C'B'D', *formés par des perpendiculaires menées dans les plans qui forment les dièdres, en un même point* B, B' *des arètes qui servent de sommet à ces dièdres sont égaux, les angles dièdres sont égaux.*

En effet, disposez l'un des angles dièdres de manière que C'B'D' coïncide avec CBD; la ligne B'A', perpendiculaire au plan de l'angle C'B'D', suivra la direction de la ligne BA, qui est perpendiculaire au plan de l'angle CBD. Donc les plans qui forment les deux angles dièdres, et par conséquent ces angles dièdres eux-mêmes, coïncident : donc ils sont égaux.

THÉORÈME. Fig. 4.

La mesure d'un angle dièdre ABEC *est égale à la mesure de son angle linéaire* CBE.

En effet, soit A'ʙ'ᴅ'c' l'angle dièdre pris pour *unité* de mesure, et c'ʙ'ᴅ' son angle linéaire, qu'on prend pour *unité corrélative* d'angle linéaire. Supposons que l'angle cʙᴇ soit composé de deux fois l'angle c'ᴅ'ᴅ' plus de $\frac{3}{5}$ de cet angle. Partagez c'ʙ'ᴅ' en cinq cinquièmes et cᴅᴇ en $2+\frac{3}{5}$. Par les arètes Aʙ, A'ᴅ', et par les lignes de partage, faites passer des plans. L'angle dièdre Aʙᴇc se composera de deux angles dièdres égaux à A'ʙ'ᴅ'c', plus de trois angles dièdres égaux au cinquième de l'angle dièdre A'ʙ'ᴅ'c'. Donc le dièdre Aʙcᴇ a pour mesure $2+\frac{3}{5}$, comme son angle linéaire. Si l'unité d'angle linéaire était incommensurable avec l'angle linéaire cʙᴇ du dièdre donné ; c'est-à-dire si aucune partie de c'ʙ'ᴇ' ne pouvait mesurer exactement cʙᴇ, on remplacerait le dièdre donné par un autre, qui ne différerait du dièdre donné que de moins qu'aucune quantité assignée, et dont l'angle linéaire serait commensurable avec cʙᴅ. Ce nouveau dièdre aurait pour mesure son linéaire. C'est ce qu'on exprime en disant que dans le cas incommensurable l'angle dièdre a encore pour mesure son angle linéaire.

206. **Définition.** *Deux plans sont perpendiculaires entre eux, lorsque les angles adjacens linéaires qui mesurent les angles adjacens de ces plans sont égaux.*

Corollaires. *On énoncera sur deux plans qui se traversent et sur deux plans parallèles coupés par un plan sécant, les vérités énoncées pour les lignes droites dans la géométrie plane, aux nᵒˢ 18, 19, 20 et 30.*

Pour démontrer ces vérités, on mènera un plan perpendiculaire aux intersections des plans proposés, et l'on comparera les angles linéaires qui résulteront de cette construction.

THÉORÈME. Fig. 2.

Tout plan AP'A' *passant par une droite* A'P' *perpendiculaire à un autre plan* MN, *est perpendiculaire à cet autre plan.* En effet, par P' menons BB' perpendiculaire à l'intersection commune PP'. Les angles linéaires des dièdres adjacens sont formés par les deux lignes A'P', BB'; or ces lignes sont perpendiculaires, donc, etc.

COROLLAIRE. *Lorsque deux plans* APP'A', MN *sont perpendiculaires entre eux* — , *toute ligne* A'P' *menée dans l'un d'eux perpendiculairement à l'intersection commune* PP', *est perpendiculaire à l'autre plan* MN. Car cette ligne A'P' est aussi perpendiculaire à BB' tracée dans MN perpendiculairement à l'intersection commune; puisque l'angle A'P'B', mesurant l'angle des plans, est nécessairement droit.

Il résulte de là que *toute perpendiculaire menée à* MN *en un point de l'intersection commune* PP' *des plans perpendiculaires* MN, APP'A', *est nécessairement tout entière dans le plan* MN.

Il résulte enfin de cette dernière vérité, que *lorsque deux plans sont perpendiculaires à un troisième plan, l'intersection de ces deux plans est une perpendiculaire au troisième.* Car si l'on choisit, pour élever une ligne perpendiculaire au troisième, le point de rencontre des intersections avec ce troisième des deux plans qui lui sont perpendiculaires, il faudra que cette ligne soit à la fois dans chacun de ces deux plans.

(275)

§ IV.

DES ANGLES POLYÈDRES.

207. DÉFINITION. *Angle trièdre, angle polyèdre, c'est l'espace plus ou moins ouvert compris entre trois ou plus de trois plans, qui se coupent tous en un même point.* On désigne souvent cet objet géométrique par le mot *angle solide.*

Dans un angle trièdre s, *l'un quelconque des angles plans* ASC *qui le forment est plus petit que la somme* ASB+BSC *des deux autres angles plans* fig. 6.

Dans le plan ASC, menez SD qui retranche de ASC l'angle CSD $=$ CSB ; et, pour comparer l'excédant ASD avec l'excédant ASB de la somme des deux angles, traversez ASC par une ligne quelconque ADC ; prenez SB$=$SD, joignez BA, BC. Les deux triangles BSC, DSC sont égaux. Donc DC $=$ BC, d'où AD $<$ AB : de là il résulte que ASD $<$ ASB ; donc, etc.

THÉORÈME, Fig. 5.

208. *La somme de tous les angles formés au sommet d'un angle polyèdre, est toujours plus petite que quatre angles droits.*

Menez un plan qui coupe toutes les faces du polyèdre ; prenez dans le polygone qui résulte de cette section un point o, que vous joindrez aux sommets du polygone, pour former autant de triangles qu'il y a de faces triangulaires partant du sommet s. La somme des angles de

2.

tous les triangles en s est égale à la somme des angles de
tous les triangles en o ; mais les angles à la base de ces
derniers valent moins que les angles à la base des premiers. Car on a BAO+OAF<BAS+SAF, AFO+OFE<SFA+
SFE, etc. Donc la somme des angles en s est plus petite
que la somme des angles en o ; donc, etc.

THÉORÈME. Fig. 6.

209. *Lorsque deux angles trièdres s, s' ont les trois
angles plans égaux chacun à chacun, — les angles
dièdres formés par les angles plans égaux, sont égaux.*

Prenez SA=S'A' ; par A, A', menez des plans perpendiculaires à SA, S'A'. Les triangles SAB, S'A'B' sont égaux,
ainsi que les triangles SAC, S'A'C' ; d'où l'on conclut que
les triangles ABC, B'A'C' sont égaux. Donc les angles
A, A' sont égaux. Or ces angles mesurent les dièdres formés par les plans SAB, SAC et S'A'B', S'A'C', donc, etc.

Cette démonstration s'applique également au cas où
les faces de l'un des angles trièdres se succéderaient dans
un ordre inverse de celles des faces égales de l'autre,
comme il arrive aux trièdres s et s''. Dans ce cas, les
trièdres ne sauraient coïncider ; on les appelle *symétriques*.

CHAPITRE XII.

GÉOMÉTRIE DES SOLIDES ÉLÉMENTAIRES.

210. Dans la géométrie des *solides*, c'est-à-dire des figures qui sont étendues selon les trois dimensions de l'espace, nous nous proposerons : 1° de calculer les surfaces qui enveloppent ces figures ; 2° de calculer la mesure de la solidité de ces figures, c'est-à-dire de trouver les nombres qui expriment la manière dont ils se composent à l'aide d'un *volume* quelconque pris pour unité ; 3° de reconnaître les conditions de similitude des volumes et les propriétés les plus importantes qui se déduisent de ces conditions ; 4° enfin de reconnaître dans les figures, l'existence d'une égalité dans toutes les parties qui les constituent, sans qu'il soit possible de faire coïncider ces figures ; et aussi d'étudier quelques propriétés de cette égalité qu'on appelle *symétrie*. Quant à l'étude spéculative des propriétés des figures de l'espace, il n'en sera guère parlé que dans les rapports qu'elles ont *avec les quatre points* principaux que nous devons traiter.

Du reste, les solides dont nous devons nous occuper seront les plus simples ; les figures plus complexes dont l'étude ne saurait se faire que d'une manière très incomplète, par les ressources restreintes de la géométrie ordinaire, ne peuvent être considérées ici.

§ I.

DÉFINITIONS ET QUELQUES PROPRIÉTÉS DE CERTAINS SOLIDES.

211. DÉFINITION. *On appelle prisme* fig. 7 *un solide compris entre deux plans polygones* abcde a′b′c′d′e′, *égaux et parallèles et dont les côtés homologues sont parallèles.* La *hauteur* est la perpendiculaire hh′ menée entre ces deux polygones, qui sont les *bases* du prisme.

Il résulte de cette définition que les faces latérales abb′a′, bcc′d′... sont des parallélogrammes. On appelle *arêtes* les côtés de ces parallélogrammes.

Quand les *arêtes* sont *perpendiculaires aux bases*, le prisme est droit.

Le prisme BG prend le nom de *parallélipipède*, lorsque les *bases* sont des *parallélogrammes* fig. 8.

COROLLAIRES. 1° *Dans un parallélipipède les faces latérales opposées sont deux à deux, parallèles et égales.*

2° *Les angles solides* B *et* G *sont symétriques.*

3° *Les quatre diagonales* BC, AE, DG, FH *se coupent au même point* m *et en deux parties égales.* Car elles sont les diagonales des deux parallélogrammes diagonaux BC, DG qui se coupent selon oo′, et dont le centre est le point m milieu de oo′.

Dans un prisme, à mesure que le nombre des côtés des bases augmente en nombre, les faces latérales se rétrécissent et tendent à se réduire à des lignes droites, parallèles entre elles et contiguës. Enfin, lorsque le polygone dégénère dans une courbe, le prisme prend le nom de *cylindre*.

On peut donc dire que le cylindre est un solide engendré par une droite de longueur donnée , dont l'une des extrémités est assujétie à rester sur une courbe donnée, et qui se meut en restant toujours parallèle à elle-même. La courbe s'appelle *directrice* de la surface cylindrique ; la droite s'appelle *génératrice*.

Lorsque la génératrice est *perpendiculaire* au plan de la courbe, le cylindre est appelé *droit*. On l'appelle *circulaire droit* quand la directrice est un cercle.

D'après ce qui précède, il est évident que *le cylindre circulaire droit est engendré par le mouvement d'un rectangle* ABCD *qui fait une révolution autour d'un de ses côtés* CB fig. 9.

THÉORÈME.

212. *Si l'on coupe un prisme ou un cylindre par des plans parallèles de direction quelconque, les polygones ou courbes de section sont des figures égales.*

Pour le prisme, les sections polygonales ont leurs côtés parallèles et égaux. Pour le cylindre, quelque rapprochées d'une courbe que soient les bases d'un prisme, les sections restent toujours égales. Elles le seront encore lorsque ces bases auront dégénéré dans des courbes.

213. DÉFINITION. La *pyramide* fig. 10 *est un solide* s abcde, *compris entre trois ou plus de trois plans, partant d'un point commun* s *appelé sommet, et terminé par un plan polygonal* abcde *qu'on appelle base. La hauteur*

de la pyramide est la *perpendiculaire* abaissée du sommet sur le plan de la *base*. La pyramide est dite *triangulaire* quand sa base est un triangle.

Lorsque la base est un polygone *régulier*, et que la *hauteur* tombe au *centre* de cette base, *la pyramide* est dite *régulière*. Dans la pyramide régulière, les faces latérales sont des *triangles isocèles égaux*. La hauteur de ces triangles est l'*apothème* de la pyramide.

Lorsque la base d'une pyramide dégénère en une courbe, les faces triangulaires se réduisent à de simples lignes droites contiguës, et le solide prend alors le nom de *cône*.

On peut dire que le cône est engendré par une droite qui se meut le long d'une courbe donnée, et qui est assujétie à passer par un point donné. La courbe s'appelle *directrice* de la surface du cône, et la droite est sa *génératrice*.

Le cône est *circulaire droit*, quand la directrice est un cercle et que la hauteur du cône tombe au centre de ce cercle.

D'après ce qui précède, il est évident que le *cylindre droit est engendré par l'hypoténuse d'un triangle rectangle* sAB, *tournant autour d'un des côtés* sA *de l'angle droit* fig. 11. L'hypoténuse s'appelle *côté* du cône.

THÉORÈME.

214. *Si l'on coupe* $\genfrac{}{}{0pt}{}{\text{une pyramide}}{\text{un cône}}$ *par des plans parallèles de direction quelconque*, — $\genfrac{}{}{0pt}{}{\text{les polygones}}{\text{les courbes}}$ *de* section $\genfrac{}{}{0pt}{}{\text{sont semblables.}}{\text{sont dites semblables.}}$

Pour la pyramide, tous les côtés des polygones sont parallèles ; donc tous les angles sont égaux. De plus, le rapport de deux côtés parallèles quelconques étant le même que celui des portions d'arêtes de la pyramide interceptées entre ces côtés et le sommet, le rapport des côtés parallèles des deux sections quelconques est constant, donc les sections sont semblables.

Pour le cône, quelque rapprochées d'une courbe que soient les sections parallèles d'une pyramide, elles sont toujours semblables. Les courbes qui sont les limites des sections polygonales sont dites semblables.

§ II.

MESURES DES SURFACES QUI ENVELOPPENT LES SOLIDES.

THÉORÈME.

215. *La surface convexe du prisme droit — est égale au périmètre de sa base multiplié par sa hauteur.* En effet, chacun des rectangles latéraux du prisme, a pour mesure un côté de cette base, multiplié par l'arête qui sert de côté à ce rectangle, et qui est égale à la hauteur.

La surface convexe du cylindre droit — est égale à la circonférence de sa base multipliée par sa hauteur. Car la circonférence est la limite vers laquelle tend la base du prisme droit, en même temps que le prisme tend vers une autre limite qui est le cylindre.

THÉORÈME.

216. *La surface convexe de la pyramide régulière*

est égale au périmètre de la base multipliée par son apothème.

Car cette surface se compose de la somme des triangles isocèles dont chacun a pour base un côté de la base, et pour hauteur l'apothème de la pyramide.

La surface convexe du cône a pour mesure la cir-conférence de sa base multipliée par la moitié de son côté.

THÉORÈME.

217. Définition. Tronc de $\genfrac{}{}{0pt}{}{\text{pyramide}}{\text{cône}}$ est le solide qu'on obtient en coupant $\genfrac{}{}{0pt}{}{\text{une pyramide}}{\text{un cône}}$ par un plan parallèle à la base, et détachant du tout le solide supérieur.

La surface du tronc de $\genfrac{}{}{0pt}{}{\text{pyramide régulière}}{\text{cône droit}}$ *est égale à la demi-somme* $\genfrac{}{}{0pt}{}{\text{du périmètre}}{\text{de la circonférence}}$ *de ses bases multipliée par son* $\genfrac{}{}{0pt}{}{\text{apothème.}}{\text{côté.}}$

Car pour le tronc de pyramide, la surface est somme de trapèzes dont les bases parallèles sont les côtés homologues des deux bases du tronc, et dont la hauteur, qui est l'apothème, est la même pour tous les trapèzes.

Quant au tronc du cône, sa surface est la limite de celle d'un tronc de pyramide régulière.

Si, au milieu d'un apothème, on mène à travers le tronc un plan parallèle aux bases, le périmètre de la section sera la demi-somme des périmètres des bases.

(283)

On peut conclure de là, aussi bien pour le tronc pyra-
midal que pour le tronc de cône que :

La surface convexe du tronc de pyramide régulière,
cône droit,

est égale à son apothème *multiplié par* le périmètre
côté la circonférence

de la section, mené à égale distance des deux bases.

THÉORÈME. Fig. 12.

218. *La surface engendrée par un demi-polygone
régulier* ABCDEF *tournant autour d'un de ses diamètres*
AF, *a pour mesure la circonférence du cercle inscrit,
multiplié par le diamètre.*

En effet, la surface décrite par un côté BC est celle
d'un tronc de cône, dont les rayons des bases sont les
perpendiculaires BP, CQ au diamètre AF, et dont la section
intermédiaire a pour rayon MN. Cette surface a pour expression BC $\times$ cir MN. Pour la transformer d'une manière
commode, et qui établisse une communauté utile entre
les surfaces décrites par les autres côtés, menons BH perpendiculaire à MN, et traçons MO rayon du cercle inscrit
dans le polygone. A cause de la similitude des deux
triangles CBH, OMN, on a BC $\times$ MN $=$ BH $\times$ OM, et par suite
BC $\times$ cir MN $=$ BH $\times$ cir OM. Donc *la surface décrite par
un côté quelconque est égale à la circonférence du cercle
inscrit, multipliée par la projection du côté sur le diamètre.* Or la projection du demi-polygone est le diamètre même, donc, etc.

Nous ne prenons ici pour diamètre que ceux qui par-
tent d'un sommet pour aller soit à un autre sommet, soit
au milieu du côté opposé à ce sommet.

Si l'on n'envisageait qu'une *zône polygonale* BCDE au lieu du demi-polygone, on remplacerait dans l'expression de la mesure le diamètre par la projection FG de la zône sur ce diamètre.

Si le nombre des côtés du polygone croît sans cesse, l'expression de la surface ne change pas. Donc l'expression sera encore la même pour la surface engendrée par la limite du polygone qui est le cercle. Dans ce cas, la surface engendrée est *celle d'une sphère*; on conclut de là la vérité suivante.

THÉORÈME.

219. *La surface de la sphère est égale à la circonférence d'un grand cercle, multipliée par le diamètre.*

La surface de la zône est égale à la circonférence d'un grand cercle, multipliée par la projection de l'arc de cette zône sur le diamètre de rotation.

Soit R le rayon de la sphère et h la hauteur de la zône, on exprimera les deux surfaces par les formules

$$4\pi R^2 \qquad \text{et} \qquad 2\pi R.h.$$

La première formule montre que la surface d'une sphère équivaut à la surface de quatre grands cercles.

§ III.

MESURES DES VOLUMES.

LEMMES. Fig. 13.

220. *Deux parallélipipèdes qui ont une base commune, et dont les bases supérieures sont comprises entre parallèles, sont équivalens.*

En effet, le volume total de la figure peut se décomposer de deux manières : soit le parallélipipède 2 augmenté du prisme triangulaire dont l'une des bases est ABC ; soit le parallélipipède 1 augmenté du prisme triangulaire dont l'une des bases est $A'B'C' = ABC$. Or ces deux prismes peuvent coïncider, ce dont on se convaincra en essayant la coïncidence par les bases ABC, $A'B'C'$, et remarquant que l'angle solide A égale l'angle solide A'. Donc les deux parallélipipèdes sont équivalens.

Deux parallélipipèdes de même base et de même hauteur sont équivalens fig. 14.

En effet, soit b la base commune, $b_1 b_2$ les bases supérieures, lesquelles doivent être en même plan. Prolongez deux côtés parallèles de b_1 et les deux côtés de b_2 qui ne sont pas parallèles aux premiers ; vous formerez ainsi un parallélogramme b_3 que vous pouvez considérer comme la base supérieure d'un parallélipipède qui aurait, avec les deux autres, la base commune b. Le parallélipipède bb_3 est équivalent au parallélipipède bb_1, en vertu du lemme précédent ; pour la même raison, le parallélipipède bb_3

est équivalent au parallélipipède bb_2 ; donc les deux parallélipipèdes bb_1 bb_2 sont équivalens.

Deux prismes de même base et de même hauteur sont équivalens.

Partagez la base commune en carrés assez petits pour que leur somme diffère de cette base d'aussi peu qu'on voudra. Par les sommets de ces carrés élevez des parallèles aux arètes du premier prisme, puis ensuite des parallèles au second prisme, et cela jusqu'à la rencontre des bases supérieures. Par cette construction, vous aurez formé deux systèmes de petits parallélipipèdes, différant d'aussi peu qu'on voudra, l'un du premier prisme, l'autre du second. Mais ces deux systèmes sont équivalens. Donc les deux prismes sont équivalens.

THÉORÈME.

221. *La mesure d'un $\genfrac{}{}{0pt}{}{prisme}{cylindre}$ droit, et en général la mesure d'un $\genfrac{}{}{0pt}{}{prisme}{cylindre}$ quelconque, est égale à sa base multipliée par sa hauteur.*

Soit un prisme oblique quelconque. Aux sommets de sa base inférieure, élevons des perpendiculaires au plan de cette base, jusqu'à la rencontre du plan prolongé de la base supérieure ; joignons les points de rencontre de proche en proche : nous aurons ainsi formé un prisme droit de même base et de même hauteur que le prisme oblique.

Cela posé, ayant adopté pour unité de mesure un cube quelconque, (*c'est un parallélipipède, dont la base est un carré et dont la hauteur est égale au côté de la base.*) partageons la base commune des deux prismes, en carrés qui soient parties aliquotes de la base du cube, et assez petits pour que leur somme diffère aussi peu qu'on voudra de la base des prismes. Par les sommets de ces carrés, élevez des perpendiculaires à cette base, jusqu'à la rencontre de la base supérieure, pour remplacer le prisme droit par un système de petits parallélipipèdes rectangles. Chacun des petits parallélipipèdes aura pour mesure, sa base multipliée par le nombre qui exprime la manière dont se compose sa hauteur, qui est celle du prisme, avec la hauteur du cube unité. Donc le système entier des petits parallélipipèdes, ou le prisme droit qu'ils peuvent remplacer, a pour mesure, la somme de toutes les petites bases ou plutôt la base du prisme multipliée par sa hauteur. Cette mesure est aussi celle du prisme oblique, puisque celui-ci est équivalent au prisme droit. On prouvera par la méthode habituelle que cette mesure appartient aussi au cylindre.

COROLLAIRE. *Un parallélipipède rectangle a pour mesure le produit de ses trois dimensions.* Car en prenant pour unité linéaire le côté du cube qui sert d'unité de volume, la base du parallélipipède est déjà le produit des deux dimensions de cette base.

COROLLAIRE. *Deux prismes ou deux cylindres de* même $\genfrac{}{}{0pt}{}{base}{hauteur}$ *sont entre eux comme leur* $\genfrac{}{}{0pt}{}{hauteur}{base}$.

2.

LEMMES. Fig. 14 bis.

222. *Deux pyramides triangulaires* s, s′ *de même base et de même hauteur, sont équivalentes.*

Disposez les bases des deux pyramides sur un même plan, et partagez-les de la base au sommet, en tranches aussi minces que vous voudrez, par des plans parallèles à ces bases. Soit b, b' deux sections triangulaires faites dans les deux pyramides par un même plan coupant ; je dis qu'elles sont égales. En effet, la section b et la base B sont semblables entre elles, car elles ont les côtés parallèles. Il en est de même de la section b' et de la base B′. Mais $\dfrac{b}{\mathrm{B}}=\dfrac{ba^2}{\mathrm{BA}^2}=\dfrac{sa^2}{\mathrm{SA}^2}$ et $\dfrac{b'}{\mathrm{B}'}=\dfrac{b'a'^2}{\mathrm{B\,A}'^2}=\dfrac{sa'^2}{\mathrm{SA}'^2}$. d'ailleurs le rapport de sa^2 à SA^2 est le même que celui de $s'a'^2$ à $s'\mathrm{A}'^2$. Donc $\dfrac{b}{\mathrm{B}}=\dfrac{b'}{\mathrm{B}'}$, or $\mathrm{B}=\mathrm{B}'$, donc $b=b'$.

Maintenant dans s, s′ formons une série de prismes intérieurs à ces pyramides, en menant par les arêtes ba, $b'a'$ de toutes les sections, des plans parallèles aux arêtes sA, s′A′, jusqu'à la rencontre de la section inférieure à celle considérée. Nous formerons ainsi dans chacune des deux pyramides, une série de prismes triangulaires, dont la somme différera de ces pyramides d'aussi peu qu'on voudra. Or chacun des prismes de s est équivalent au prisme correspondant de s′ ; donc les deux sommes des prismes, et par conséquent les deux pyramides, sont équivalentes.

(289)

223. *Une pyramide triangulaire* s ABC *est le tiers d'un prisme de même base et de même hauteur.* Fig. 15.

Par le point s, menez sD, sE, respectivement égaux et parallèles à BA, AC ; joignez DE, et achevez le prisme DSEABC de même base et de même hauteur que la pyramide s. Si l'on ôte du prisme cette pyramide qui en fait partie, il restera la pyramide quadrangulaire s DACE. Menez le plan DSC, vous la partagerez en deux pyramides, dont l'une, s DCE ou C DSE a même base et même hauteur que le prisme ; dont l'autre, s DAC, peut être remplacée par la pyramide B DAC qui a même base et même hauteur que s DAC. Mais le sommet de cette pyramide pouvant être en D et sa base en ABC, elle a donc aussi même base et même hauteur que le prisme ; donc le prisme vaut trois pyramides de même base et de même hauteur que la pyramide donnée. Donc, etc.

224. *Une pyramide triangulaire, et en général une pyramide quelconque, a pour mesure sa base multipliée par le tiers de sa hauteur.*

Pour la pyramide triangulaire, la chose est évidente, puisqu'elle est le tiers d'un prisme, qui aurait pour mesure la base de la pyramide multipliée par la hauteur de cette pyramide. Pour une pyramide de base quelconque; ayant partagé la base en triangles par des diagonales, menez des plans par chacune de ces diagonales et par le sommet; vous aurez décomposé la pyramide donnée en pyramides triangulaires. Or la somme de ces pyramides a pour mesure la somme des triangles par le tiers de la hauteur commune. Donc la pyramide totale a pour mesure sa base multipliée par le tiers de sa hauteur.

COROLLAIRE. *Le cône a pour mesure sa base* B *multipliée par le tiers de sa hauteur* H. En appelant R le rayon de la base dans le cylindre circulaire droit, cette mesure s'exprime par la formule $\pi R^2 H$.

THÉORÈME. Fig. 16.

225. Lorsqu'on coupe une pyramide par un plan parallèle à sa base, et qu'on détache la partie supérieure du tout, le volume qui reste s'appelle *tronc de pyramide*.

Le tronc de pyramide se décompose en trois pyramides de même hauteur que le tronc, et dont les bases respectives sont la grande base du tronc, sa petite base, enfin un triangle moyen proportionnel entre ces deux bases.

Faites la décomposition comme elle a été faite pour le prisme au n° 223. Remplacez la troisième pyramide E DAC résultante de la construction, par la pyramide G DAC de même base et de même hauteur. Considérez D comme sommet de cette dernière; prouvez enfin que la base correspondante GAC est moyenne proportionnelle entre EDF et BAC.

L'expression de la mesure du tronc de pyramide est

$$\tfrac{1}{3}H(B + b + \sqrt{Bb}).$$

COROLLAIRE. La mesure du tronc de cône dont H, R, r, sont la hauteur et les rayons des bases, a pour expression

$$\tfrac{1}{3}H.\pi(R^2 + r^2 + Rr).$$

THÉORÈME. Fig. 15.

Le tronc de prisme s'obtient en coupant les arètes d'un prisme par un plan oblique au plan de sa base.

Le tronc de prisme est équivalent à trois pyramides ayant pour bases la base du tronc, et pour sommets respectifs les sommets du tronc hors de cette base. Faites la décomposition habituelle. La première pyramide sera s ABC, remplacez la pyramide s DAC par la pyramide B DAC dont vous prendrez le sommet en D et la base en ABC, ce sera la seconde des trois pyramides de l'énoncé. Il reste la pyramide s DEC. Ayant mené la diagonale AE, remplacez cette dernière par la pyramide B AEC, dont vous prendrez le sommet en E et la base en ABC ; ce sera la troisième pyramide de l'énoncé.

THÉORÈME.

226. *La solidité de la sphère est égale à sa surface multipliée par le tiers de son rayon.*

En effet, supposons un polyèdre inscrit dans la sphère et composé d'un assez grand nombre de faces, pour que sa surface ne diffère de celle de la sphère que d'aussi peu qu'on voudra. Joignons les sommets de toutes les faces au centre de la sphère ; nous aurons ainsi formé un système de pyramides dont les hauteurs différeront aussi peu qu'on voudra du rayon de la sphère, et dont la solidité différera aussi de la solidité de la sphère, d'aussi peu qu'on voudra. Or la solidité du système entier des pyramides a pour mesure la surface extérieure du polyèdre, multipliée par le tiers d'une ligne moyenne entre toutes les hauteurs, menées sur toutes les faces. Cette ligne ne différera du rayon de la sphère que d'aussi peu qu'on voudra. Donc la solidité de la sphère, qui est la limite du système des pyramides, aura pour mesure la surface de la sphère, qui est la limite de la surface extérieure du polyèdre multipliée par le tiers du rayon, dont la longueur est la limite de la hauteur moyenne de toutes les pyramides.

DÉFINITION. On appelle *secteur sphérique* le solide engendré *par un secteur circulaire* AOD entraîné dans le mouvement du demi-cercle pendant que ce demi-cercle décrit le volume de la sphère fig. 12.

COROLLAIRE. *Le secteur sphérique a pour mesure la zone qui lui sert de base, multipliée par le tiers du rayon.* Cette vérité se démontre, comme pour la sphère, en considérant le volume d'une portion du polyèdre inscrit dans le secteur sphérique.

COROLLAIRE. *La solidité de la sphère a pour expression* $\frac{4}{3}\pi R^3$; *celle du secteur sphérique* $\frac{2}{3}\pi R^2 h$.

On obtient ces deux expressions en remplaçant dans les énoncés des théorèmes ci-dessus, d'un côté la surface de la sphère par $2\pi R \times 2 R$; de l'autre, la surface de la zône par $2\pi R \times h$. h exprimant la hauteur de la zône qu'on appelle aussi hauteur du secteur sphérique.

EXERCICE. Trouver la solidité du volume compris entre les deux cercles parallèles dont les circonférences sont engendrées par les extrémités d'un arc BCD tournant autour d'un diamètre AF.

§ IV.

DE LA SIMILITUDE DES VOLUMES.

227. Dans la pratique, on observe certains caractères qui accompagnent la ressemblance des solides terminés par des plans, et qu'on appelle *polyèdres*. Ces caractères consistent dans la similitude géométrique des faces qui terminent ces figures et l'égale inclinaison de ces faces. Ces caractères mêmes sont la définition de la *similitude géométrique* des polyèdres.

DÉFINITION. *Deux polyèdres qui ont les faces semblables et disposées dans le même ordre, et les angles dièdres de ces faces égaux — sont semblables.*

COROLLAIRE. Il résulte de cette définition que *les polyèdres semblables ont les angles solides égaux.* Car soient s, *s* des sommets homologues de deux polyèdres semblables; soient A, B, C, D,   *a, b, c, d* les angles des faces semblables qui concourent à la formation des angles polyèdres en s et *s*. Si l'on dispose ces deux angles l'un dans l'autre, de manière que les angles A, *a* coïncident, les angles adjacents B et *b* coïncideront pareillement, puisque, d'une part, les plans de ces angles s'inclinent également sur les plans respectifs A, *a*, et que, d'autre part, ces angles sont égaux entre eux. Pareillement tous les autres angles D, *d*,   E, *e*, etc., coïncideront. Donc les angles solides s, *s* sont égaux.

THÉORÈME. **Fig. 17.**

228. *Lorsque deux pyramides triangulaires s, s, ont deux faces* SAB, CAB , *sab, cab respectivement semblables, semblablement disposées et également inclinées,* — *elles sont semblables.*

En effet, disposez *s* dans s de manière que l'angle *abs* coïncide avec ABS ; l'angle *abc* coïncidera avec ABC. Vous prouverez que les faces *s'a'*B, *s'c'*B, qui sont égales à *sab*, *scb*, sont respectivement semblables aux faces SAB, SCB. Il en résultera que les inclinaisons des faces de *s* sont les mêmes que les inclinaisons des faces correspondantes de s. Donc les deux pyramides sont semblables.

COROLLAIRE. Dans deux pyramides triangulaires semblables, les arêtes homologues forment une suite de rapports égaux.

Réciproquement, *si les arêtes homologues forment une suite de rapports égaux, les pyramides sont semblables.* Car toutes les faces sont semblables, et par suite deux angles solides dièdres quelconques ont les inclinaisons des faces homologues égales.

THÉORÈME. **Fig. 18.**

229. *Deux polyèdres dans lesquels deux triangles* ABC, *abc de leur surface extérieure sont semblables, et dont les sommets* P, Q, R, E, p, q, r, e, *hors de ces triangles étant joints respectivement à* A, B, C, a, b, c, *donnent lieu à des pyramides triangulaires semblables* — *sont semblables.*

1° Ils se composent d'un même nombre de faces semblables et semblablement disposées.

En effet, les deux pyramides P ABC, Q ABC étant respectivement semblables aux pyramides $p\,abc$, $q\,abc$, il s'en suit que le dièdre des faces PAC, QAC est égal au dièdre des faces homologues pac, qac. Car le premier dièdre est différence des deux dièdres compris entre les faces PAC, BAC et QAC, BAC; tandis que le second dièdre est différence des deux dièdres compris entre les faces semblables pac, bac et qac, bac. Donc les deux pyramides C PQA, $c\,pqa$ sont semblables. D'où l'on conclura facilement que le rapport $\frac{PQ}{pq}$ de deux arètes qui joignent deux sommets homologues quelconques, est égal au rapport de $\frac{AB}{ab}$, et qu'ainsi, *les arètes qui joignent les sommets homologues forment une suite de rapports égaux.*

On doit conclure de là que *les triangles qui joignent trois sommets homologues quelconques dans les deux polyèdres, sont semblables.* Et aussi que les surfaces des deux polyèdres peuvent être partagées en un même nombre de triangles semblables, se succédant dans le même ordre.

Si une face dans l'un des polyèdres se compose d'un certain nombre de triangles, les triangles homologues dans l'autre polyèdre forment aussi une seule et même face. Car si deux triangles quelconques PRQ, PRS sont dans un même plan, la somme PRQ $+$ PRS de deux angles en R de ces triangles, égale l'angle QRS. Donc aussi la somme $prq + prs$ des deux angles en r des triangles homologues du second polyèdre, est égale à l'angle qrs.

Donc *la surface des deux polyèdres est composée d'un même nombre de faces polygonales semblables et semblablement disposées.*

2° Les angles dièdres des faces semblables sont égaux; car soit PR l'arête commune de deux faces dans l'un des polyèdres, *pr* l'arête des faces homologues dans l'autre. Les deux trièdres R,*r*, formés par les triangles SRP, QRP, QRS, *srp*, *qrp*, *qrs* sont égaux. Donc les dièdres dont les arêtes sont PR, *pr* sont égaux. *Donc les polyèdres réunissent les deux conditions de la similitude.*

Observez que les sommets des deux polyèdres qui pourraient se trouver en même plan que les deux triangles ABC, *abc* servant de base aux pyramides, qui déterminent les sommets homologues, rentrent dans le cas général, quant à la manière dont ils sont fixés relativement aux triangles ABC, *abc*. En effet, les sommets E, *é* étant en même plan que ABC, *abc*, les points E et *e* peuvent être considérés comme les sommets homologues de deux pyramides, dont les faces ABC, EAC d'une part, et *abc*, *eac* de l'autre, se sont ouvertes l'une sur l'autre, jusqu'à former entre elles un dièdre de la valeur de deux droits.

Scolie. Lorsque deux polyèdres semblables sont fixés dans l'espace, on appelle points homologues hors de la surface extérieure de ces polyèdres, des points qui sont déterminés, relativement à deux triangles homologues des polyèdres, par des pyramides triangulaires semblables.

230. CorollAire. Pour que deux prismes droits soient

semblables, il suffit que les bases soient semblables , et que le rapport des hauteurs soit le même que celui des côtés homologues des bases ; car ils ont alors des faces semblables et également inclinées.

Corollaire. Deux cylindres droits sont dits sembla- bles, quand les hauteurs sont proportionnelles aux rayons des bases.

Corollaires. Pour que deux pyramides régulières po- lygonales soient semblables, il suffit que les bases soient des polygones réguliers d'un même nombre de côtés, et que le rapport des hauteurs soit le même que celui des côtés homologues des bases.

Corollaire. Deux cônes droits sont dits semblables, lorsque les hauteurs sont proportionnelles aux rayons des bases.

THÉORÈME.

231. *Deux polyèdres semblables peuvent se décom- poser en un même nombre de pyramides triangulaires semblables et semblablement disposées.*

En effet, après avoir décomposé les surfaces des poly- èdres en le même nombre de triangles semblables, pre- nez deux sommets homologues et joignez-les aux som- mets de tous ces triangles, vous formerez le même nombre de pyramides triangulaires dans les deux po- lyèdres. De plus, deux pyramides homologues quelcon- ques ayant toutes les arêtes homologues proportionnelles, soit semblables.

THÉORÈME

232. *Deux pyramides triangulaires semblables, et en général deux polyèdres semblables ont leur volume dans le même rapport que le cube des arètes homologues.*

En effet, 1° Soit s, s les deux pyramides B, b, H, h leurs bases et leurs hauteurs; soit aussi, A, a deux arètes homologues, on aura $\dfrac{s}{s} = \dfrac{B \times H}{b \times h} = \dfrac{B}{b} \times \dfrac{H}{h}$ mais le rapport des bases est le même que celui du carré de deux lignes homologues comme les hauteurs. Donc... $\dfrac{s}{s} = \dfrac{H^2}{h^2} \dfrac{H}{h} = \dfrac{H^3}{h^3} = \dfrac{A^3}{a^3}$.

2° Soit P, p les deux polyèdres s, s', s", s', s', s'', les pyramides semblables chacune à chacune dans lesquelles on les décompose. On aura $\dfrac{s}{s} = \dfrac{s'}{s'} = \dfrac{s''}{s''} = \dfrac{A^3}{a^3}$. A et a étant deux arètes homologues des polyèdres, donc on aura $\dfrac{s + s' + s'' + ...}{s + s + s'' + ...} = \dfrac{P}{p} = \dfrac{A^3}{a^3}$.

§ V.

DE LA SYMÉTRIE.

233. La nature nous offre partout l'exemple de volumes, dont tous les élémens géométriques constituans sont égaux, mais dont on ne saurait pourtant concevoir la coïncidence. Telles sont, pour prendre un exemple simple, les deux mains d'un homme. Quelle que soit l'identité des diverses parties qui les composent, et quand

bien même cette identité serait supposée parfaite, il est impossible de concevoir, dans aucun sens, une pénétration qui confonde jamais l'une des mains avec l'autre. Si l'on fait coïncider la paume des deux mains, on reconnaît que les points homologues de toutes les autres parties sont situés exactement de la même manière d'un côté et de l'autre de la base commune. Si l'on présente un polyèdre quelconque, en face d'un miroir plan, son image sera un polyèdre qui pourra se comparer au premier, comme une main se compare à sa pareille. Les points correspondans du polyèdre et de son image seront disposés de la même manière les uns en avant, les autres en arrière de la surface du miroir, sans qu'on puisse concevoir de coïncidence entre eux.

Le genre d'égalité que nous signalons ici, prend le nom de SYMÉTRIE. En traduisant d'une manière rigoureuse les caractères de cette égalité, on donnera la définition suivante.

234. DÉFINITION. *Deux polyèdres sont symétriques, lorsqu'on peut les disposer l'un au dessus l'autre au dessous d'un plan, de manière que tous les sommets, considérés deux à deux, soient sur une même perpendiculaire au plan, laquelle est partagée par ce plan en deux parties égales.*

COROLLAIRE. *Un polyèdre ne saurait avoir deux symétriques différens,* car ces deux symétriques amenés dans la position qu'indique la définition, auraient tous les sommets communs ; donc ils ne feraient qu'un seul et même polyèdre. Nous allons démontrer que la définition géométrique de la symétrie entraîne tous les caractères d'égalités partielles, que nous avons signalés dans les considérations préliminaires qui commencent le paragraphe.

THÉORÈME. Fig. 19.

235. *Deux polyèdres symétriques se composent d'un même nombre de faces homologues égales. De plus, le dièdre de deux faces dans l'un des polyèdres, est égal au dièdre des deux faces homologues dans l'autre polyèdre.*

En effet, supposons les deux polyèdres amenés, par rapport au plan KL, dans la position indiquée à la définition. Soit P, Q, R... P', Q', R'... les sommets homologues. Les deux arètes PQ, P'Q', qui joignent deux sommets homologues P, Q, P'Q' quelconques sont égales, à cause de l'égalité des trapèzes PABQ, P'ABQ'. Il résulte de là que si l'on partage la surface extérieure du polyèdre PQRS en triangles comme PQR, PQS, le polyèdre symétrique P'Q'R'S' sera partagé en le même nombre de triangles P'Q'R', P'Q'S' respectivement égaux aux premiers. Si plusieurs triangles sont en même plan dans l'un des polyèdres, les triangles homologues seront en même plan dans l'autre polyèdre. Cela se prouvera comme il a déjà été fait pour les polyèdres semblables. On conclura de là que la surface extérieure des deux polyèdres symétriques, se compose d'un même nombre de faces égales, puisque si un certain nombre de triangles de la surface extérieure dans l'un des polyèdres, forme une face de ce polyèdre, tous les triangles respectivement égaux à ceux-ci, et disposés de la même manière dans l'autre polyèdre, formeront la face homologue.

(301)

Soit maintenant PQ, P'Q', l'arête de deux dièdres
formés dans les polyèdres par des faces homologues, je
dis que ces dièdres sont égaux. En effet, considérez les
deux triangles PQS, PQR qui comprennent le dièdre PQ
dans le premier polyèdre, et les deux triangles égaux
P'Q'S', P'Q'R' qui comprennent le dièdre P'Q' dans le second polyèdre. Les triangles SQR, S'Q'R' qui sont égaux,
compléteront dans chacun des polyèdres deux angles
trièdres, composés de trois angles plans égaux chacun à
chacun ; les inclinaisons des faces homologues de ces
trièdres seront donc égales ; donc l'angle dièdre PQ égale
l'angle dièdre P'Q' ; donc, etc.

236. COROLLAIRE. On pourra reconnaître la symétrie
de deux polyèdres, sans les amener à la position pres-
crite dans la définition. En effet, supposons que le polyèdre PQRS du théorème précédent glisse de manière
que les sommets décrivent un système de lignes parallèles au plan KL. Puis, après qu'il a été arrêté dans son
mouvement, imaginons qu'il se meuve de nouveau, ses
sommets décrivant des perpendiculaires au plan KL. Dans
la nouvelle position qu'il aura prise, *les perpendiculaires
abaissées des sommets PQRS dépasseront d'une grandeur
constante les perpendiculaires abaissées des sommets
P'Q'R'S' sur le même plan ; et d'un autre côté, les deux bases marquées par les deux systèmes de perpendiculaires
sur le plan KL seront égales.* Ces deux caractères se ren-
contreraient encore, quand bien même avant les deux
mouvemens ci-dessus, on aurait imprimé au polyèdre un
mouvement préalable de rotation autour d'une des perpendiculaires abaissées d'une des sommets sur le plan KL.

Quand on reconnaîtra ces deux caractères pour deux polyèdres, on pourra affirmer qu'ils sont symétriques.

237. CorollAire. *Les deux prismes triangulaires* ABCHEF, ADCHGF, *dans lesquels se partage un parallélipipède quelconque, sont symétriques.* Fig. 20.

En effet, ACFH, étant la base commune de ces deux volumes, il est facile de prouver que les perpendiculaires abaissées des points B, G, D, E sur cette base sont égales et qu'elles seront prolongement l'une de l'autre, lorsqu'ayant fait tourner le prisme inférieur autour du point d'intersection de deux diagonales de la base commune, on aura amené le point F, au point A, et le point H, au point C.

Scolie. Il serait facile de déduire de là des caractères simples auxquels on peut encore reconnaître la symétrie de deux polyèdres, qui reposent sur une base commune de telle nature, qu'elle puisse se diviser en deux parties égales par certaines lignes droites.

THÉORÈME.

238. *Deux pyramides triangulaires symétriques, et en général deux polyèdres symétriques sont deux solides équivalens.*

Pour deux pyramides triangulaires symétriques, elles sont le tiers de deux prismes triangulaires équivalens. Pour deux polyèdres quelconques, ils peuvent être divisés en le même nombre de pyramides triangulaires respectivement symétriques ; donc ils sont équivalens.

CHAPITRE XIII.

GÉOMÉTRIE DE LA SPHÈRE.

§ I.

Les propriétés de la sphère sont d'une grande importance. Non seulement elles servent de base à la trigonométrie sphérique, par laquelle on résout les problèmes de la géodésie et de l'astronomie ; mais encore on les emploie très fréquemment dans les arts graphiques et dans tous les arts de construction.

THÉORÈME. Fig. 18.

239. *L'intersection d'une sphère par un plan est une circonférence de cercle.*

Soit AMB la courbe de section. Abaissez du centre o la perpendiculaire oo sur le plan AMB ; les distances du point o à des points quelconques A, M, B de la courbe sont égales ; car, considérées par rapport au pied o de la perpendiculaire oo, elles sont les écartemens des obliques égales OA, OM, OB.

Si le plan passe par le centre, le rayon de la circonférence est celui de la sphère elle-même, la section est un *grand cercle de la sphère.*

SCOLIE. Pour faire les figures nécessaires à l'intelligence des démonstrations, on représente la sphère par son grand cercle d'intersection avec la surface plane sur laquelle on dessine. Pour faire sentir le relief, on trace sur ce cercle, dans une perspective approchée, les figures et les constructions nécessaires aux questions qu'on traite.

COROLLAIRES. 1° Deux grands cercles quelconques de la sphère se coupent suivant un diamètre de la sphère.

2° *Deux petits cercles de* $\genfrac{}{}{0pt}{}{rayon\ différent}{méme\ rayon}$ *sont* $\genfrac{}{}{0pt}{}{inéga-}{égale-}$ $\genfrac{}{}{0pt}{}{lement}{ment}$ *distans du centre de la sphère et réciproquement.*

On ramène cette proposition à ses analogues sur les cordes d'un cercle et leur éloignement du centre, en considérant le grand cercle qui est la section de la sphère, par un plan mené selon les deux lignes qui vont du centre de la sphère au centre des petits cercles. On compare entre eux les diamètres des petits cercles qui sont les intersections de ce plan avec celui des plans de ces cercles.

3° La perpendiculaire élevée au centre de la sphère, sur le plan d'un grand cercle, passe par le centre de tous les cercles parallèles à ce grand cercle.

240. DÉFINITION. *Pôles d'un cercle. Ce sont les points d'intersection de la sphère, avec une perpendiculaire menée du centre au plan de ce cercle.*

COROLLAIRES. *Tout arc du grand cercle, qui va d'un point* D *de l'arc d'un autre grand cercle à son pôle* P, *est égal à un quadrant, c'est-à-dire au quart de la circonférence d'un grand cercle.*

241. **Définition.** Angle de deux arcs de grand cercle, c'est l'angle dièdre formé par les plans de ces cercles.

Corollaire. Deux arcs de grands cercles DP, DC, dont l'un DP passe par le pôle P de l'autre DC, sont perpendiculaires entre eux ; car les plans de ces arcs sont perpendiculaires entre eux. Fig. 21.

THÉORÈME. Fig. 21.

L'angle CPD *de deux arcs de grands cercles* PC, PD, *se mesure, soit par l'angle* GPH *des deux tangentes* PG, PH, *menées à chacun de ces arcs au point* P *de leur intersection, soit par l'arc de grand cercle* CD, *qui joint les extrémités* CD *des quadrans* PC, PD.

En effet, les deux tangentes mesurent l'angle dièdre des plans OPC OPD de ces arcs de grands cercles. D'autre part, l'angle COD mesure aussi cet angle, puisque PC, PD étant des quadrans, les lignes CO, OD sont perpendiculaires à l'intersection PO des plans des arcs. Donc l'arc CD, qui mesure l'angle COD, mesure aussi l'angle des deux arcs.

THÉORÈME. Fig. 22.

242. *Lorsqu'un arc de grand cercle* AB *ou* AB' *est perpendiculaire à un autre* CD *ou* C'D', *les arcs obliques* AC, AD *ou* AC', A'D', *qui s'écartent également du pied de la perpendiculaire, sont égaux.*

De deux arcs qui s'écartent inégalement du pied de la perpendiculaire, celui qui s'écarte le plus est le plus long ou le plus court, selon que l'arc perpendiculaire est plus petit ou plus grand qu'un quadrant.

20

Menez le diamètre BB′; abaissez la droite AI perpendiculaire au plan CDO; le point I tombera sur BB′. Puisque CB=BD, il faut que CI=ID. Donc les droites AC, AD sont égales; donc les arcs obliques AC, AD sont égaux.

Soit BG>BD et B′G′>B′D′ : je dis que l'arc AG *est plus grand* que l'arc AD, et que l'arc AG′ est *plus petit* que AD′. En effet, les deux lignes IB et IB′ sont l'une la plus petite et l'autre la plus grande des lignes qu'on puisse mener du point I à la circonférence CDC′D′ ; toutes les autres, comme IC′, IG, grandissent à mesure qu'elles s'écartent de IB et qu'elles s'approchent de IB′. Au contraire, IC, IG′ diminuent à mesure qu'elles s'écartent de IB′ pour revenir vers IB. Donc l'oblique rectiligne AG est plus grande que l'oblique rectiligne AC; de même l'oblique rectiligne AG′ est plus courte que l'oblique rectiligne AC′. Donc aussi l'arc AG est plus grand que AC, et par conséquent que AD. Au contraire l'arc AG′ est plus petit que AC′ et par conséquent que AD′.

COROLLAIRE. Un arc de grand cercle perpendiculaire sur le milieu d'un autre, a tous ses points également distans des extrémités de cet autre.

§ II.

CONSTRUCTIONS SUR LA SPHÈRE.

PROBLÈMES.

243. *Décrire un cercle sur la surface d'une sphère donnée.*

On appliquera la pointe d'un compas sur un point quelconque de la sphère ; puis on fera glisser l'autre sur la surface de la sphère. La courbe décrite sera le petit cercle résultant de l'intersection de la sphère par un plan mené par un seul point de la courbe perpendiculairement à la ligne qui va du centre à la pointe fixe du compas.

S'il s'agissait d'un grand cercle, on ouvrirait le compas d'une longueur égale à la corde d'un quadrant.

Décrire un petit cercle d'un rayon donné.

Elever une perpendiculaire en un point d'un arc de grand cercle. On prendra sur l'arc à partir du point donné un arc égal à un quadrant ; du point ainsi déterminé comme pôle, avec une ouverture de compas qui embrasse le quadrant, on décrira un arc qui sera la perpendiculaire demandée.

Abaisser une perpendiculaire d'un point de la sphère sur un arc de grand cercle. Avec un compas dont l'ouverture embrasse un quadrant, et dont une pointe soit sur le point donné, on marquera sur l'arc donné un point qui sera le pôle d'un grand cercle passant par le point donné ; de ce pôle on décrira un arc de grand cercle, qui sera la perpendiculaire demandée.

En un point donné d'un arc de grand cercle, faire un angle égal à un angle donné.

De ce point comme pôle, décrivez un arc de grand cercle ; à partir du point de rencontre de cet arc avec l'arc donné, marquez un arc qui mesure l'angle à construire ; puis, ayant pris le pôle de l'arc qui passe par le point donné et par l'extrémité de l'arc que vous venez de marquer, décrivez un arc de grand cercle ; il fera avec l'arc donné l'angle demandé.

§ III.

DES TRIANGLES SPHÉRIQUES.

244. DÉFINITION. *Triangle sphérique et polygone sphérique, c'est la figure sphérique terminée par des arcs de grands cercles.*

COROLLAIRE. Les angles de ces figures étant les dièdres des plans des arcs qui leur servent de côtés, ils ne sauraient être plus grands que deux droits. Les arcs qui sont les côtés de ces figures, résultent de l'intersection de plans passant tous par le centre, et dont l'ensemble forme avec le polygone une pyramide sphérique. Ils mesurent donc les angles plans de cette pyramide, par conséquent aucun d'eux ne peut valoir plus d'une demi-circonférence.

Il résulte encore de cette corrélation entre le polygone et la pyramide sphérique, que la somme des côtés d'un polygone sphérique est plus petite qu'une circonférence.

245. DÉFINITION. *Quand des trois sommets* A, B, C *d'un triangle sphérique pris successivement comme pôles, on décrit des arcs de grands cercles, on forme quatre triangles dont le central* A'B'C' *s'appelle le polaire du triangle* ABC.

COROLLAIRE, fig. 23. Réciproquement le triangle ABC est le polaire du triangle A'B'C'. En effet le point A, pôle de B'C', est distant de B' d'un quadrant; le point C, pôle de A′B′ est distant de B′ d'un quadrant; donc B′ est le pôle de AC. On prouverait de même que C′, A′ sont pôles des arcs AB, BC.

THÉORÈME. Fig. 23.

246. *L'angle* A *d'un triangle* ABC *a pour mesure une demi-circonférence, moins le côté opposé de son triangle polaire* A′B′C′.

Prolongez les côtés AB, AC jusqu'en E, F, sur le côté B′C′; EF est la mesure de A. Mais EF═B′F+C′E—B′C′; d'ailleurs la somme B′F+C′E vaut une demi-circonférence; donc, etc.

THÉORÈME.

La somme des angles d'un triangle sphérique est moindre que six, et plus grande que deux angles droits.

En effet, soit α, δ, γ les côtés du triangle polaire, en ajoutant la mesure des trois angles du triangle, on trouvera

$$3 \text{ demi-circonf.} - (\alpha + \delta + \gamma).$$

C'est une somme moindre que six droits. D'autre part, $\alpha + \delta + \gamma$ ne saurait surpasser une circonférence entière, donc la mesure est plus grande que deux droits.

247. DÉFINITION. *On appelle symétriques, des triangles sphériques servant de base à des angles trièdres aux centres qui sont symétriques.* (N° 209.)

COROLLAIRE. Il suit de cette définition que ces triangles ont toutes leurs parties, angles et côtés, respective-

2.

ment égales. Les triangles symétriques ne sauraient
coïncider ; puisque leur coïncidence, si on la suppose,
entraînerait la coïncidence des angles trièdres symétriques correspondans, et que cette coïncidence est impossible.

THÉORÈME. Fig. 24.

248. *Deux triangles sphériques symétriques* ABC,
ABC′ *ont des surfaces égales.*

Disposez les deux triangles sur la surface de la sphère
de manière qu'ils aient un côté AB commun, et que les
sommets C, C′, opposés à ce côté, tombent du même côté
de AB. D'après la disposition des pyramides sphériques
correspondantes à ces deux triangles, le point D de rencontre des deux côtés égaux AC′, BC appartiendra à l'arc
perpendiculaire sur le milieu de AB. Donc AD=BD. Les
deux triangles ont une partie commune ADB ; donc, s'ils
diffèrent en surface, cette différence est égale à celle des
deux petits triangles ADC, BDC′. Mais ces triangles étant
eux-mêmes symétriques, comme il est facile de le prouver, la différence de leur surface sera donc celle de deux
nouveaux triangles, qui seront aussi symétriques, et qui
seront plus petits que ADC, BDC′, comme ces derniers
sont plus petits que les triangles donnés ABC, ABC′. La
différence entre les surfaces des deux triangles donnés
est donc plus petite que toute quantité assignable ; donc
cette différence est nulle ; donc, etc.

249. EXERCICES. 1° On démontre les cas d'égalité ou
de symétrie des triangles sphériques par des considérations analogues à celles qu'on a employées dans la pre-

mière partie, pour les cas d'égalité des triangles rectilignes.

2° Il en sera de même pour la comparaison entre les
grandeurs des côtés et de leurs angles opposés dans un
même triangle.

3° Deux triangles équiangles sont équilatéraux. Cela
se déduit de ce que les polaires de ces triangles sont équilatéraux, et par conséquent équiangles.

§ IV.

MESURE DE L'AIRE DES FIGURES SPHÉRIQUES.

250. Définitions. *Le fuseau est la figure sphérique
comprise entre deux demi-circonférences de grands cercles tracées sur la sphère.* L'angle des plans de ces circonférences est *l'angle* du fuseau.

On appelle trirectangle, le triangle dont les trois angles sont droits. Les trois côtés de ce triangle sont des
quadrans.

THÉORÈME.

*La mesure d'un fuseau sphérique est le double de
l'angle de ce fuseau.* (On suppose ici que le triangle trirectangle est pris pour unité d'aire sphérique, tandis que
l'angle droit est l'unité d'angle.)

En effet, le fuseau se décompose en deux triangles bi-
rectangles dont l'angle du sommet est celui du fuseau.
Or l'un de ces triangles se compose avec le triangle trirectangle, comme son angle au sommet se compose avec
l'angle au sommet du triangle trirectangle qui est droit;

2.

donc ce triangle a pour mesure son angle ; donc le fuseau a pour mesure le double de son angle.

SCOLIE. La somme des deux triangles sphériques BAC, B'AC', opposés par le sommet A, et terminés par un grand cercle BCB'C', est égale au fuseau dont l'angle est A. *fig.* 25. Car le triangle B'A'C', symétrique du triangle BAC, étant ajouté à B'AC', composera le fuseau dont l'angle est A.

THÉORÈME.

251. *La mesure du triangle sphérique* ABC *est égale à la somme* $A + B + C$ *de ces angles diminuée de deux angles droits.*

Prolongez les côtés du triangle en deux sens jusqu'à la rencontre du grand cercle DEF. Les six triangles ainsi formés, et qui sont deux à deux opposés par le sommet, valent $2A + 2B + 2C$. La surface de ces triangles équivaut à la surface de la demi-sphère, dont la mesure est 4 augmentée de deux fois le triangle ABC. Donc $2A + 2B + 2C = 4 + 2ABC$; donc $ABC = A + B + C - 2$.

THÉORÈME.

La mesure d'un polygone sphérique est égale à la somme de ses angles, moins autant de fois deux angles droits qu'il y a de côtés moins deux dans le polygone.

Construction et démonstration analogues à celles qu'on a faites pour le polygone rectiligne.

Addition.

252. Dans le courant de ce volume, nous avons offert à
la sagacité des élèves des questions à résoudre d'après des
indication très sommaires. Parmi ces questions, il y en a
quelques unes auxquelles on attache assez d'importance,
pour que nous devions les signaler. Ce sont dans la première partie les EXERCICES 1° et 6° du N° 117, et dans la
seconde partie, tous les EXERCICES dont l'énoncé est écrit
en italique.

Nous avions cru devoir aussi nous appuyer dans certains cas sur quelques vérités d'une évidence telle, que
personne n'a jamais pensé à les contester. Il est peut-être
bon d'établir ces vérités sur quelques théorèmes qui ont
d'ailleurs leur utilité spéciale.

Ainsi, au N° 23, pour démontrer que de deux obliques, celle qui s'écarte le plus de la perpendiculaire est
la plus longue, on pourra invoquer ce théorème général
que,

*De deux contours convexes tracés sur un plan et qui
s'enveloppent, le contour enveloppant est le plus petit.*

En effet, soit le contour enveloppant ACDEBA et le contour enveloppé AOPBA, fig. 27. Prolongez AO jusqu'en I,
AOIEBA est plus petit que ACDIEBA, puisque AI est plus
petit que ACDI. On prouvera de la même manière et successivement qu'on a les inégalités

$$\text{AOPFBA} < \text{AOIEBA}, \quad \text{AOPBA} < \text{AOPFBA}.$$
$$\text{Donc on a } \text{AOPBA} < \text{ACDEBA}.$$

Pour appliquer ce théorème, après avoir mené, fig. 9, les obliques DA, EA au même point A, on prouvera que le contour DA + AE est plus grand que le contour enveloppé DG + GE, d'où l'on conclura que DA est plus grand que DG.

253. Nous avons omis aussi de démontrer le théorème suivant :

Lorsque deux triangles ont deux côtés égaux chacun à chacun et que ces côtés renferment des angles inégaux, des deux derniers côtés de ces triangles, celui-là est le plus grand qui est opposé au plus grand angle.

Supposons qu'on ait fait coïncider les triangles ABC ABD par un de leurs côtés égaux, et qu'on les ait disposés comme à la figure 28. Je dis que AC opposé au plus petit angle ABC, est plus petit que AD, opposé au plus grand angle ABD. Menez DCO; abaissez sur CD la perpendiculaire AP, et prouvez que l'oblique AD est plus éloigné de P que l'oblique AC.

Si l'on abaisse la perpendiculaire BQ qui partage CD en deux parties égales, il est évident que AP ne saurait renconter OD entre Q et D. Si la rencontre se fait au delà de C par rapport à D, comme dans la figure 28, la proposition devient évidente d'elle-même. Si la rencontre se fait en deçà de C par rapport à D, comme dans la fig. 29, elle ne l'est pas moins, car PC est plus petit que PD, puisque PD se compose d'une partie QD, qui égale à elle seule PC + PQ.

S'il arrivait que le point C fût intérieur au triangle ABD, on aurait CA + CB $<$ AD + BD, d'où AC $<$ AD.

(315)

Le théorème que nous venons de démontrer a son utilité spéciale. On peut l'appliquer à compléter les théorèmes du N° 26, en démontrant que

Dans le même cercle ou dans des cercles égaux, de deux arcs de cercle celui qui est le plus grand soutend la plus grande corde, car les cordes des deux arcs seront troisième côté de triangles qui ont deux côtés égaux, et dont l'angle de ces côtés qui répond au plus grand arc est le plus grand.

Nous terminons en avertissant que la démonstration de la mesure du rectangle, N° 58, est complétée pour le cas incommensurable au N° 106.

CHAPITRE XIV.

TRIGONOMÉTRIE RECTILIGNE ET SPHÉRIQUE.

§ I.

NOTIONS PRÉLIMINAIRES ET DÉFINITIONS.

254. Le triangle rectiligne et le triangle sphérique, élémens de toute figure plane ou sphérique, sont les objets de la *trigonométrie*.

Poser trois équations distinctes entre les six élémens, côtés et angles qui constituent ces triangles ; étant donné trois de ces élémens, résoudre les équations par rapport aux trois autres ; calculer les valeurs arithmétiques des fonctions qui résultent de cette résolution : voilà ce que la trigonométrie se propose *spécialement* sur ces objets.

Dans un but plus général, elle établit entre les angles de quelque grandeur qu'ils soient et certaines longueurs, appelées *lignes trigonométriques*, des relations d'où il résulte l'invention et le développement de fonctions, qui sont une nouvelle ressource pour l'analyse.

255. On fait entrer les côtés des triangles rectilignes dans le calcul par leur mesure linéaire ; quant aux angles

de ces triangles et des triangles sphériques , ainsi qu'aux côtés de ces derniers , on les remplace d'abord par leurs arcs, qu'on mesure de deux manières.

Dans le système décimal, la circonférence se divise en 400 parties égales qu'on appelle *degrés*, le degré en 100 *minutes*, la minute en 100 *secondes*.

Dans l'ancienne division , la circonférence est divisée en 300 degrés, le degré en 60 minutes, la minute en 60 secondes. On se sert des indices °, ', " pour désigner les degrés, les minutes et les secondes, dans l'une comme dans l'autre division. Exemple : 55° 45' 23". La lettre π, qui désigne le rapport de la circonférence au diamètre, et encore la longueur d'une demi-circonférence dont le rayon est l'unité, représente dans la trigonométrie, le nombre de degrés de la demi-circonférence. $\frac{\pi}{2}$ exprime aussi le nombre de degrés du quart de la circonférence, qu'on appelle *quadrant*.

Cette division de la circonférence ne sert véritablement qu'à désigner les arcs et les angles qui leur correspondent; car le nombre de degrés , minutes et secondes ne peut pas entrer *explicitement* dans les équations trigonométriques ; parce que la géométrie ne fournit que des moyens insuffisans de comparaison entre des lignes droites , comme les côtés des triangles et des angles ou des arcs de cercle.

256. Pour composer les équations trigonométriques, on remplace les angles par des lignes droites, dont les mesures arithmétiques sont liées avec les angles correspondans, à l'aide d'une table. Cette table présente à côté du

nombre de degrés, minutes, secondes de l'angle, le nombre qui exprime le rapport de la ligne conjointe avec le rayon du cercle dans lequel on la suppose tracée. Faisons connaître ces lignes, *fig.* 1. Soit AOM un angle au centre, et soit AM l'arc qui lui sert de mesure.

La perpendiculaire MP, *abaissée d'une extrémité de l'arc* AM *sur le diamètre passant par l'autre extrémité, est le* SINUS *de l'angle* AOM *ou de l'arc* AM.

La perpendiculaire AT, *élevée d'une extrémité de l'arc* AM, *jusqu'à la rencontre du diamètre prolongé, passant par l'autre extrémité, est la* TANGENTE *de l'angle* AOM *ou de l'arc* AM.

La partie OT *du diamètre prolongé, comprise entre le centre et la tangente, est la* SÉCANTE *de l'angle* AOM *ou de l'arc* AM.

L'arc A′M, qui complète un quadrant avec AM, s'appelle *complément* de l'arc AM. Les trois lignes MP′, A′T′, OT′, qui sont les *sinus, tangente, sécante* de l'angle A′OM ou de l'arc A′M, sont appelées COSINUS, COTANGENTE, COSÉCANTE de l'arc AM. On exprime le rapport de ces lignes avec les trois précédentes par les égalités

$$\sin A'M = \cos\left(\frac{\pi}{2} - AM\right),\ \tang A'N = \cos\left(\frac{\pi}{2} - AM\right),\ \sec A'M = \cos\left(\frac{\pi}{2} - AM\right)$$

Les lignes PA, P′A′, moins usitées que les premières, sont appelées SINUS-VERSE et COSINUS-VERSE de l'angle AOM ou de l'arc AM.

257. On peut voir immédiatement quelle facilité donne l'invention de ces lignes pour composer les équations tri-

gonométriques. En effet, soit, *fig.* 2, le triangle ABC ; soit a, b, c la mesure de ces côtés. Décrivez un arc de cercle du point A comme centre, avec le rayon R du cercle dans lequel on considère les lignes trigonométriques; abaissez le sinus de l'angle A, menez la hauteur h parallèle au sinus de A. Les deux triangles rectangles semblables ainsi formés donnent

$$\frac{\sin A}{h} = \frac{R}{b}, \text{ d'où}\dots \frac{\sin A}{a} = \frac{h.R}{b.a} = \frac{c.h.R}{c.b.a}.$$

Mais $\dfrac{ch.R}{cba}$ est une quantité constante, puisque le produit ch est le double de la mesure du triangle, donc

Dans un triangle, le rapport entre le sinus d'un angle et le côté opposé est constant.

Joignez à cela l'égalité $A + B + C = \pi$ donnée par la géométrie, et vous aurez écrit trois équations trigonométriques

$$\frac{\sin A}{a} = \frac{\sin B}{b} = \frac{\sin C}{c} \qquad A + B + C = \pi,$$

qui *posent* d'une manière complète le problème spécial de la trigonométrie rectiligne, mais qui ne suffiraient pas à le *résoudre*, à cause de la nécessité imposée par la résolution même de ces équations, de développer des fonctions nouvelles, dont on ne connaît pas encore les propriétés. La nécessité d'établir d'autres équations se fait aussi sentir, lorsqu'on veut, dans le but général de la trigonométrie, construire et développer des formules précieuses, dont la généralité ne saurait être restreinte dans les limites entre lesquelles se renferment les angles des triangles.

258. C'est même à cause de cette extension, qu'il faut se familiariser avec la disposition et les signes des lignes trigonométriques d'angles ou d'arcs de grandeurs et de signes quelconques. L'examen que nous devons faire de ces lignes et de leurs variations, repose sur un principe dont nous avons fait connaître autre part la nécessité et la fécondité, lorsque nous avons appliqué l'algèbre à la résolution de certaines questions concrètes. Voici en quoi consiste ce principe appliqué à la géométrie.

Quand des longueurs variables sont comptées à partir d'une origine fixe, sur une ligne donnée, il y a opportunité à introduire dans le calcul la mesure de ces longueurs, en les affectant de signes contraires ou de même signe, selon qu'elles sont portées à partir de l'origine fixe, en sens contraire ou dans le même sens.

Pour faire bien comprendre cette opportunité, soit une ligne indéfinie st fig. 1 : proposons-nous d'exprimer la distance des points T, T_l, de cette ligne au point s, à l'aide de la longueur constante so, et des longueurs OT, OT_l qui sont portées en sens contraire, à partir du point fixe o. Les distances seront exprimées par les deux formules

$$so + OT, \quad so - OT_l.$$

Mais si l'on convient de regarder comme *soustractives* les distances portées à partir du point o et à la gauche de ce point, tandis qu'on regarde comme *additives* les longueurs portées à droite, une seule formule pourra servir aux deux cas. Alors x exprimant la longueur OT, OT_l quelle que soit sa direction, on pourra se borner à écrire

$$\text{so} + x.$$

En effet, si l'on remplace x par $+$ ᴏᴛ, on aura la formule de la distance ꜱᴛ; et si par $-$ ᴏᴛ, on aura celle de
la distance ꜱᴛ.

C'est seulement en observant cette pratique, que *l'é-
quation d'une question de géométrie, posée pour une*
ᴄᴏɴꜱᴛʀᴜᴄᴛɪᴏɴ ᴘᴀʀᴛɪᴄᴜʟɪÈʀᴇ *de la question, devient applicable* ᴀ ᴛᴏᴜᴛᴇꜱ ʟᴇꜱ ᴄᴏɴꜱᴛʀᴜᴄᴛɪᴏɴꜱ *qui ne diffèrent de
la précédente, que par le déplacement des longueurs
de la question, par rapport aux origines qui servent de
point de départ à ces longueurs.*

Cette règle des signes, sans laquelle *on n'atteindrait
point à la généralité des résultats que comporte l'analyse géométrique,* s'applique aux arcs de courbe comme
aux lignes droites; ainsi, fig. 1, tandis qu'on regarde
comme positifs les arcs qui croissent dans un sens ᴀᴍᴍ′,
on affectera du signe moins les arcs qui croissent dans le
sens contraire ᴀᴍᴍ′.

En appliquant cette règle, on dira que le complément
de l'arc ᴀᴍᴍ′ plus grand qu'un quadrant, fig. 1, est négatif; c'est l'arc ᴍ′ᴀ′ compté en retour dans le sens
ᴍ′ᴍᴀ. Nous verrons, en effet, que les lignes trigonométriques de cet arc, qui sont les lignes trigonométriques
complémentaires de ᴀᴍᴍ′, ont toujours le signe qui convient à un arc négatif.

§ II.

LIGNES TRIGONOMÉTRIQUES DES ARCS QUELCONQUES ; ÉQUATIONS SIMPLES QUI LES LIENT ENTRE ELLES.

259. Passons maintenant à l'examen des lignes trigonométriques des arcs de toutes grandeurs et de signes quelconques. On rapportera les sinus comme MP, M,P, à la ligne A'OA,', qui est parallèle à leur direction, le centre o sera l'origine fixe sur cette ligne. Cela posé, fig. 1, les arcs

$$\text{AM,} \quad \text{AM',} \quad \text{AM'A',AM,} \quad \text{AM'A',AMM', etc.,}$$

ont tous pour sinus la même longueur MP portée, dans le même sens de la ligne A'A',. Il en est de même des arcs négatifs

$$\text{AA',M'} \quad \text{AA',M'M,} \quad \text{AA',M'MAA',M'} \quad \text{AA',M'MAA',M'M, etc.,}$$

qui se terminent comme les premiers, soit au point M, soit au point M'. Ces deux séries s'expriment simplement de la manière suivante, en désignant par a le plus petit de ces arcs qui est AM.

$$a, \quad \pi - a, \quad 2\pi + a, \quad 2\pi + \pi - a, \text{ etc.,}$$
$$-\pi - a, \quad -2\pi + a, \quad -2\pi - \pi - a, \quad -4\pi + a, \text{ etc.}$$

Tous les arcs de la première série sont compris dans les deux formules

$$2k\pi + a, \qquad (2k + 1)\pi - a$$

k étant un nombre entier quelconque. Tous les arcs

de la seconde série, sont compris dans les deux formules

$$-2k\pi + a, \quad -(2k+1)\pi - a.$$

Dans toute question où l'on aura à passer d'un sinus positif, donné à l'arc inconnu qui correspond à ce sinus, ou à une fonction quelconque de cet arc, on devra, pour rester dans toute la généralité que comporte la question, considérer tous les arcs compris dans ces quatre formules.

Les arcs positifs

$$\pi + a, \quad 2\pi - a, \quad 3\pi + a, \quad 4\pi - a,$$

ainsi que les arcs négatifs

$$-a, \quad -\pi + a, \quad -2\pi - a, \quad -3\pi + a,$$

ont encore les mêmes sinus que les précédens, mais pris en signe contraire ; car ces sinus se comptent sur $A'A'_{\prime}$ à partir du point o, en sens contraire des premiers. Ces deux séries d'arcs, relativement auxquels on tirera une conséquence analogue à la conséquence énoncée ci-dessus, sont compris dans les quatre formules

$$2k\pi - a, \quad (2k+1)\pi - a, \quad -2k\pi - a, \quad -(2k+1)\pi + a.$$

Dans l'examen ci-dessus, on a pu voir que *les arcs supplémentaires* a *et* $\pi - a$ *ont le même sinus, et que deux arcs égaux et de signes contraires* a *et* $-a$, *ont des sinus égaux et de signes contraires.* Ces remarques, écrites d'une manière abrégée dans les deux égalités

$$\operatorname{Sin} a = \sin(\pi - a), \quad \sin(-a) = -\sin a,$$

sont d'un usage fréquent.

En comptant sur AA_i les cosinus des arcs quelconques, on trouvera par une discussion analogue que :

1° *Les arcs supplémentaires* a *et* π—a *ont des cosinus égaux et de signes contraires;* 2° *les arcs égaux et de signes contraires ont le même cosinus,*

$$\cos a = \cos(\pi - a), \qquad \cos(-a) = \cos a;$$

3° *Tous les arcs qui ont même cosinus qu'un arc* a *du premier quadrant, sont compris dans les formules*

$$2k\pi \pm a, \qquad -2k\pi \pm a,$$

tandis que ceux qui ont même cosinus que cet arc a, mais en signes contraires, sont compris dans les formules

$$(2k+1)\pi \pm a, \qquad -(2k+1)\pi \pm a.$$

En comptant sur TT_i' les tangentes des arcs quelconques on trouvera que :

1° *Les arcs supplémentaires ont, comme les arcs égaux et de signes contraires, des tangentes égales et de signes contraires ;*

2° *Tous les arcs positifs qui ont même tangente qu'un arc* a *du premier quadrant, sont compris dans les formules*

$$\pm 2k\pi + a, \qquad \pm(2k+1)\pi + a;$$

tandis que ceux qui ont la même tangente que cet arc, mais en signe contraire, sont compris dans les formules

$$\pm 2k\pi - a, \qquad \pm(2k+1)\pi - a.$$

Ces lignes varient en grandeur depuis o, valeur de la tangente de l'arc $a \pm$ o, jusqu'à $\pm \infty$ limite des tangentes des arcs qui croissent jusqu'à $a = \pm \dfrac{\pi}{2}$.

En comptant les sécantes sur les lignes indéfinies $s\tau$, $s_{,}\tau'$, lignes qui se meuvent autour de leur origine fixe o, à mesure que l'arc par l'extrémité duquel elles passent varie de grandeur, on verra que :

1° *Les arcs supplémentaires ont des sécantes égales et des signes contraires;*

2° *Les arcs égaux et de signes contraires ont des sécantes égales et de même signe;*

3° *Tous les arcs positifs qui ont même sécante qu'un arc a du premier quadrant, sont compris dans les formules*

$$2\,k\pi \pm a, \qquad -2\,k\pi \pm a;$$

tandis que tous les arcs qui ont même sécante que a, mais en signes contraires, sont compris dans les formules

$$(2\,k+1)\pi \pm a, \qquad -(2\,k+1)\,\pi \pm a.$$

Ce sont les mêmes que pour les cosinus.

Les deux sens dans lesquels se portent les sécantes, se distinguent immédiatement l'un de l'autre, en observant que pour l'arc a du premier quadrant, et pour tous ceux dont la sécante est positive, cette ligne est portée sur la partie du diamètre qui va du centre à l'extrémité de l'arc; tandis que pour les arcs $\pi - a$, et pour tous ceux dont la sécante est négative, elle est portée sur la partie du diamètre qui va du centre dans le sens opposé à l'extrémité de l'arc.

La plus petite sécante, celle de $a = 0$, est le rayon. La sécante croît positivement ou négativement jusqu'à l'infini, qui est la valeur de la sécante de $\pm\dfrac{\pi}{2}$. Nous laisrons aux élèves le soin d'examiner la marche des deux autres lignes complémentaires, savoir la cotangente et la cosécante.

260. *Les lignes trigonométriques d'un arc, quelque grand qu'il soit et quel que soit son signe, se ramènent à la ligne trigonométrique de même espèce d'un arc du premier quadrant.*

Ceci résulte des considérations précédentes. Mais on peut dire, qu'elles se ramènent à une ligne trigonométrique d'un arc au dessous de un demi-quadrant. Car une ligne trigonométrique directe de $\frac{\pi}{4}+\alpha$, soit sinus, tangente ou sécante, est égale à la ligne correspondante complémentaire de $\frac{\pi}{4}-\alpha$, puisque ce dernier arc est le complément du premier. A cause de cela, lorsqu'on calcule les nombres, qui expriment le rapport des lignes trigonométriques avec le rayon, pour former ce qu'on appelle *les tables trigonométriques*, on ne va que jusqu'à l'arc de $\frac{\pi}{4}$.

261. Nous terminerons ce paragraphe par la recherche des équations simples, qui lient entre elles les six lignes trigonométriques d'un même arc. Ces équations, dont l'usage est très fréquent dans les transformations et combinaisons trigonométriques, se déduisent très simplement,

1° De la considération des triangles rectangles opm, oat, *fig.* 1, d'où l'on tire

$$\sin^2 a + \cos^2 a = \mathrm{r}^2, \qquad \mathrm{r}^2 + \mathrm{tang}^2 a = \sec^2 a.$$

2° De la comparaison des côtés de triangles semblables, soit les deux triangles OPM, OAT qui donnent

$$\tan a = \frac{R \sin a}{\cos a}, \qquad \sec a = \frac{R^2}{\cos a};$$

soit les deux triangles OP′M, OA′T′, qui donnent

$$\cos A = \frac{R \cos a}{\sin a} \qquad \cosec a = \frac{R^2}{\sin a}.$$

3° De la multiplication membre à membre, exécutée sur la quatrième et la sixième de ces équations, laquelle conduit à

$$\tan a . \cotan a = R^2.$$

Exercices. A l'aide des équations ci-dessus, exprimer toutes les lignes trigonométriques d'un arc, successivement en fonction de chacune de ces lignes. Les expressions en fonction de la tangente sont d'un usage fréquent.

§ III.

DÉVELOPPEMENT DES LIGNES TRIGONOMÉTRIQUES DE LA SOMME ET DE LA DIFFÉRENCE DES DEUX ARCS.

262. Soient, fig. 3, les arcs BC$=a$, CD$=b$; soient CE, Dd leurs sinus, AE, Ad leurs cosinus. Supposons d'abord que ces arcs sont positifs, que leur différence est positive, et que leur somme est plus petite qu'un quadrant.

On veut exprimer DF, AF sinus et cosinus de la somme $a+b$ et D,F, AF, sinus et cosinus de la différence $a-b$, à l'aide de sin a, cos a, sin b, cos b.

En menant par le point d la parallèle dp à CE, et par d et D, les parallèles dq, D_tq_t à AB, on décomposera les lignes cherchées, savoir :

DF   en $dp+Dq$;   et   AF   en $Ap-dq$.
D_tF_t en $dp-Dq$; AF_t en $Ap+D_tq_t$.

Comparez successivement les triangles Dqd, CAE au triangle dAp, qui est semblable à l'un et à l'autre ; et de la proportionnalité des côtés, tirez les égalités suivantes :

$$dp=\frac{\sin a \cos b}{R}, \qquad Dq=\frac{\sin b \cos a}{R}, \qquad Ap=\frac{\cos a \cos b}{R},$$

$$dq=\frac{\sin a \sin b}{R}.$$

Vous en déduirez immédiatement les quatre formules

$$\sin(a\pm b)=\frac{\sin a \cos b \pm \sin b \cos a}{R}, \quad \cos(a\pm b)=\frac{\cos a \cos b \mp \sin r \sin b}{R}.$$

263. Ces formules sont applicables quels que soient les signes des arcs qu'ils renferment. Par exemple l'arc b étant négatif et égal à $-b'$, supposons qu'on doive appliquer aux arcs a et $-b'$ la formule du sinus de la différence, $\dfrac{\sin a \cos b - \sin b \cos a}{R}$. Ici, la différence se change dans une somme $a+b'$. Dans le second produit $\sin b \cos a$, le facteur $\sin b$ étant remplacé par sa valeur $\sin(-b')=-\sin b'$, on trouvera $\sin a \cos b' + \sin b' \cos a$. C'est bien ce qu'on doit trouver pour $\sin(a+b')$. On s'exercera à vérifier la généralité pour les autres cas. Il est toujours supposé que la somme $a+b'$ ne dépasse pas un quadrant.

264. Maintenant pour prouver que ces formules sont applicables, quels que soient les signes et quelle que soit la grandeur des arcs a et b. On montre d'abord la généralité complète de la formule $\sin(a+b)$; ensuite on fait dépendre les trois autres formules de celle-ci.

1° Supposons d'abord que les arcs $\text{BC}'=a$ $\text{C}'\text{D}'=b$, fig. 3, donnent une somme comprise entre $\frac{\pi}{2}$ et π. En faisant une construction tout-à-fait analogue à la précédente, le sinus $\text{D}'\text{F}'$ sera une différence $d'p'-\text{D}'q'$, au lieu d'être, comme au premier cas, une somme $dp+\text{D}q$; mais l'élément $\text{D}'q'$ de la différence se calculera par un produit dans lequel entre comme facteur la ligne $\text{E}'\text{A}$, qui est $-\cos a$. Cet élément sera $-\dfrac{\sin b \cos a}{\text{R}}$; étant retranché, il prendra le signe $+$; donc on aura encore dans ce cas

$$\sin(a+b) = \frac{\sin a \cos b + \sin b \cos a}{\text{R}}.$$

Maintenant pour étendre la formule $\sin(a+b)$, supposons que a et b prennent les valeurs successives

$$(1)\ \begin{aligned} a&=\pi-\alpha, \\ b&=\pi-\mathit{6}, \end{aligned} \qquad (2)\ \begin{aligned} a&=2\pi-\alpha, \\ b&=2\pi-\mathit{6}, \end{aligned} \qquad (3)\ \begin{aligned} a&=4\pi-\alpha, \\ b&=4\pi-\alpha, \end{aligned}\ \text{, etc.}$$

Il en résultera pour $\sin(a+b)$ les formules successives

$$\sin(2\pi-\alpha-\mathit{6}),\quad \sin(4\pi-\alpha-\mathit{6}),\quad \sin(8\pi-\alpha-\mathit{6}),\ \text{etc.}$$

lesquelles reviennent toutes à

$$-\sin(\alpha+\mathit{6}).$$

Dans le premier cas, en prenant $\alpha+\mathit{6}$ entre o et π, on aura le droit d'écrire le développement

$$- \sin \alpha \cos \beta - \sin \beta \cos \alpha,$$

qui se transformera à l'aide des égalités (1) en

$$\sin a \cos b + \sin b \cos a.$$

La formule sera donc démontrée pour des arcs a *et* b *dont la somme* a+b *a pour limite la circonférence entière.*

Dans le second cas, on pourra prendre $\alpha + \beta$ entre o et 2π; on remplacera α et β à l'aide des égalités (2), et *la formule* $\sin$ (a+b) *sera démontrée pour une somme* a+b, *qui pourra aller jusqu'à deux circonférences.*

Dans le troisième cas, en prenant $\alpha + \beta$ entre o et 4π, *on aura démontré la formule* $\sin$ (a+b) *pour une somme, qui peut aller depuis zéro jusqu'à quatre circonférences.*

Cette démonstration est générale; car pour étendre la somme $(a+b)$ aux limites successives 2π, 4, etc., on fait toujours usage du même développement $- \sin \alpha \cos \beta - \sin \beta \cos \alpha$, qu'on transforme en l'exprimant en a et b à l'aide des équations

$$a = 2\pi - \alpha, \quad a = 4\pi - \alpha, \quad a = 8\pi - \alpha, \text{ etc. ;}$$
$$b = 2\pi - \beta, \quad b = 4\pi - \beta, \quad b = 8\pi - \beta, \text{ etc. ;}$$

ces équations donnent toujours nécessairement

$$\sin \alpha = - \sin a, \qquad \cos \alpha = \cos a.$$
$$\sin \beta = - \sin b, \qquad \cos \beta = \cos b.$$

2° Pour ramener $\sin (a-b)$ à la formule $\sin (a+b)$, posons $b = k\pi - \beta$, k étant un nombre impair quelconque, et β un arc quelconque, plus petit que $k\pi$; nous pourrons écrire

(331)

$$\sin(a - b) = \sin(a - k\pi + \flat) = \sin(a + \flat - k\pi) = -\sin(a + \flat).$$

Développez $-\sin(a + \flat)$, remplacez $\cos\flat$ par $-\cos b$, et $\sin\flat$ par $\sin b$, vous aurez la formule déjà trouvée

$$\sin(a + b) = \frac{\sin a \cos b - \sin b \cos a}{R}.$$

Dans les deux formules $\sin(a + b)$, $\sin(a - b)$, on pourra prendre a et b avec des signes quelconques. Car quelle que soit la combinaison de signe et de grandeur qu'on adopte, on arrivera toujours à une formule de somme ou de différence de sinus; on la développera en tenant compte des signes, et l'on retombera sur le développement trouvé pour le cas où a et b et $a - b$ sont de signes positifs.

On ramène $\cos(a + b)$ à $\sin(a - b)$ en écrivant,

$$\cos(a + b) = \sin\left(\frac{\pi}{2} - a - b\right) = \sin\left(\left(\frac{\pi}{2} - a\right) - b\right).$$

On développe; puis ensuite on remplace $\sin\left(\frac{\pi}{2} - a\right)$ par $\cos a$, $\cos\left(\frac{\pi}{2} - a\right)$ par $\sin a$, et l'on trouve

$$\cos(a + b) = \frac{\cos a \cos b - \sin a \sin b}{R}.$$

On ramène $\cos(a - b)$ à $\sin(a + b)$ en écrivant

$$\cos(a - b) = \sin\left(\frac{\pi}{2} - a + b\right) = \sin\left(\left(\frac{\pi}{2} - a\right) + b\right).$$

On développe; on remplace $\cos\left(\frac{\pi}{2} - a\right)$ par $\sin a$, $\sin\left(\frac{\pi}{2} - a\right)$ par $\cos a$, et l'on trouve

$$\cos(a - b) = \frac{\cos a \cos b + \sin a \sin b}{R}.$$

Dans ces deux dernières formules, on montrera, comme ci-dessus, qu'on peut adopter des signes quelconques pour les arcs a et b.

La généralité des formules sin (a$\pm$b), *cos* (ab   ) *est donc démontrée.*

265. Exercices. Démontrer par la géométrie les formules sin $(a\pm b)$, cos $(a\pm b)$, en donnant aux arcs a et b des valeurs telles, que l'extrémité de la somme $a+b$ ou de la différence $a-b$, tombe successivement dans les quatre quadrans du cercle trigonométrique. Ces exercices sont très propres à familiariser les élèves, avec les rapports qui existent entre les positions géométriques des lignes, et les signes dont on affecte leur mesure, dans les calculs d'algèbre.

Pour rendre les calculs algébriques plus simples, on a coutume d'adopter pour unité linéaire le rayon du cercle trigonométrique, qui disparaît alors de toutes formules.

Plus tard, lorsque la nécessité du calcul arithmétique nous y obligera, nous indiquerons comment on le restitue dans les formules.

266. Pour obtenir tang $(a\pm b)$ en tang a, tang b, il suffit d'écrire la formule tang $(a\pm b) = \dfrac{\text{R} \sin (a\pm b)}{\cos (a\pm b)}$; de la développer d'après ce qui précède, et d'éliminer les sinus et cosinus à l'aide de la formule tang $= \dfrac{\sin}{\cos}$, on arrive à

$$\text{tang} (a\pm b) = \frac{\text{tang } a \pm \text{tang } b}{1 \mp \text{tang } a \, \text{tang } b}.$$

267. Exercices. 1° Démontrer par la géométrie la formule tang $(a\pm b)$, *fig.* 4.

$AB=a$, $BC=b$, $AC=a+b$, $AC'=a-b$, $BS=$ tang a,
$BV=$ tang b, $AT=$ tang $(a+b)$, $AT'=$ tang $(a-b)$, $OA=R$,

on aura

$$(1)\quad \frac{\text{tang }(a+b)}{R}=\frac{VK}{OK}=\frac{VK}{\sqrt{OV^2-VK^2}},\qquad (2)\quad \frac{\text{tang }(a-b)}{R}$$

$$=\frac{V'K'}{OK}=\frac{V'K'}{\sqrt{OV'^2-V'K'^2}}.$$

calculez VK $V'K'$ à l'aide des équations

$$VK.\,OS=OB.\,VS,\qquad\qquad V'K'.\,OS=OB.\,V'S,$$

dont trois élémens s'expriment par les données de la
question, puis substituez dans (1) et (2).

2° Calculer les formules séc $(a\pm b)$, cotang $(a\pm b)$,
coséc $(a\pm b)$.

3° Démontrer la formule séc $(a\pm b)$ par la géométrie.

268. Les lignes trigonométriques du double d'un arc,
s'obtiennent à l'aide des formules précédentes, qui regardent la somme, en y faisant $a=b$.

$\sin 2a = 2\sin a.\cos a$.

$\cos 2a = \cos^2 a - \sin^2 a = 1 - 2\sin^2 a = 2\cos a^2 - 1$.

$$\text{tang } 2a = \frac{2\text{ tang } a.}{1 - \text{tang}^2 a.}$$

EXERCICES. Démontrer $\sin 2a$, $\cos 2a$, tang $2a$ par la
géométrie.

Pour avoir les lignes trigonométriques du triple d'un
arc, on fera $b=2a$ dans les formules de la somme; on
éliminera ensuite les lignes du double de l'arc, à l'aide

des formules qu'on vient d'obtenir. On trouvera ainsi

$$\sin 3a = 3 \sin a - 4 \sin^3 a,$$
$$\sin 3a = 4 \cos^3 a - 3 \cos a.$$

§ IV.

LIGNES TRIGONOMÉTRIQUES DES ARCS SOUS-MULTIPLES.

269. En recherchant les formules qui donnent les lignes trigonométriques des arcs sous-multiples, comme $\frac{1}{2} a$, $\frac{1}{3} a$, en fonction des lignes trigonométriques de l'arc fondamental a, on se prépare de nouveaux élémens pour la résolution des questions de trigonométrie, et surtout pour le calcul numérique des fonctions auxquelles conduit cette résolution. Remplaçons a par $\frac{1}{2} a$ dans les formules du numéro précédent, joignons à la seconde de ces formules l'équation

$$\cos^2 \tfrac{1}{2} a + \sin^2 \tfrac{1}{2} a = 1.$$

Nous tirerons,

$$\sin \tfrac{1}{2} a = \pm \sqrt{\frac{1 - \cos a}{2}}, \quad \cos \tfrac{1}{2} a = \pm \sqrt{\frac{1 + \cos a}{2}},$$

$$\tang^2 \tfrac{1}{2} a + \frac{2}{\tang a} \tang \tfrac{1}{2} a - 1 = 0.$$

On se rendra compte des deux solutions données par ces équations, en montrant pour les deux premières, données en fonctions d'un cosinus, que tous les arcs compris dans les formules

$$2 k \pi \pm a, \qquad - k \pi \pm a,$$

répondent à un même cosinus, et que la moitié de ces arcs ne répondent, quel que soit k, qu'à deux sinus ou deux cosinus égaux et de signes contraires ; α désigne ici l'arc du premier quadrant qui a le cosinus donné.

On fera une discussion analogue pour la troisième équation, en se servant de l'arc général $\pm\, k\,\pi + \alpha$, auquel répond unetangente unique.

270. Pour ne pas nous écarter des habitudes de l'enseignement, nous entrerons dans des détails plus circonstanciés sur la discussion des équations qui donnent $\sin \frac{1}{3}\, a$. Nous croyons pourtant qu'une simple indication semblable à celle qui précède, serait préférable. Peut-être ne laisse-t-on pas assez à faire à l'intelligence des jeunes gens. L'habitude qu'ils ont de compter sur des explications développées engourdit leur esprit, et donne au plus grand nombre la dangereuse croyance, qu'ils ne peuvent reproduire que ce qu'ils ont lu ou que ce qui leur a été dit.

Remplaçons a par $\frac{1}{3}\, a$, dans la formule $\sin 3a$, et nous aurons

$$\sin a = 3 \sin \tfrac{1}{3}\, a - 4 \sin^3 \tfrac{1}{3}\, a$$

équation du troisième degré. Les racines sont une fonction de $\sin a$, lequel est commun à tous les arcs compris dans les formules

$$\frac{2\,k\,\pi + \alpha}{3}, \qquad \frac{2\,k\,\pi + \pi - \alpha}{3}.$$

le coefficient de π, étant de signe quelconque. Pour savoir si les trois racines de l'équation sont réelles, cherchons par une discussion directe, quels sont les divers sinus qui peuvent convenir au tiers de tous ces arcs.

Pour exprimer la partie $2k\pi$ de ces formules d'une manière commode, sans rien ôter à k de sa généralité, représentons ce nombre par les formules

$$n, \quad n+1, \quad n-1,$$

n étant un multiple quelconque de 3. On écrira de la manière suivante, la première des deux formules ci-dessus.

$$\frac{2n+\alpha}{3}, \qquad \frac{2(n+1)\pi+\alpha}{3}, \qquad \frac{2(n-1)\pi+\alpha}{3}.$$

On pourra retrancher de ces trois expressions la partie $\frac{2n\pi}{3}$, qui se trouve dans chacune d'elles, et qui représente un nombre complet de circonférence, et cela quel que soit le signe de k, c'est-à-dire des nombres n, $n+1$, $n-1$ qui le représentent; elles deviendront

$$(1)\ \frac{\alpha}{3}, \qquad (2)\ \frac{2\pi+\alpha}{3}, \qquad (3)\ \frac{-2\pi+\alpha}{3},$$

Quant à la formule générale $\dfrac{2k\pi+\pi-\alpha}{3}$, elle rentre dans la première, en changeant dans celle-ci α en $\pi-\alpha$. Donc, pour réduire les arcs compris dans cette seconde formule, il suffira de remplacer α par $\pi-\alpha$ dans 1, 2, 3; cela donnera les trois formules

$$(4)\ \frac{\pi-\alpha}{3}, \qquad (5)\ \pi-\frac{\alpha}{3} \qquad (6)\ \frac{-\pi-\alpha}{3}.$$

Elles s'accouplent avec les trois précédentes : 1 et 5 ont même sinus que 1; de même, 2 et 4 ont même sinus que 4; enfin 3 et 6 ont même sinus que 6.

Les trois racines de l'équation en $\sin\frac{1}{3}a$ sont donc réelles. Elles ont pour valeur algébrique

$$\sin\frac{\alpha}{3}, \qquad \sin\frac{\pi-\alpha}{3}, \qquad \sin\frac{-\pi-\alpha}{3},$$

Il est superflu de conclure que la question de trisec-
tion n'a que trois solutions, quoiqu'elle paraisse au premier abord en comporter une infinité, à cause de la généralité du nombre k; cela a dû paraître évident au premier abord, puisque l'équation en $\sin \frac{1}{3} a$, qui exprime
complétement les conditions du problème, n'est que du
3e degré.

271. EXERCICES. 1° Calculer $\sin \frac{1}{2} a \;\; \cos \frac{1}{2} a$ en fonction
de $\sin a$; discuter les formules.

2° Exécuter les transformations

$$\operatorname{tang} \tfrac{1}{2} a = \sqrt{\frac{1 - \cos a}{1 + \cos a}} = \frac{\sin a}{1 + \cos a} = \frac{1 - \cos a}{\sin a}.$$

Discuter la première de ces formules.

3° Calculer $\operatorname{tang} \frac{1}{2} a$ en $\operatorname{tang} a$; discuter les racines de
l'équation.

§ V.

DE LA RÉDUCTION EN MONOMES DES POLYNOMES TRIGO-NOMÉTRIQUES.

272. Les calculs numériques de la trigonométrie se
font toujours par logarithmes; cette réduction est donc
indispensable. Les combinaisons trigonométriques four-
nissent beaucoup de moyens de l'exécuter.

1° Pour réduire

$$\sin p \pm \sin q, \qquad \cos p \pm \cos q,$$

binomes de deux lignes trigonométriques semblables,
sans coefficient, on regardera p comme la somme $a + b$
de deux arcs, et q comme la différence $a - b$ de ces deux

arcs. Le développement des deux binomes ci-dessus, opéré par ce moyen, présentera nécessairement deux termes qui se détruiront, et deux termes qui s'ajouteront.

En remplaçant a par $\dfrac{p+q}{2}$ et b par $\dfrac{p-q}{2}$ dans le résultat, on trouvera :

$$\sin p + \sin q = 2 \sin \frac{p+q}{2} \cos \frac{p-q}{2},$$

$$\cos p + \cos q = 2 \cos \frac{p+q}{2} \cos \frac{p-q}{2}$$

$$\sin p - \sin q = 2 \cos \frac{p+q}{2} \sin \frac{p-q}{2},$$

$$\cos p - \cos q = - 2 \sin \frac{p+q}{2} \sin \frac{p-q}{2}.$$

Si les lignes du binome n'étaient pas semblables, si l'on avait à réduire $\sin p \pm q \cos q$, on changerait cosinus en sinus en écrivant $\cos q = \sin\left(\dfrac{\pi}{2} - q\right)$.

La réduction de $\sin p \pm \sin q$ conduit immédiatement à trois nouvelles équations trigonométriques, qu'on emploie de préférence aux autres dans certains cas de résolution des triangles. En effet, soit A, B, C, a, b, c, les angles et les côtés d'un triangle, on a

$$\frac{\sin A}{\sin B} = \frac{a}{b}, \quad \text{d'où l'on tire} \quad \frac{\sin A + \sin B}{\sin A - \sin B} = \frac{a+b}{a-b};$$

appliquant les formules ci-dessus, on trouve

$$\frac{a+b}{a-b} = \frac{\operatorname{tang} \frac{1}{2}(A+B)}{\operatorname{tang} \frac{1}{2}(A-B)}.$$

On trouverait de même deux autres équations analogues, savoir :

$$\frac{a+c}{a-b} = \frac{\operatorname{tang} \frac{1}{2}(A+C)}{\operatorname{tang} \frac{1}{2}(A-C)} \ , \qquad \frac{b+c}{b-c} = \frac{\operatorname{tang} \frac{1}{2}(B+C)}{\operatorname{tang} \frac{1}{2}(B-C)}.$$

2° Pour réduire

$$p \sin a \pm q \cos a,$$

binomes dont les termes ont des coefficiens quelconques, et dans lesquels il n'entre qu'un seul et même arc, on mettra l'un des coefficiens en facteur commun

$$\left(\frac{p}{q} \sin a \pm \cos a\right) q, \qquad \text{puis on égalera } \frac{p}{q} \text{ à une tan-}$$

gente ou à une cotangente, dont l'arc φ se trouvera dans les tables de trigonométrie, à l'aide de l'équation

$$\operatorname{tang} \varphi = \frac{p}{q}, \qquad \text{ou } \cot \varphi = \frac{p}{q}.$$

Adoptons la première, mettons au lieu de tang φ sa valeur, le binome deviendra successivement

$$(\sin a \sin \varphi \pm \cos a \cos \varphi) \frac{q}{\cos \varphi} = \pm \frac{q}{\cos} \cos (a \mp \varphi).$$

Les signes se correspondent dans cette dernière formule.

3° Réduire

$$p \sin a \pm q \sin b,$$

binome dans lequel les arcs diffèrent et les termes ont des coefficiens. Si l'on connaît la grandeur relative des deux termes, on mettra en facteur commun celui des deux qui est le plus grand, supposons que ce soit le premier ; on aura alors $p \sin a \left(1 + \dfrac{q \sin b}{p \sin a} \right)$; on égalera le second terme de la parenthèse $a \cos \varphi$, ce qui fera connaître φ par l'équation $\cos \varphi = \dfrac{q \sin b}{d \sin a}$. Le binome deviendra successivement :

$$p \sin a \pm q \sin b = p \sin a \left(1 \pm \cos \varphi \right),$$

et enfin, selon le signe qu'on adoptera,

$$2\, p \sin a \cos^2 \tfrac{1}{2} \varphi, \qquad 2\, p \sin a \sin^2 \tfrac{1}{2} \varphi.$$

Si l'on n'a pas à s'enquérir de la valeur relative des termes du binome, après avoir mis l'un quelconque des termes en facteur commun, on posera $\dfrac{q \sin b}{p \sin a} = \tang \varphi$, et l'on aura successivement

$$p \sin a \pm q \sin b = p \sin a (1 \pm \tang \varphi) = \dfrac{p \sin a}{\cos \varphi}(\cos \varphi \pm \sin \varphi).$$

Le second facteur de cette expression se réduira d'après les procédés déjà indiqués, sans avoir à chercher d'autre arc auxiliaire que l'arc φ.

Nous nous contenterons d'avoir indiqué ces modes généraux de réduction, pour faire connaître l'esprit qui caractérise ce genre d'opérations. Nous engageons les élèves à s'exercer aux transformations, en faisant les exercices suivans.

273. Exercices. 1° Réduire $\dfrac{\sin p \pm \sin q}{\cos p \pm \cos q}, \dfrac{\cos p + \cos q}{\cos q - \cos p}$

2° Réduire $\sin^2 a - \sin^2 b, \cos^2 a - \cos^2 b, \tang a + \tang b.$

3° Réduire $\dfrac{\sin a}{1+\cos a}$, $\quad \dfrac{1-\cos a}{\sin a}$, $\quad \dfrac{\sqrt{1-\cos a}}{\sqrt{1+\cos a}}$,

$\dfrac{1+\tang a}{1-\tang a}$.

4° Réduire $\cos \mathrm{A} = \dfrac{\cos \alpha - \cos \beta \cos \gamma}{\sin \varphi \sin \gamma}$.

On substituera à $\cos \mathrm{A}$ le sinus ou le cosinus de $\frac{1}{2}\mathrm{A}$; on introduira ainsi l'unité dans le second membre , et l'on verra comment la réduction rentre dans l'un des modes expliqués.

5° Calculer une ligne de c à l'aide de l'équation

$$\cos \mathrm{A} = - \cos \mathrm{B} \cos \mathrm{C} + \sin \mathrm{B} \sin \mathrm{C} \cos \alpha.$$

On traitera le second membre comme le binome

$$p \sin \varepsilon - q \cos \varepsilon.$$

§ VI.

CONSTRUCTION ET USAGE DES TABLES TRIGONOMÉTRIQUES.

274. L'invention des lignes trigonométriques a donné le moyen de poser des groupes de trois équations, à l'aide desquelles étant donné trois des quantités qui entrent dans un triangle, on peut trouver algébriquement les trois autres, ou du moins les lignes trigonométriques qui remplacent certaines d'entre elles. Mais pour en venir à une solution effective ; c'est-à-dire pour obtenir les nombres qui représentent, soit la longueur d'un côté cherché a, soit l'étendue circulaire d'un angle A, données par des formules de la nature des suivantes :

$$a = f(b, c, \sin \mathrm{A}, \tang \mathrm{B}\ldots), \quad \sin \mathrm{B} = f(a, b, \cos \mathrm{B}\ldots).$$

Il faut pouvoir, dans ces formules, connaissant le nombre de degrés des angles A, B, C, mettre au lieu de sin A, tang B, cos B, la valeur des rapports que ces fonctions représentent.

Il faut aussi, ayant trouvé dans la seconde formule la valeur de sin B, passer au nombre de degrés de l'angle B correspondant. Ce passage des angles à leurs lignes trigonométriques et des lignes trigonométriques aux angles, se fait par le moyen de tableaux, qui renferment d'un côté les nombres de degrés, minutes, secondes des angles, de l'autre les logarithmes des lignes trigonométriques de ces angles. Ces tableaux s'appellent *table de trigonométrie.*

Construire une table trigonométrique, c'est calculer les logarithmes des sinus, cosinus, tangentes, cotangentes, pour des angles ou des arcs, depuis $0°$ jusqu'à la moitié du quadrant; les intervalles entre deux arcs consécutifs étant plus ou moins resserrés, selon les usages auxquels on doit appliquer la table.

275. Supposons que l'intervalle entre les arcs soit de $10''$; on commencera par calculer la longueur de l'arc de $10''$, dans le cercle dont le rayon est l'unité. Cela se fait en divisant le nombre $3,141592653589793$, qui représente la longueur de la demi-circonférence dont le rayon est l'unité, par $648oo$, nombre de secondes renfermé dans cette demi-circonférence.

$$10'' = \frac{3,141592653589793}{648oo} = 0,000048481368110.$$

On prend cette longueur pour celle du sinus de $10''$, et

l'on calcule l'approximation obtenue à l'aide des inégalités générales.

$$\sin a > a - \tfrac{1}{4}a^3, \qquad \sin a < a.$$

En appliquant ces inégalités, qu'on démontre au n° suivant, à l'arc de $10''$, on trouvera

$$\sin 10'' \quad \begin{aligned} &> 0,00004\ 84813\ 68110\ldots\ldots \\ &< 0,00004\ 84813\ 68078\ldots\ldots \end{aligned}$$

Les 12 premières décimales étant communes à ces deux limites, sont les 12 premiers chiffres décimaux de la valeur exacte de ce sinus. On posera donc

$$\sin 10'' = 0,00004\ 84813\ 681,$$

valeur en plus, exacte à moins d'une unité de l'ordre du 13e chiffre décimal. Par la formule $\cos a = \sqrt{1 - \sin^2 a}$, on obtiendra avec la même approximation

$$\cos 10'' = 0,99999\ 99988\ 248.$$

En partant de ce point, on s'élèvera successivement aux valeurs des sinus et cosinus des arcs consécutifs $20''$, $30''$, $40''$, etc., à l'aide des formules que nous allons calculer. Soit

$$t_1, \qquad t_2, \qquad t_3$$

trois arcs consécutifs de la table ; b étant l'intervalle entre ces arcs, on peut les désigner par $a - b,\ a,\ a + b$, mais on a

$$\sin(a+b) = 2\cos b \sin a - \sin(a-b) = \sin a \times 2\cos b + \sin(a-b) \times -1,$$
$$\cos(a+b) = 2\cos b \cos a - \cos(a-b) = \cos a \times 2\cos b + \cos(a-b) \times -1.$$

En revenant aux notations t_1, t_2, t_3, on aura

$$\sin t_3 = \sin t_2 \times 2 \cos t_1 + \cos t_1 \times - 1 ,$$
$$\cos t_3 = \cos t_2 \times 2 \cos t_1 + \cos t_1 \times - 1 ,$$

formules dans lesquelles la relation des trois arcs est plus apercevable, et qui donneront la valeur des sinus et cosinus d'un arc quelconque de la table, par les sinus et cosinus des deux arcs précédens, en multipliant ces deux lignes par des multiplicateurs *constans* $2\cos t_1$ et $- 1$, et ajoutant les produits.

276. La démonstration de l'inégalité $\sin a > a - \frac{1}{4}a^3$, que nous n'avons pas donnée immédiatement, pour ne pas interrompre la suite des idées, se fait de la manière suivante :

$$\sin a = 2\sin \tfrac{1}{2}a \cos \tfrac{1}{2}a \quad 2\tang \tfrac{1}{2}a \cos^2 \tfrac{1}{2}a = 2\tang \tfrac{1}{2}a (1 - \sin^2 a\tfrac{1}{2}).$$

Dans le second membre, remplaçons le facteur $2\tang \tfrac{1}{2}a$, par $2 \times \tfrac{1}{2} a$, qui est plus petit que ce facteur ; remplaçons aussi la soustraction de $\sin^2\tfrac{1}{2}a$ par celle de $(\tfrac{1}{2}a)^2$; le second membre deviendra par deux motifs plus petit que le premier. On aura donc

$$\sin a > a(1 - \tfrac{1}{4}a^2) \quad \text{ou} \quad > a - \tfrac{1}{4}a^3.$$

Cette démonstration s'appuie sur ce que *un arc est plus petit que sa tangente et plus grand que son sinus.* C'est ce qu'on voit *fig.* 1 en considérant MAM_1 double de l'arc MA ; MPM_1 corde de cet arc double, et TAT'_1, double de la tangente. Menant en M, M_1 les tangentes MB, $\text{M}_1\text{B}'$. L'arc MAM_1 est compris entre MPM_1 et $\text{MBB}'\text{M}_1$; mais $\text{MBB}'\text{M}_1$ est plus petit que TAT'_1, donc l'arc MAM_1 est compris entre MPM, et TAT',. Donc l'arc MA est compris entre son sinus et sa tangente.

277. Revenons aux tables trigonométriques; la valeur des nombres $\sin t_{,}$, $\cos t_{,}$, points de départ de la table, n'étant pas exacte, les valeurs calculées pour les sinus et cosinus des arcs successifs ne sauraient l'être. Les erreurs s'accroissent nécessairement, parce qu'à mesure qu'on avance, on emploie des sinus et cosinus de plus en plus erronés. Pour juger de la grandeur de ces erreurs et pour arrêter leur accumulation, on établit en quelque sorte des points de repère, entre les limites extrêmes $0°$ et $45°$. Pour cela, à l'aide des formules qui donnent les côtés des polygones réguliers en fonction du rayon, on calcule directement les sinus et cosinus qui doivent servir de terme de comparaison. Nous ne ferons pas le tableau complet de ces sinus et cosinus, laissant aux élèves ces calculs comme exercices, mais nous indiquerons la manière de les exécuter.

Dans le rayon dont le cercle est 1, le côté x du décagone régulier est donné par l'équation $x^2 = 1 - x$, dont la racine positive, la seule dont nous ayons besoin, est $\frac{1}{2}(-1 + \sqrt{5})$; c'est la corde de l'arc de $36°$. On aura donc pour l'arc de $18°$

$$\sin 18° = \tfrac{1}{4}\left(-1 + \sqrt{5}\right) = \cos 72°.$$
$$\cos 18° = \tfrac{1}{4}\sqrt{10 + 2\sqrt{5}} = \sin 72°.$$

Puis, par les formules $\sin 2a$, $\cos 2a$ et celles $\sin \tfrac{1}{2}a$, $\cos \tfrac{1}{2}a$ en fonction de $\sin a$,

$$\sin 36° = \tfrac{1}{4}\sqrt{10 - 2\sqrt{5}} = \cos 54°,$$
$$\cos 36° = \tfrac{1}{4}(1 + \sqrt{5}) = \sin 54°,$$

$$\sin 9° = \tfrac{1}{4}\sqrt{3 + \sqrt{5}} - \tfrac{1}{4}\sqrt{5 - \sqrt{5}} = \cos 81°,$$
$$\cos 9° = \tfrac{1}{4}\sqrt{3 + \sqrt{5}} + \tfrac{1}{4}\sqrt{5 - \sqrt{5}} = \sin 81°.$$

On calculera semblablement $\sin 27°$, $\cos 27°$, $\cos 63°$, $\sin 63°$; d'ailleurs on connaît $\sin 45°$, $\cos 45°$ dont la valeur est $\tfrac{1}{2}\sqrt{2}$.

Les lignes trigonométriques seront ainsi calculées directement de 9 en 9 degrés. On pourra resserrer les intervalles en continuant le même genre de calcul.

Lorsque les calculs ordinaires auront conduit au sinus t_3 et cosin t_3 de l'un des arcs qu'on a d'avance calculé directement, on comparera les valeurs données par les deux méthodes, et l'on verra si l'approximation obtenue par le premier calcul est suffisante. Ensuite on pourra prendre pour nouveau point de départ les valeurs $\sin t_3$, $\cos t_3$ calculées directement.

Après avoir calculé les sinus et cosinus jusqu'à $45°$, on prendra leurs logarithmes, qu'on inscrira dans la table en regard de l'arc. Pour éviter les logarithmes négatifs, on suppose le rayon du cercle divisé en un nombre de parties égales marquées par 10^{10}; c'est une de ces parties qu'on prend pour unité arithmétique. On calcule les logarithmes des tangentes et des cotangentes, par le moyen des complémens arithmétiques,

$$\tang a = \frac{r \sin a}{\cos a}, \quad \log \tang a = \log \sin a + (10 - \log \cos a).$$

$$\cot a . \tang a = r^2, \qquad \log \cot a = 10 + (10 - \log \tang a).$$

§ VII.

DISPOSITION ET USAGE DES TABLES SEXAGÉSIMALES DE CALLET.

278. Ces tables se composent de tableaux renfermant, soit en haut puis à gauche en descendant verticalement, soit en bas puis à droite en remontant verticalement, le nombre de degrés, minutes, secondes des arcs, depuis $0°$ jusqu'à $90°$. L'intervalle des arcs consécutifs de la table est de $10''$.

A une indication d'arc, correspondent horizontalement de gauche à droite ou de droite à gauche, selon que les degrés sont pris en haut ou en bas, les logarithmes des sinus, cosinus, tangentes et cotangentes ; ou bien les logarithmes des cotangentes, tangentes, sinus et cosinus, ainsi que les différences entre les logarithmes pour deux arcs quelconques consécutifs.

279. *Etant donné un arc* a *qui contient des unités de seconde, trouver le logarithme de sa ligne trigonométrique.*

On ajoute au logarithme l_t correspondant à l'arc t de la table immédiatement inférieur à a, si c'est une ligne directe, et au logarithme l_τ, correspondant à l'arc τ immédiatement supérieur à a, si c'est une ligne complémentaire, le quatrième terme de la proportion suivante, savoir :

La ligne dont on cherche le log. étant directe.

$$10'' : (l_\tau - l_t) :: a - t : x,$$

dont la traduction suivante explique suffisamment l'emploi :

Quand on ajoute $\left\{ \begin{matrix} 10'' \text{ à } t \\ \text{pour avoir } \tau \end{matrix} \right\}$,

il faut ajouter $\left\{ \begin{matrix} \text{la différence tabulaire } (l_\tau - l_t) \text{ à } l_t \\ \text{pour avoir } l_t \end{matrix} \right\}$;

mais lorsqu'on ajoutera seulement . . . . $\left\{ \begin{matrix} \text{la diff. } a - t \text{ à } t \\ \text{pour avoir l'arc } a \end{matrix} \right\}$,

que faudra-t-il ajouter à $\left\{ \begin{matrix} l_t \text{ pour avoir } l_a \text{ qui est le log} \\ \text{de la ligne cherchée} \end{matrix} \right\}$?

Cette proportion est fausse en principe ; mais en se bornant à calculer pour ajouter à l_t des chiffres jusqu'au 7e ordre décimal, elle ne donne point d'inexactitude pour les sept chiffres décimaux de l_a

La ligne dont on cherche le log. étant complémentaire.

$$10'' : (l_t - l_\tau) :: \tau - a : x.$$

Pour bien comprendre l'emploi de cette proportion, on fera une traduction semblable à celle ci-dessus.

Etant donné, le log l_a *(non inscrit dans la table) de la ligne trigonométrique d'un arc inconnu* a, *trouver avec unités et dixièmes de secondes, l'arc* a *qui lui correspond.*

Prenez dans la table le l_t immédiatement inférieur à

l_a, si ce dernier log est celui d'une ligne directe, et le log l_τ immédiatement supérieur, si l_a est le log d'une ligne complémentaire ; ajoutez à l'arc correspondant les secondes et dixièmes de secondes tirées de la proportion suivante, savoir :

L'arc a qu'on cherche étant donné par le log. d'une ligne directe.

$$l_\tau - l_t : 10'' :: l_a - l_t : x.$$

L'arc a qu'on cherche étant donné par le log. d'une ligne complémentaire.

$$l_t - l_\tau : 10'' :: (l_t - l_a) : x.$$

Voici la traduction de cette dernière proportion :

Quand on ajoute $\left\{ \begin{array}{c} \text{la diff. tabulaire } l_t - l_\tau \text{ à } l_\tau \\ \text{pour avoir } l_t \end{array} \right\}$,

on doit ajouter 10'' à t pour avoir τ ;

Mais lorsqu'on ajoutera seulement $\left\{ \begin{array}{c} \text{la différence } l_t - l_a \text{ à } l_a \\ \text{pour avoir } l_t \end{array} \right\}$,

que faudra t-il ajouter à t pour avoir l'arc cherché a ?

Cette proportion est fausse en principe; mais lorsqu'on se borne à calculer l'accroissement qu'il faut donner à t pour avoir a, jusqu'aux dixièmes de secondes, elle ne donne point d'inexactitude.

Les élèves appliqueront les règles ci-dessus à des exemples numériques.

280. Quand on a supposé que le rayon du cercle, dans lequel on considère les lignes trigonométriques, est égal à l'unité, chacune des lignes qui entrent dans les for-

mules est devenue l'expression même du rapport de la ligne géométrique à ce rayon. Mais dans les calculs de trigonométrie le rayon étant 10^{10}, il faut remplacer chaque ligne d'une formule par le rapport de la ligne au nombre 10^{10}, pour qu'elle continue d'exprimer le rapport de la longueur de cette ligne au rayon. Ainsi si l'on doit calculer

$$x = \frac{\sqrt{1 - \cos a}}{\sqrt{1 + \cos a}}$$

x étant une ligne trigonométrique, il faudra écrire d'abord :

$$\frac{x}{R} = \frac{\sqrt{1 - \dfrac{\cos a}{R}}}{\sqrt{1 + \dfrac{\cos a}{R}}}$$

La valeur d'x rétablie dans l'hypothèse du rayon quelconque, sera donc

$$x = \frac{R \sqrt{R - \cos a}}{\sqrt{R + \cos a}} = \sqrt{\frac{R^2 (R - \cos a)}{R + \cos a}}.$$

En comparant cette formule avec celle du point de départ, on conclura que pour modifier les formules de la trigonométrie, dans lesquelles le rayon avait été pris pour unité, il faut rétablir *l'homogénéité de la formule,* d'après les principes généraux donnés dans les applications de l'algèbre à la géométrie.

§ VIII.

RÉSOLUTION DES TRIANGLES RECTILIGNES.

281. Aux équations trigonométriques

$$(1) \quad \frac{\sin A}{a} = \frac{\sin B}{b} = \frac{\sin C}{c}, \qquad A + B + C = \pi.$$

$$(2) \quad \frac{a+b}{a-b} = \frac{\tang \frac{1}{2}(A+B)}{\tang \frac{1}{2}(A-B)}, \qquad \frac{a+c}{a-c} = \frac{\tang \frac{1}{2}(A+C)}{\tang \frac{1}{2}(A-C)},$$

$$\frac{b+c}{b-c} = \frac{\tang \frac{1}{2}(B+C)}{\tang \frac{1}{2}(B-C)},$$

déjà trouvées, on joint le groupe d'équations

$$(3) \quad a^2 = b^2 + c^2 - 2bc \cos A, \quad b^2 = a^2 + c^2 - 2ac \cos B,$$
$$c^2 = b + a - 2ab \cos C.$$

Pour démontrer ces dernières équations, on s'appuie sur le théorème de géométrie, qui donne dans un triangle le carré d'un côté opposé à un angle A, en fonctions des carrés des deux autres côtés, et du segment s d'un des côtés de l'angle, déterminé par la hauteur sur ce côté. Ce théorème fournit l'égalité

$$a^2 = b^2 + c^2 \pm 2bs,$$

selon que l'angle A est obtus ou aigu, fig. 5. Si du point A comme centre, avec le rayon 1, on décrit le cercle trigonométrique, pour avoir le cosinus de l'angle A ; on voit immédiatement que le segment s est égal à c fois le cosinus A. Dans le cas de l'angle A obtus, ce segment s, qui n'est qu'une longueur absolue, sera représenté par le produit $c\cos A$ affecté du signe moins; d'où l'on déduit pour tous les cas

$$a^2 = b^2 + c^2 - 2bc \cos A.$$

282. Dans le triangle rectangle ces groupes d'équations, le premier surtout, se modifient. En effet, en supposant A droit, on a $\sin C = \cos B$, et l'on tire de ces équations

$$c = a \cos B, \quad b = a \sin B, \quad \text{et } \frac{b}{c} = \text{tang } B.$$

A ces équations, on joint celle-ci :

$$a = b^2 + c^2.$$

On retiendra mieux ces équations énoncées sous la forme de théorème.

Un côté de l'angle droit est égal à l'hypothénuse multiplié par le $\genfrac{}{}{0pt}{}{cosinus}{sinus}$ de l'angle $\genfrac{}{}{0pt}{}{adjacent}{opposé}$.

La tangente de l'angle aigu d'un triangle rectangle, est égale au côté opposé divisé par le côté adjacent.

Parmi toutes ces équations, on choisit celles qui offrent les moyens de résolution les plus simples pour chaque cas particulier.

283. EXERCICES. 1° A l'aide d'une des équations (3), en remplaçant le cosinus par le sinus, on démontre les équations (1). On trouve en effet

$$\frac{\sin A}{a} = \frac{\sqrt{2a^2b^2 + 2a^2c^2 + 2b^2c^2 - a^4 - b^4 - c^4}}{2abc}$$

2° Démontrer directement les équations trigonométriques pour le triangle rectangle.

284. En combinant trois à trois les six élémens du triangle rectiligne, en écartant les combinaisons qui rentrent les unes dans les autres ; en écartant aussi la combinaison des trois angles, dont la connaissance ne suffit pas pour déterminer un triangle rectiligne, on trouve seulement quatre cas distinctifs.

PREMIER CAS.

Etant donnés les trois côtés a, b, c, *calculer les trois angles* A, B, C.

L'emploi du groupe (3) du n° 281 conduit à

$$\cos A = \frac{b^2 + c^2 - a^2}{2bc}.$$

Pour rendre la formule calculable par logarithmes, on remplacera $\cos A$ par $\cos \frac{1}{2}A$ ou $\sin \frac{1}{2}A$, en écrivant

$$\frac{1 \pm \cos A}{2} = \frac{1}{2}\left(1 \pm \frac{b^2 + c^2 - a^2}{2bc}\right).$$

Réduisant au même dénominateur, effectuant un calcul simple de décomposition, et désignant par $2p$ le périmètre connu du triangle, on trouvera

$$\cos \tfrac{1}{2}A = \sqrt{\frac{p(p-a)}{bc}}, \quad \sin \tfrac{1}{2}A = \sqrt{\frac{(p-b)(p-c)}{bc}},$$

et par suite

$$\operatorname{tang} \tfrac{1}{2}A = \sqrt{\frac{(p-b)(p-c)}{p(p-a)}}.$$

Pour que la première des formules soit réelle trigo

23

nométriquement et algébriquement, il faut et il suffit que les deux conditions

$$p(p-a) < bc, \qquad p-a > 0$$

soient remplies ; elles reviennent à

$$a < b+c, \qquad a > b-c.$$

Donc la résolution trigonométrique de ce cas sera possible, lorsqu'un côté quelconque sera plus petit que la somme et plus grand que la différence des deux autres ; elle ne sera possible que sous ces conditions.

Exercice. Discuter les deux autres formules.

Application. On se servira de ce cas pour retrouver sur le terrain un point A, dont on connaît les distances b, c à deux points C et B actuellement connus sur ce terrain.

DEUXIÈME CAS.

285. *Étant donné deux côtés* b, c *et l'angle compris* A, *calculer les deux autres angles* B, C *et le troisième côté* a.

On connaît la somme C+B ; pour calculer C et B, on se servira du groupe (3), d'où l'on tirera

$$\tan \tfrac{1}{2}(C-B) = \frac{(c-b)\,\tan \tfrac{1}{2}(C+B)}{c+b}.$$

Par le moyen des tables, on tirera de cette équation la valeur de la demi-différence $\tfrac{1}{2}(C-B)$, laquelle, combinée avec la demi-somme connue $\tfrac{1}{2}(C+B)$, donnera C et B.

On trouvera le côté a par l'équation $\dfrac{\sin A}{a} = \dfrac{\sin B}{b}$.

Si les côtés c et b étaient connus par leurs logarithmes, ce qui arriverait dans le cas où ils résulteraient d'un calcul trigonométrique antérieur, la formule de tang $\frac{1}{2}$(c—b) ne serait plus commode. Alors on emploierait un angle auxiliaire φ, déterminé par la formule $\frac{\tan \varphi}{1} = \frac{c}{b}$, d'où l'on tirerait

$$\frac{1-\tan \varphi}{1+\tan \varphi} = \tan (45° + \varphi) = \frac{c-b}{c+b}.$$

Alors tang $\frac{1}{2}$(c—b) serait donnée par la formule tang $\frac{1}{2}$(c—b) $= \dfrac{\tan \frac{1}{2}(c+b)}{\tan(45° + \varphi)}$, dans laquelle il n'entre plus les somme et différence $c+b$, $c-b$.

Exercice. Calculer directement le troisième côté a.

CAS CORRESPONDANT DU TRIANGLE RECTANGLE.

Étant donné les deux côtés b, c *de l'angle droit, trouver les deux angles opposés* b, c *et l'hypoténuse* a.

On emploiera la formule $\frac{c}{b} = \tan c$, qui donnera c, et par suite b; puis la formule $c = a \cos b$, qui donnera a.

Application. On se servira du cas du triangle obliquangle pour trouver la distance entre deux points accessibles b, c, mais séparés par des obstacles tels, que l'un des points ne saurait être vu quand on est à la station de l'autre. Il suffira de choisir un point a de la campagne, de mesurer la distance de ce point aux deux donnés, et enfin de mesurer à l'aide d'un instrument topographique, l'angle sous lequel la distance cherchée est vue de ce point.

TROISIÈME CAS.

286. *Étant donné deux côtés* a, b *et l'angle* A *opposé à l'un d'eux, calculer les angles* B, C *et le coté* c.

On emploiera le groupe d'équation (1), n° 281, d'où l'on tirera

$$\sin B = \frac{b \sin A}{a}, \qquad c = \frac{a \sin C}{\sin A}.$$

La première valeur donnera l'angle B, et par suite l'angle C ; la deuxième donnera le troisième côté.

Pour que b soit déterminable, il faut et il suffit qu'on ait

$$a > b \sin A,$$

c'est-à-dire que le côté donné a soit plus grand que le perpendiculaire abaissé de l'extrémité de b sur le côté c, ou qu'il soit au moins égal à cette perpendiculaire. Cette dernière circonstance arrivant, le triangle sera rectangle. Cela suppose d'ailleurs que l'angle donné A est aigu.

En considérant la formule

$$\sin B = \frac{b \sin A}{a},$$

on reconnaît que l'angle B est susceptible de deux valeurs, lesquelles sont supplémentaires l'une de l'autre. Chacune de ces valeurs donnera pour C et pour c des valeurs correspondantes ; en sorte qu'il y aura généralement deux triangles qui satisferont à la question. Examinons les différens cas qui admettent ces deux solutions, ou qui n'en admettraient qu'une seule.

$$\text{Soit } 1^o \quad a < b \quad \text{d'où} \quad \sin A < \sin B.$$

L'angle donné A est nécessairement aigu. Des deux valeurs de B, l'une donne un angle aigu plus grand que A et qu'on peut représenter par $A+\delta$, l'autre un angle supplément $\pi-A-\delta$. Ces deux angles, ajoutés successivement à A, donnent

$$2A + \delta, \quad A + \pi - A - \delta = \pi - \delta.$$

Le troisième angle c aura donc deux valeurs réelles c_1, c_2, ce seront celles qui rendront les deux sommes

$$2A + \delta + c_1 \qquad \pi - \delta + c_2$$

égales à deux droits. *Dans ce cas les deux solutions sont admissibles.*

$$2^o \quad a = b \quad \text{d'où} \quad \sin A = \sin B.$$

Dans ce cas, $\delta = 0$; la formule de la somme des trois angles pour les deux solutions est

$$2A + c_1, \qquad \pi + c_2.$$

Tant que A est plus petit qu'un droit, c_1 est déterminable; il y a donc une solution; mais c_2 de la seconde solution est nécessairement nul quel que soit A. *Il n'y a qu'une solution.*

$$3^o \quad a > b \quad \text{d'où} \quad \sin A > \sin B.$$

Dans ce cas, δ devient négatif. La formule de la somme des trois angles pour les deux solutions est

$$2A = \delta + c_2, \qquad \pi + \delta + c_2.$$

L'angle c_2 de la seconde solution ne saurait être calculé, car il devrait être négatif; ce qui veut dire que la somme des angles A et B de cette solution dépasse déjà deux angles droits. *La deuxième solution est absurde.*

Nous avons voulu discuter ce cas de triangle, sans récourir à des constructions géométriques; afin de montrer aux élèves comment on doit s'y prendre, pour tirer de la considération seule des formules, tout ce que l'algèbre peut donner.

Les élèves s'exerceront à rechercher le rapport qu'ont les diverses solutions du cas précédent, avec les solutions données dans la géométrie, par la règle et le compas.

CAS CORRESPONDANT DU TRIANGLE RECTANGLE.

Etant donné l'hypoténuse a *et un côté de l'angle droit, calculer les angles aigus et l'autre coté* c *de l'angle droit.*

On a
$$c = \sqrt{a^2 - b^2} = \sqrt{(a+b)(a-b)},$$

ensuite on calcule B et C par les formules

$$b = a \cos c, \qquad c = a \cos b.$$

QUATRIÈME CAS.

287. *Etant donné un côté* b *et deux angles, calculer les deux autres côtés* a, c *et le troisième angle.*

Le troisième angle, ainsi que les deux côtés a et c, se calculent au moyen des équations

$$A + B + C = \pi, \qquad \frac{\sin A}{a} = \frac{\sin B}{b} = \frac{\sin C}{c}.$$

APPLICATION. On se servira de ce cas pour calculer la distance d'une station A, à un point inaccessible mais visible B. Pour cela, à partir de A on mesurera une base AC, puis avec un instrument topographique placé successivement en A et C, on mesurera les angle BAC, BCA.

CAS CORRESPONDANT DU TRIANGLE RECTANGLE.

Étant donné un côté quelconque et un angle aigu B, calculer les deux autres côtés et l'autre angle aigu.

L'angle aigu cherché est le complément de l'angle aigu donné. On aura les côtés cherchés, quels qu'ils soient, par les équations

$$c = a \cos B, \qquad b = a \sin B.$$

C'est à l'aide de ce cas de triangle rectangle, qu'on pourra calculer une hauteur verticale, lorsqu'on peut approcher du pied de cette hauteur.

A partir de ce pied et dans une direction quelconque horizontale, on mesurera une base ; puis avec un instrument topographique, on mesurera l'angle sous lequel est vue la hauteur verticale de l'extrémité de cette base.

Par le cas du triangle obliquangle, on pourra calculer la distance AB entre deux points inaccessibles A et B.

Pour cela, fig. 6, ayant mesuré une base CD et les quatre angles ACD, BCD ; BDC, ADC, on calculera les élémens AC, cɛ, ᴀcʙ du triangle ᴀcʙ, et on en déduira l'élément cherché ᴀʙ.

288. Aᴜᴛʀᴇ ᴀᴘᴘʟɪᴄᴀᴛɪᴏɴ. Etant donnés trois points ᴀ, ʙ, c, sur un terrain plan, déterminer un quatrième point ᴅ, à la station duquel les ligues ʙᴀ, ᴀc soient vues sous des angles donnés D_1, D_2.

Pour connaître les élémens du triangle ʙᴀᴅ dont le sommet ᴅ est le point cherché, imaginez qu'une circonférence passe par ᴀ, ʙ, c; joignez ᴅ à ᴀ; prolongéz jusqu'à la circonférence en ᴇ, et joignez ʙᴇ, cᴇ.

L'un des élémens cherchés ʙᴀᴅ est égal à la somme ᴇʙᴀ + ʙᴇᴀ. Or, ᴇʙᴀ est la différence entre ᴇʙc = D_1, et ᴀʙc connu. Pour avoir ʙᴇᴀ, calculez ʙᴇ dans le triangle ʙᴇc, dont on connaît ʙc et les deux angles adjacens, lesquels valent les angles D_1, D_2. Ayant les élémens de ʙᴀᴅ, calculez ᴀᴅ.

CHAPITRE XV.

ÉQUATIONS TRIGONOMÉTRIQUES POUR LES TRIANGLES SPHÉRIQUES.

289. Dans les triangles sphériques, ce n'est pas la longueur des côtés qu'on se propose de calculer. En réalité, ces triangles ne sont point tracés sur une sphère de tel ou tel rayon. C'est la grandeur angulaire de ces côtés, c'est-à-dire le nombre de degrés, minutes et secondes dont ils se composent, qu'il faut obtenir. Les problèmes sphériques dans lesquels on demande ou la surface ou la longueur des côtés pour une sphère donnée, rentrent dans la géométrie. Et quoique la trigonométrie sphérique puisse servir de base à la solution de ces problèmes, ils n'appartiennent pourtant point à cette science.

290. Les trois équations fondamentales de la trigonométrie sphérique, dont chacune est établie entre un angle A ou B ou C d'un triangle sphérique, et les trois côtés α, δ, γ de ce triangle sont :

$$\cos \alpha = \cos \delta \cos \gamma + \sin \delta \sin \gamma \cos A$$
$$\cos \delta = \cos \gamma \cos \alpha + \sin \gamma \sin \alpha \cos B. \qquad (p)$$
$$\cos \gamma = \cos \alpha \cos \delta + \sin \alpha \sin \delta \cos C.$$

Soit ABC le triangle sphérique, que nous supposerons tracé, pour simplifier les calculs, sur la sphère dont le rayon est celui des tables, fig. 7. Menons par le sommet

A et par le centre o les tangentes et sécantes trigonométriques des côtés b et γ ; joignons $\tau\tau'$ extrémités de ces lignes. Les deux triangles $\tau A\tau'$, $\tau o\tau'$, qui ont $\tau\tau'$ commun, renferment les quatre élémens α, b, γ, A à combiner. En égalant entre elles les valeurs du carré du côté commun, prises dans les deux triangles, on aura

$$\tan^2 b + \tan^2 \gamma - 2 \tan b \tan \gamma \cos A = \sec^2 \gamma - 2 \sec b \sec \gamma \cos \alpha$$

d'où l'on tire

$$\cos \alpha = \cos b \cos \gamma + \sin b \sin \gamma \cos A.$$

Si les deux côtés b, γ ou l'un d'eux seulement était plus grand que $\frac{\pi}{2}$, la construction ne changerait pas, et l'on arriverait à la même formule, en ayant soin de prendre, avec un signe convenable, les lignes géométriques, dont la longueur est la valeur absolue des tangentes et sécantes.

Si les deux côtés b et γ valent un quadrant, la figure géométrique disparaît; mais la formule n'en est pas moins applicable; car pour $b = \gamma = \frac{\pi}{2}$ elle devient $\cos \alpha = \cos A$, égalité évidente d'elle-même dans le cas considéré.

Enfin, si un seul côté b vaut un quadrant, la figure géométrique disparaît encore, et la formule devient par la substitution de $b = \frac{\pi}{2}$, $\cos \alpha = \sin \gamma \cos A$. Or, on reconnaît que cette égalité est vraie, en cherchant directement la valeur de $\cos \alpha$ dans le triangle Bcc_1, formé en prolongeant b jusqu'à un quadrant.

291. Pour faciliter la résolution des triangles sphériques, on déduit des équations ci-dessus trois autres

groupes d'équations. Le second groupe est celui-ci :

$$\frac{\sin A}{\sin \alpha} = \frac{\sin B}{\sin 6} = \frac{\sin C}{\sin \gamma}. \qquad (q)$$

Il est établi entre les angles et les côtés opposés.

Pour l'obtenir, on forme la valeur de $\sin A$ en tirant d'abord de la première des équations (p), la valeur de $\cos A$ qu'on remplace par $\sqrt{1 - \sin^2 A}$; on divise $\sin A$ par $\sin \alpha$, et l'on montre que la valeur de ce rapport convient également aux rapports $\frac{\sin B}{\sin 6}$, $\frac{\sin C}{\sin \gamma}$; parce qu'une simple transformation la rend symétrique en α, 6, γ.

Les équations du troisième groupe renferment deux côtés, l'angle compris et l'angle opposé à l'un des deux côtés. Ces équations sont au nombre de six, dont nous n'écrirons que la première :

$$\cot \alpha \sin 6 = \cos 6 \cos C + \sin C \cot A \qquad (r).$$

On obtiendra cette équation, en remplaçant dans l'équation (1) du groupe (p), $\cos \gamma$ par la valeur tirée de (3) du même groupe, et $\sin \gamma$, par la valeur tirée de l'équation

$$\frac{\sin C}{\sin \gamma} = \frac{\sin A}{\sin \alpha}.$$

Le quatrième groupe se déduit du premier, en considérant le triangle polaire ou supplémentaire du triangle A, B, C, α, 6, γ. En effet, soit A', B', C', α', $6'$, γ' les élémens du triangle polaire, on a

$$A' = \pi - \alpha', \quad B' = \pi - 6, \quad C' = \pi - \gamma,$$
$$\alpha' = \pi - A, \quad 6' = \pi - B, \quad \gamma' = \pi - C.$$

Supposons qu'on ait écrit les équations du premier

groupe pour le triangle supplémentaire; substituons à la place des élémens de ce triangle, les valeurs écrites ci-dessus, nous aurons :

$$\cos A = - \cos B \cos C + \sin B \sin C \cos \alpha$$
$$\cos B = - \cos C \cos A + \sin C \sin A \cos \beta \qquad (s)$$
$$\cos C = - \cos A \cos B + \sin A \sin B \cos \gamma.$$

§ II.

RÉSOLUTION DES TRIANGLES SPHÉRIQUES RECTANGLES.

292. Il n'y a pas lieu de s'occuper du triangle *trirectangle*, lequel est connu dans tous ses élémens, ni du triangle *birectangle*, qui est complétement connu par un seul de ses élémens, soit son angle obliquangle, soit celui de ses côtés qui diffère d'un quadrant. On s'occupera donc seulement de la résolution du triangle *unirectangle*.

Soit A l'angle droit, faisons $A = \dfrac{\pi}{2}$ dans les formules générales des N°s 290 et 291, et partageons en deux groupes les équations distinctes qui résultent de cette substitution. Nous tirerons des groupes (p) et (s)

$$\cos \alpha = \cos \beta \cos \gamma \qquad (a)$$
$$\cos \alpha = \cot B \cot C \qquad (b)$$
$$\frac{\cos B}{\cos \beta} = \sin C \qquad (c)$$

et des groupes (q) et (r)

$$\sin \beta = \sin \alpha \sin B \qquad (d)$$
$$\tan \beta = \tan \alpha \cos C \qquad (e)$$
$$\frac{\tan \beta}{\sin \gamma} = \tan B \qquad (f).$$

La symétrie des équations du 1er groupe permet de les retenir de mémoire assez facilement. Quant à celles du second groupe, elles sont tout-à-fait analogues aux équations établies pour le triangle rectangle rectiligne, auxquelles elles se réduisent exactement, quand on fait disparaître des deux premiers élémens qui entrent dans leur composition, les caractéristiques trigonométriques *sin.* et *tang.*

La nécessité de faire concorder les signes des deux membres de l'équation (*a*), montre que *dans un triangle rectangle, ou bien les trois côtés sont moindres qu'un quadrant, ou bien un seul côté est plus petit qu'un quadrant.*

Dans l'équation (*f*), sin γ étant nécessairement positif, il s'en suit que *dans un triangle rectangle un angle obliquangle et le côté opposé sont de même nature ; ils sont l'un et l'autre plus grands, ou l'un et l'autre plus petits que $\frac{\pi}{2}$.*

293. Le nombre des cas distincts à considérer dans le triangle rectangle est de six.

1er et 2e cas *étant donné deux côtés quels qu'ils soient.*

3e cas *étant donné l'hypoténuse et un angle.*

4e cas *étant donné un côté 6 et l'angle opposé в.*

5e cas *étant donné un côté de l'angle droit et l'angle adjacent.*

6e cas *étant donné les deux angles obliques.*

294. En prenant les formules (*d*), (*b*), (*a*), pour résoudre ce dernier cas, on trouve

$$\sin \alpha = \frac{\sin c}{\sin B}, \quad \cos \gamma = \frac{\cos \alpha}{\cos c}, \quad \cot c = \frac{\cos \alpha}{\cos B}.$$

On voit qu'il y a deux solutions ; α est susceptible de deux valeurs auxquelles correspondront deux valeurs de γ et de c. Les deux valeurs de γ sont évidemment supplémentaires l'une de l'autre, ainsi que les deux valeurs de c.

La géométrie indique les deux solutions. Car l'un des triangles rectangles, celui par exemple pour lequel α est plus petit que $\frac{\pi}{2}$, étant construit, prolongez les arcs α et γ pour achever le fuseau ; vous aurez un triangle ayant les mêmes données, et qui représentera la seconde solution trigonométrique.

Nous nous arrêtons à ce seul cas, à cause de la double solution, la résolution algébrique des triangles rectangles se faisant d'une manière immédiate, à l'inspection des équations du N° 292.

§ III.

RÉSOLUTIONS DES TRIANGLES SPHÉRIQUES OBLIQUANTES.

295. Les cas distincts à considérer dans le triangle sphérique obliquangle se réduisent à six.

PREMIER CAS.

Étant donné les trois côtés α, c, γ, calculer les trois angles A, B, C.

On emploiera le groupe (p). En remplaçant cos A par $2\cos^2\frac{1}{2}A - 1$, dans l'équation (1), on aura introduit dans le second membre de cette équation $\cos(\varepsilon+\gamma)$; la valeur

$$\cos\tfrac{1}{2}A = \sqrt{\frac{\cos\alpha - \cos(\varepsilon+\gamma)}{2\sin\varepsilon\sin\gamma}},$$

tirée de cette équation, pourra devenir logarithmique; car la différence $\cos\alpha - \cos(\varepsilon+\gamma)$ peut se transformer, n° 272, dans le produit $2\sin\frac{1}{2}(\gamma+\varepsilon+\alpha)\sin\frac{1}{2}(\gamma+\varepsilon-\alpha)$. En désignant par $2p$ le périmètre du triangle, la formule deviendra

$$\cos\tfrac{1}{2}A = \sqrt{\frac{\sin p\sin(p-\alpha)}{\sin\varepsilon\sin\gamma}}.$$

On trouverait d'une manière analogue la formule

$$\sin\tfrac{1}{2}A = \sqrt{\frac{\sin(p-\varepsilon)\sin(p-\gamma)}{\sin\varepsilon\sin\gamma}},$$

et l'on déduirait

$$\tan\tfrac{1}{2}A = \sqrt{\frac{\sin(p-\varepsilon)\sin(p-\gamma)}{\sin p\sin(p-\alpha)}}.$$

DEUXIÈME CAS.

296. *Étant donné deux côtés* α, ε *et l'angle compris* c, *calculer le côté* γ *et les deux angles* A, B.

On pourra calculer γ par la première des équations (p),

$$\cos\gamma = \cos\varepsilon\cos\alpha + \sin\varepsilon\sin\alpha\cos c.$$

On la préparera en mettant d'abord cos α en facteur

commun, et posant ensuite $\tang \alpha \cos c = \tang \varphi$, ce qui donnera

$$\cos \gamma = \frac{\cos(\mathfrak{e} - \varphi)\cos \alpha}{\cos \varphi}.$$

Les angles A et B se détermineront par

$$\frac{\sin A}{\sin \alpha} = \frac{\sin B}{\sin \mathfrak{e}} = \frac{\sin c}{\sin \gamma}.$$

On les déterminera directement, si l'on veut, par les deux premières équations (r), en les rendant logarithmiques.

Les élèves s'exerceront à chercher le rapport qu'il y a, entre l'artifice d'analyse employé pour rendre $\cos \gamma$ logarithmique, et le partage du triangle en deux triangles rectangles.

TROISIÈME CAS.

297. *Etant donné deux côtés* α, $\mathfrak{e}$ *et l'angle* A *opposé à l'un d'eux, calculer* B, c, γ.

Pour trouver B, c, γ, on emploiera les formules

$$\frac{\sin B}{\sin \mathfrak{e}} = \frac{\sin A}{\sin \alpha}, \qquad \cot \alpha \sin \mathfrak{e} = \cos \mathfrak{e} \cos c + \sin c \cot A,$$

$$\cos \alpha = \cos \mathfrak{e} \cos \gamma + \sin \mathfrak{e} \sin \gamma \cos A.$$

On préparera la seconde et la troisième en divisant par $\cos \mathfrak{e}$, et posant

$$\frac{\cot A}{\cos \mathfrak{e}} = \cos \varphi, \qquad \frac{\cos A}{\cos \mathfrak{e}} = \cot \psi,$$

et l'on aura les trois formules,

$$\sin \text{B} = \frac{\sin \text{б} \sin \text{A}}{\sin \alpha}, \qquad \sin (c+\varphi) = \frac{\cot \alpha \sin \text{б} \sin \varphi}{\cos \text{б}},$$

$$\sin (\gamma+\psi) = \frac{\cos \alpha \sin \psi}{\cos \text{б}}.$$

Après avoir calculé φ et ψ, on calculera c et γ.

298. La seule inspection de la première formule montre, qu'il y a généralement deux triangles qui satisfont à la question. L'équivoque de ce cas sphérique est plus délicate que celle du cas correspondant du triangle rectiligne, à cause de la variété des combinaisons qu'on peut faire, entre les grandeurs relatives des données α, б, A. Pour résoudre cette équivoque dans tous les cas, il suffira de se rappeler ce principe de géométrie sphérique, que si d'un point de la sphère on abaisse un arc perpendiculaire sur un arc de grand cercle, les obliques menées du point à cet arc de grand cercle et qui s'écartent le plus du pied de la perpendiculaire, sont les plus grandes, quand la perpendiculaire est plus petite que $\frac{\pi}{2}$,

et les plus petites quand elle est plus grande que $\frac{\pi}{2}$. Donnons un exemple de ces discussions.

$$\text{Soit } \text{A} < \frac{\pi}{2}, \qquad \text{б} < \frac{\pi}{2}, \qquad \alpha > \text{б}.$$

c étant l'extrémité du côté б, *fig.* 9, il s'agit de mener de ce point sur l'arc AB, qui fait avec б l'angle donné A, tous les arcs possibles de la grandeur α. Or du point c menons d'abord le cercle FCP′ perpendiculaire sur le cercle APP′. La partie cp de ce cercle qui tombe du même côté que б

24

est plus petite que $\frac{\pi}{2}$; et puisque α est plus grand que ε, il faudra, pour placer α, prendre à droite et à gauche p deux distances plus grandes que PA. Le côté α, placé à gauche de P, formera un triangle qui renfermera toutes les données de la question. Mais l'autre côté α, placé à droite de P, au delà de A, formera avec ε un triangle qui n'aura pas l'angle A, mais bien le supplément de cet angle ; donc ce triangle devra être exclu : il n'y aura donc qu'une solution. Si on ajoutait aux hypothèses la condition $\alpha + \varepsilon = \pi$ ou $> \pi$, il n'y aurait aucune solution. Car dans le premier cas, le côté α, qui donnait tout à l'heure une solution, serait cc'A' prolongement de l'arc ε ; le triangle dégénérerait en un fuseau. Dans le second cas, ce côté α, devant être plus grand que cc'A', son extrémité tomberait entre A' et P' ; le triangle aurait un côté plus grand qu'une demi-circonférence, ce qui ne saurait être.

Les discussions auxquelles peuvent conduire toutes les hypothèses à faire sur ce troisième cas, ne donnent pas lieu à d'autres difficultés ni à d'autres considérations, que celles que nous venons de présenter dans l'exemple ci-dessus. Nous engageons les élèves à construire eux-mêmes le tableau coordonné de toutes les hypothèses possibles, sur les rapports de grandeurs entre les données A, ε, α, et à s'exercer à la discussion de chacune de ces hypothèses.

QUATRIÈME CAS.

299. *Etant donné un côté α et deux angles adjacens* B, C, *calculer les côtés* ε, γ *et l'angle* A.

Pour résoudre ce cas , on emploiera les trois formules

$$\cot \mathcal{6} \sin \alpha = \cos \alpha \cos c + \sin c \cot \mathrm{B}.$$

$$\cot \gamma \sin \alpha = \cos \alpha \cos \mathrm{B} + \sin \mathrm{B} \cot \mathrm{C}.$$

$$\cos \mathrm{A} = - \cos \mathrm{B} \cos \mathrm{C} + \sin \mathrm{B} \sin \mathrm{C} \cos \alpha,$$

qu'on rendra logarithmiques, d'après les principes expo-
sés à la trigonométrie rectiligne , dont nous avons déjà
fait usage pour les autres cas.

CINQUIÈME CAS.

300. *Etant donné un côté α, un angle adjacent* B, *un
angle opposé* A, *calculer les côtés* 6, γ, *et l'angle* C.

On emploiera les trois formules :

$$\sin \mathcal{6} = \frac{\sin \alpha \sin \mathrm{B}}{\sin \mathrm{A}}, \qquad \cot \alpha \sin \gamma = \cos \gamma \cos \mathrm{B} + \sin \mathrm{B} \cot \mathrm{A},$$

$$\cos \mathrm{A} = - \cos \mathrm{B} \cos \mathrm{C} + \sin \mathrm{B} \sin \mathrm{C} \cos \alpha.$$

On préparera la seconde formule , en faisant passer
$\cos \gamma \cos \mathrm{B}$ dans le premier membre, divisant l'équation
par $\cos \mathrm{B}$, et posant $\dfrac{\cot \alpha}{\cos \mathrm{B}} = \cot \varphi$, afin de changer le
premier nombre dans le monome $\dfrac{\sin (\gamma - \varphi)}{\sin \varphi}$; puis on
tirera

$$\sin (\gamma - \varphi) = \frac{\tang \mathrm{B} \sin \varphi}{\tang \mathrm{A}}.$$

On prépare la troisième formule par un moyen analogue.

La première des trois formules montre que ce cas est
ambigu. Pour résoudre l'ambiguité, on remplacera ce
triangle par son polaire α', $6'$, γ', A', B' C', dans lequel les

données seront α' $6'$ A' ; on retombera ainsi sur la discussion faite au 3e cas.

SIXIÈME CAS.

301. *Etant donné les trois angles* A, B, C, *calculer les trois côtés* α, 6, γ.

En traitant les formules (s), comme on a traité au premier cas les formules p, et posant $A + B + C = \alpha + 2P$, on trouvera

$$\cos \tfrac{1}{2} \alpha = \sqrt{\frac{\sin(B - P)\sin(C - P)}{\sin B \sin C}}, \quad \sin \tfrac{1}{2}\alpha = \sqrt{\frac{\sin P . \sin(A - P)}{\sin B \sin C}},$$

$$\tang \tfrac{1}{2}\alpha = \sqrt{\frac{\sin P . \sin(A - P)}{\sin(B - P)\sin(C - P)}}.$$

Les élèves s'exerceront à ramener les trois derniers cas aux trois premiers, par la considération du triangle supplémentaire.

302. Dans la pratique, on emploie utilement certaines équations trigonométriques, connues sous le nom d'ANALOGIES de NÉPER. Nous allons les faire connaître.

A l'aide de l'équation $\dfrac{\sin \alpha}{\sin A} = \dfrac{\sin 6}{\sin B}$, on obtient

$$\sin \alpha \pm \sin 6 = (\sin A \pm \sin B)\frac{\sin 6}{\sin B} \qquad (1).$$

D'autre part, en ajoutant membre à membre les deux équations

$$\cos \alpha = \cos 6 \cos \gamma + \sin 6 \sin \gamma \cos A$$
$$\cos 6 = \cos \alpha \cos \gamma + \sin \alpha \sin \gamma \cos B,$$

et tirant la valeur de $\cos \alpha + \cos 6$, on obtient

$$\cos\alpha + \cos\varsigma = \frac{\sin\gamma}{1-\sin\gamma}\cdot\sin(\text{A}+\text{B})\frac{\sin\varsigma}{\sin\text{B}}. \qquad (2).$$

Divisons membre à membre l'équation (1) par l'équation (2) :

$$\frac{\sin\alpha \pm \sin\varsigma}{\cos\alpha + \cos\varsigma} = \frac{1-\sin\gamma}{\sin\gamma}\cdot\frac{\sin\text{A} \pm \sin\text{B}}{\sin(\text{A}+\text{B})}.$$

Séparons les signes ; remplaçons les sommes et différences de sinus et cosinus, par les valeurs monomes trouvées N° 272 ; substituons $\frac{1}{2}\gamma$ à γ, et $\frac{1}{2}$ (A+B) à (A+B), nous aurons

$$\tan g\tfrac{1}{2}(\alpha+\varsigma)=\tan g\tfrac{1}{2}\gamma\frac{\cos\frac{1}{2}(\text{A}-\text{B})}{\cos\frac{1}{2}(\text{A}+\text{B})}, \quad \tan g\tfrac{1}{2}(\alpha-\varsigma)=\tan g\tfrac{1}{2}\gamma\frac{\sin\frac{1}{2}(\text{A}-\text{B})}{\sin\frac{1}{2}(\text{A}+\text{B})}.$$

En appliquant ces équations au triangle polaire, on a

$$\tan g\tfrac{1}{2}(\text{A}+\text{B})=\cot\tfrac{1}{2}\text{c}\frac{\cos\frac{1}{2}(\alpha-\varsigma)}{\cos\frac{1}{2}(\alpha+\varsigma)}, \quad \tan g\tfrac{1}{2}(\text{A}-\text{B})=\cot\tfrac{1}{2}\text{c}\frac{\sin\frac{1}{2}(\alpha+\varsigma)}{\sin\frac{1}{2}(\alpha-\varsigma)}.$$

Ces quatre équations sont les analogies de Néper. Les deux premières servent à calculer deux côtés, connaissant le troisième côté et les deux angles adjacens. Par les deux autres, on calcule deux angles, connaissant le troisième angle et les deux côtés qui le comprennent.

303. APPLICATIONS. 1° *Réduire un angle* TAT′ *à l'horizon*, fig. 7, c'est trouver la projection TOT′ sur le plan horizontal d'un angle TAT′ observé dans un plan incliné à l'horizon. Pour faire cette réduction, on observe les angles TAO, T′AO des lignes TA, T′A avec la verticale AO. L'angle cherché TOT′ est l'angle des deux plans TAO′, T′AO. On imagine le triangle sphérique qui sert de base à l'angle

trièdre en o. On connaît les trois côtés de ce triangle; on a à calculer l'angle compris entre deux de ces côtés.

2° *Etant donné les latitudes* MA NB *de deux lieux* A, B *du globe, et la différence* MN *de la longitude de ces lieux, trouver leur distance* AB, *fig.* 10.

Cela revient à calculer le côté AB du triangle sphérique ANB dont on connaît l'angle P$=$MN, le côté PA$=\dfrac{\pi}{2}$—AM,

le côté PB $=\dfrac{\pi}{2}$— BM.

Dans cette partie élémentaire, nous avons dû nous borner à ce qui est directement utile aux applications de la trigonométrie. Le calcul des fonctions trigonométriques par les séries, ainsi que les moyens analytiques généraux qui résultent de l'emploi de ces fonctions, doivent être réservés à la haute analyse.

ÉLÉMENS

DE

GÉOMÉTRIE DESCRIPTIVE.

CHAPITRE XVI.

§ I.

304. *La projection d'un point* A *sur un plan* fig. 1, *c'est le point* a *de rencontre avec le plan, d'une droite menée par le point* A, *selon une direction donnée.*

Le plan est appelé *plan de projection.* La droite est appelée *ligne projetante* du point A. Le plus souvent la ligne projetante est perpendiculaire au plan de projection.

La *projection d'une droite* AB sur un plan *fig.* 1, c'est le lieu *acb* des projections des points de la droite sur le plan. Le système de droités parallèles qui projette les points est *nécessairement un plan ;* on l'appelle *plan projetant* de la droite.

La projection d'une droite est une droite.

La projection d'une courbe ACB sur un plan *fig.* 1, c'est le lieu des projections des points de la courbe sur le plan. Le système de droites parallèles qui projette les points, forme une surface projetante qu'on appelle *surface cylindrique.*

En général la surface cylindrique est engendrée par une droite qui se meut toujours parallèlement à elle-même en glissant le long d'une courbe. La droite s'appelle *génératrice* ; la courbe, qui détermine l'espèce de la surface, s'appelle *directrice*.

305. La projection d'un point, d'une ligne droite ou d'une ligne courbe, sur un plan, ne suffirait pas pour fixer dans l'espace la position du point, de la ligne droite ou de la courbe. Car ces objets peuvent se trouver en un lieu quelconque de la droite projetante, ou du plan projetant, ou de la surface cylindrique projetante. Mais si l'on donne la projection sur un second plan, l'objet géométrique se trouve complétement déterminé. En effet, le point de l'espace est à l'intersection des deux lignes projetantes ; la ligne droite de l'espace est à l'intersection des deux plans projetans ; la courbe de l'espace est à l'intersection des deux surfaces cylindriques projetantes.

306. Les surfaces qui seules peuvent faire l'objet des études de la géométrie spéculative, lorsqu'on demande à cette science des résultats graphiques rigoureux, sont celles dont la formation est assujétie à une loi simple. Les plus compliquées parmi celles-là, sont engendrées par le mouvement de certaines lignes droites ou courbes, appelées *génératrices,* assujéties à rencontrer dans toutes les positions qu'elles prennent, certaines autres lignes fixes droites ou courbes, qu'on appelle *directrices*. La surface cylindrique peut déjà servir d'exemple ; mais en voici d'autres :

La surface conique est engendrée par le mouvement d'une droite, assujétie à glisser le long d'une courbe fixe donnée, en passant constamment par un point fixe qu'on appelle sommet du cône. La droite est la *généra-*

trice, la courbe et le sommet du cône sont les *directrices.*

La surface conoïde, *fig.* 2, est engendrée par le mouvement d'une *génératrice* rectiligne assujétie à rester parallèle à un plan donné MN, tandis qu'elle glisse sur deux *directrices,* dont l'une est une ligne droite AB, et dont l'autre est une courbe CDE. Le plan est appelé aussi *plan directeur.*

La surface de révolution, *fig.* 3, est engendrée par le mouvement d'une courbe, assujétie à tourner autour d'une droite fixe appelée *axe*, de manière que chaque point de la courbe décrit une circonférence dont le plan est perpendiculaire à l'axe, et dont le centre est dans cet axe. Tout plan mené par l'axe coupe la surface selon une courbe appelée *méridienne,* et dont la révolution autour de l'axe engendrerait aussi bien la surface que la courbe donnée. Cette dernière courbe aussi bien que la méridienne, peuvent être considérées indifféremment comme *génératrices* de la surface. Les cercles décrits par les génératrices s'appellent *parallèles* de la surface. Ils peuvent à leur tour être considérés comme *génératrices,* et l'on pourra dire que la surface de révolution est engendrée par le mouvement d'un cercle *générateur* dont le plan est perpendiculaire à une ligne droite, dont le centre glisse le long de cette ligne droite, tandis que sa circonférence est assujétie à rencontrer constamment une courbe *directrice* donnée. Le rayon du cercle générateur varie nécessairement de grandeur, à chaque instant du mouvement.

307. Sans entrer dans plus de détails, cet exposé suffit à faire comprendre, comment une surface peut être exactement définie et déterminée, lorsqu'on donne les projec-

tions de ses *directrices* sur deux plans, l'espèce de sa *génératrice* et la *loi* qui lie cette dernière avec les *directrices*. En effet, à l'aide de ces données, on pourrait reproduire successivement toutes les génératrices de la surface, et par conséquent la surface elle-même.

Puisque les projections de ces élémens générateurs et directeurs, d'une ou plusieurs surfaces, permettraient de réaliser ces surfaces, elles équivalent donc aux données nécessaires, pour résoudre tous les problèmes géométriques qu'on peut se proposer sur ces surfaces. *L'emploi des projections est donc une méthode nouvelle pour résoudre les questions de géométrie.* Nous allons faire voir comment cette méthode conduit à des procédés *purement graphiques.* La suite montrera combien elle est indispensable, pour attaquer les *questions pratiques* de haute géométrie, et quelles ressources fécondes elle donne pour les résoudre.

308. Les deux plans LMP, LMQ, sur lesquels s'exécutent les projections, se nomment, l'un le plan *horizontal*, l'autre le plan *vertical*. L'intersection LM de ces plans s'appelle ligne de *terre*.

Afin d'exécuter le tracé sur une surface plane unique, on suppose que l'un des plans tournant autour de la ligne de terre, se rabatte sur l'autre plan. Quand ce rabattement est opéré, la partie postérieure LMP′ du plan horizontal coïncide avec la partie supérieure LMQ du plan horizontal; et la partie inférieure LMQ′ du plan vertical coïncide avec la partie antérieure LMP du plan horizontal.

Par cette hypothèse, il arrive que toute projection a_{t} d'un point A_{t}, qui se fait sur la partie postérieure du plan horizontal, paraîtra se trouver en α_1 sur le plan vertical, tandis que toute projection verticale a'_2 qui se fait sur la partie inférieure du plan vertical, paraîtra se en α'_2 trouver sur la partie antérieure du plan horizontal. Mais dans tous les cas, *les projections horizontale et verticale* a, a' *d'un point* A, *se trouvent après le rabattement, sur une même perpendiculaire à la ligne de terre.* En effet, par les lignes projetantes Aa', Aa, imaginons un plan ; ce plan sera perpendiculaire à la ligne de terre, et il coupera les plans de projection selon des lignes oa', oa aussi perpendiculaires à la ligne de terre. Dans le rabattement la ligne ao, qui devient $o\alpha$, ne cessera pas d'être perpendiculaire à la ligne de terre : donc le rabattement fait, elle sera le prolongement de la ligne oa'.

Ce mode de rabattement permettra d'exécuter les dessins géométriques sur un seul et même plan ; et *la solution des problèmes de géométrie les plus compliqués, n'exigera que des constructions purement graphiques ; c'est-à-dire qui ne demandent aucun appareil construit dans l'espace.*

Avant de définir la géométrie descriptive dans un énoncé restreint et rigoureux, nous traiterons les deux questions suivantes, qui sont très simples, et auxquelles nous aurons souvent recours dans la suite. La solution de ces questions fera déjà pressentir la vérité de notre assertion relative à la facilité du dessin.

PROBLÈME I. Fig. 4.

309. *Étant donné les projections* a, a', b, b' *de deux points* A *et* B *de l'espace, trouver la distance de ces deux points.*

(38o)

Par le point A, et dans le plan vertical qui projette la ligne AB en *ab*, menez une horizontale jusqu'à la rencontre en c de la ligne qui projette horizontalement le point B. Vous aurez formé un triangle rectangle, dont l'hypoténuse est la distance cherchée, et dont les côtés de l'angle droit sont, d'une part la différence des hauteurs des points A, B au dessus du plan horizontal, et d'autre part l'horizontale AC dont la longueur est *ab*. Pour construire ce triangle par *a'*, menez une parallèle à la ligne de terre, afin d'avoir la différence des hauteurs des points A et B. Cette différence sera *b'c'*. A partir de *c'*, et sur *c'a'*, portez la longueur *ba* jusqu'en *a'* ; *ab'*, est la distance demandée.

On donne aussi la solution de cette question, par une méthode très souvent employée en géométrie descriptive et qu'on appelle *méthode de rabattement*. La distance AB fait avec les lignes projetantes des points A et B, et avec la ligne *ab* un trapèze, dont les côtés parallèles ont pour longueur *a"a'*, *b"b'*. Faites tourner ce trapèze autour de *ab* jusqu'à ce qu'il se *rabatte* sur le plan horizontal. Après le mouvement, les côtés perpendiculaires *a*A, *b*B auront pris les positions *a*A$_1$, *b*B$_1$. Prenez *a*A$_1$ $=a"a'$, *b*B$_1 = a"b'$, joignez A$_1$B$_1$, vous aurez la distance demandée.

PROBLÈME II. Fig. 4.

3 1 0. *Etant donné les projections* ab, a'b' *d'une droite, trouver les points de rencontre de la droite avec les plans de projection*. Ces points s'appellent *traces* de la droite.

La trace verticale de la droite, qui est nécessairement un point même de la projection verticale, se projette horizontalement sur la ligne de terre. Or elle se projette aussi sur la projection horizontale de la droite. Donc en prolongeant jusqu'à la ligne de terre, la projection horizontale de la droite, on obtiendra en v la projection horizontale de cette trace. Il suffira, pour avoir la trace, d'élever sur la ligne de terre une perpendiculaire en v, jusqu'à la rencontre v avec la projection verticale. On aura semblablement la trace horizontale, en prolongeant la projection verticale de la droite jusqu'à la ligne de terre en h'; et élevant en ce point une perpendiculaire, jusqu'à la rencontre avec la projection horizontale en h.

311. Après ces notions préliminaires, faisons quelques réflexions propres à distinguer la géométrie élémentaire de la géométrie descriptive, afin de donner ensuite une définition de cette dernière.

Dans la géométrie ordinaire, il y a une partie spéculative, dans laquelle on traite des propriétés de l'étendue figurée par la méthode purement géométrique. On applique ensuite ces propriétés, à la résolution des questions, dont la solution s'exécute soit par le calcul, soit par le dessin graphique.

Dans la géométrie descriptive, la connaissance des propriétés géométriques, quelquefois très compliquées, qu'elle envisage et qui servent de base à ses constructions, est donnée le plus souvent par l'analyse. Constituer en méthode les recherches géométriques de ces propriétés, ce serait se consumer en efforts inutiles, puisque le calcul donne avec facilité, les vérités auxquelles la géométrie pure, même en employant toutes ses ressources, ne saurait jamais atteindre.

Mais, en partant de ces propriétés, et par le secours des *projections*, employées depuis un temps immémorial, et dont Monge dans ces derniers temps a fait une méthode et une science, la géométrie descriptive se propose des problèmes qui concernent les objets géométriques les plus complexes ; elle résout d'abord ces problèmes par la spéculation, pour exécuter ensuite leur solution, par des constructions purement graphiques, tracées sur des surfaces planes.

Les arts s'emparent de ces solutions, pour réaliser toute la partie qui touche en eux à la géométrie, et cette partie est considérable. Aussi la géométrie descriptive, considérée comme *science d'application*, est-elle de la plus haute importance. Sans les constructions que cette géométrie seule exécute, il n'y aurait point de machines précises, point d'architecture régulière, point d'application du dessin et de la peinture, aux représentations scéniques et à l'ornement de nos demeures.

Cela posé, on pourra donner la définition suivante :

La géométrie descriptive se propose, étant donné les projections *qui déterminent un ou plusieurs objets géométriques* quelconques, *de construire graphiquement tous les élémens qui se rapportent à ces mêmes objets, considérés soit isolément, soit les uns relativement aux autres.*

§ II.

RÉSOLUTION DE QUESTIONS PRÉLIMINAIRES.

312. Quelques questions, au nombre desquelles sont

les deux problèmes du paragraphe précédent, servent de base à la résolution de toutes les questions générales que se propose la géométrie descriptive, comme à toutes les questions d'application qu'elle est appelée à traiter. Ces questions regardent la ligne droite et le plan : nous allons les résoudre dans ce paragraphe.

Pour éviter les longueurs dans les énoncés des questions et aussi dans leur exposition, il sera convenu une fois pour toutes, que les expressions *point, droite, courbes données ou cherchées,* signifient point, droite, courbe dont on *donne* ou dont on *cherche* les projections. De même les expressions *plan, surface donnée ou cherchée,* voudront dire plan, surface dont on *donne* ou dont on *cherche* les élémens projectifs déterminans.

PROBLÈME III.

313. *Par un point donné mener une droite parallèle à une droite donnée.*

Les plans projetans de la droite cherchée, dont les intersections avec les plans de projection, sont les projections mêmes de cette droite, sont respectivement parallèles aux plans projetans de la droite donnée. Donc les projections cherchées, sont parallèles aux projections données. Donc, pour résoudre le problème, il suffira de mener par les projections du point donné, des parallèles aux projections de la droite donnée.

Pour fixer un plan en géométrie descriptive, on donne ses intersections avec les deux plans de projection. Ces intersections s'appellent *traces du plan.*

Trouver un plan, c'est trouver ses traces horizontale

et verticale. Quelles que soient les conditions que doive remplir le plan, il suffira pour dessiner ses traces de déterminer les projections de deux droites qu'il doit contenir, et de chercher les traces horizontale et verticale de ces deux droites. Les traces du plan, qui doivent en outre se rencontrer sur la ligne de terre, passeront par les traces de ces deux droites.

Exercice. *Trouver un plan qui passe par trois points donnés*, fig. 5.

Appliquez le procédé indiqué ci-dessus.

PROBLÈME IV. Fig. 6.

314. *Par un point donné* a, a′, *mener un plan parallèle à un plan donné* tot′.

Les traces du plan cherché sont parallèles aux traces du plan donné; il suffit donc de connaître un point de chacune des traces cherchées.

Par le point *a*, *a′* concevez dans le plan cherché une parallèle à la trace horizontale *ot;* elle aura pour projection horizontale la ligne *av* parallèle à *ot*, et pour projection verticale la ligne *a′v′* parallèle à la ligne de terre. Construisez la trace verticale *v′* de cette ligne. Ce sera un point de la trace verticale du plan cherché. Menez par ce point jusqu'à sa rencontre en *p* avec la ligne de terre une parallèle à la trace *t′o* du plan donné, et par le point *p* menez une parallèle *pu* à la trace *ot* du plan donné, *v′p, pu* sont les traces du plan cherché.

On vérifie l'exactitude du dessin, en construisant directement un point de la trace horizontale cherchée. Pour cela, par le point donné on mène dans le plan cherché une parallèle à la trace verticale du plan cherché ; on construit les projections de cette ligne, puis on cherche la trace horizontale, qui est un des points de la trace horizontale du plan cherché.

On doit toujours s'assurer par des vérifications de cette nature, de la bonté du tracé, surtout pour les constructions qui doivent servir de base à un dessin compliqué.

Exercice. Par une droite donnée, mener un plan parallèle à une seconde droite donnée.

Par un point de la première droite, menez une parallèle à la seconde. Cette droite de construction et la première sont dans le plan demandé. Par le moyen de ces deux droites, construisez les traces du plan cherché.

PROBLÈME IV. Fig. 7.

315. *Trouver l'intersection de deux plans donnés* v oh, v'ph.

Les points v' et h de rencontre des traces verticales et horizontales des deux plans, sont les traces de l'intersection sur les plans de projection. Il suffira donc de projeter v' et h sur la ligne de terre en v et en h' pour avoir les projections vh, $v'h'$ demandées de l'intersection des deux plans.

Exercices. 1° Faire la construction pour le cas où les deux traces verticales, ou bien les deux traces horizontales des plans, sont parallèles entre elles.

2° Faire la construction dans le cas où les deux plans étant parallèles à la ligne de terre, les traces $t',t,\ s',s,$

l'intersection des deux plans et les projections de cette intersection, sont parallèles à la ligne de terre, fig. 8. Il suffit de connaître la projection d'un seul point. Pour cela, on cherchera l'intersection des deux plans sur un nouveau plan de projection qu'on mènera perpendiculairement à la ligne de terre, et qui sera par conséquent perpendiculaire à l'intersection commune. On rabattera ce plan sur l'ancien plan vertical, et l'on obtiendra ainsi les traces ms'', nt'' des deux plans donnés sur ce nouveau plan. La rencontre k de ces deux traces, sera sur ce plan la projection de l'intersection. On mènera par ce point la ligne $kg'h'$; par le point g distant de la ligne de terre d'une longueur égale à kg'', on mènera la ligne gh, les deux lignes gh, $g'h'$ seront les projections demandées.

3° *Trouver le point de rencontre d'une droite* ar, a r, *et d'un plan* v'oh, fig. 9.

On construit les traces d'un plan auxiliaire qui contienne la droite, c'est ordinairement le *projetant* de la droite qu'on prend pour plan auxiliaire. On construit la projection $v'h'$ de l'intersection du plan donné avec le plan auxiliaire. La rencontre de la droite avec le plan donné se faisant dans cette intersection, on trouve r', r pour le point demandé.

PROBLÈME V, Fig. 9.

316. *Par un point* a, a', 1° *mener une ligne perpendiculaire au plan donné* v'oh. 2° *Trouver la distance du point au plan.*

1° La trace du plan donné est perpendiculaire au plan projetant de la droite. Car cette trace est l'intersection de deux plans, savoir le plan donné et le plan de projection, lesquels sont l'un et l'autre perpendiculaires au plan projetant. Donc la trace du plan est perpendiculaire à ce plan projetant, et par conséquent à la projection correspondante de la droite cherchée, qui est contenue dans ce plan projetant. Par a, a' menez des perpendiculaires ar, $a'r'$ aux traces, vous aurez les projections de la ligne demandée.

2° Cherchez la rencontre rr' de la droite avec le plan, par la méthode donnée à l'exercice 3ᵉ du problème IV. Construisez par le problème I, la vraie distance entre a, a', r, r'.

317. EXERCICES. 1° *Par un point* r, r', fig. 9, *mener un plan perpendiculaire à une droite* ra, $r'a'$. Par r, r' menez une ligne parallèle à la trace horizontale du plan cherché ; construisez ses projections, l'une l'horizontale rk perpendiculaire à ar, l'autre la verticale $r'k'$ parallèle à la ligne de terre ; prenez la trace verticale k' de cette ligne auxiliaire, et construisez les deux traces de votre plan.

2° *Par un point mener une perpendiculaire à une droite donnée.*

Par le point, construisez un plan perpendiculaire à la droite ; cherchez le point de rencontre du plan avec la droite ; joignez ce point avec le point donné.

3° Distance de deux plans parallèles ;

4° Construire par un point un plan perpendiculaire à deux plans donnés.

PROBLÈME VI. Fig. 10.

3i8. *Trouver l'angle d'une droite* vh, v'h' *avec les plans de projection.*

C'est l'angle que fait la droite avec sa projection. Or, v' et h étant les traces de la droite, l'angle avec le plan horizontal est l'angle aigu en h, du triangle rectangle formé dans l'espace par l'hypoténuse hv' et le côté hv. Mettez ce triangle sur le plan horizontal, en le faisant tourner autour de hv. On déterminera l'angle avec le plan vertical, par un rabattement analogue.

EXERCICES. 1° Trouver l'angle avec le plan de projection d'une droite qui rencontre la ligne de terre.

2° Connaissant la projection verticale d'une droite, l'angle qu'elle fait avec le plan horizontal et un point de la projection horizontale, trouver cette projection horizontale.

3° Trouver l'angle que fait avec les plans de projection, une droite dont les deux projections sont dans une même ligne perpendiculaire à la ligne de terre, et dont on connaît les traces.

PROBLÈME VII. Fig. 11.

3ig. *Trouver l'angle de deux droites* ab, a b , bc , b'c'.

Prenez les traces horizontales a , c, rabattez sur le plan horizontal le triangle de l'espace abc dont l'angle du sommet B est l'angle demandé. Dans le rabattement, la hauteur abaissée de B sur ac passe par le point b. Car cette hauteur est l'intersection du plan du triangle, avec le plan mené par в perpendiculairement à la base *ac* et ce plan, perpendiculaire au plan horizontal, contient nécessairement la verticale в*b*. La hauteur se rabat donc sur la perpendiculaire prolongée *ib*. Cette hauteur est en grandeur, l'hypoténuse d'un triangle rectangle dont les côtés sont d'une part *ib*, et d'autre part la hauteur de в au dessus du plan horizontal. Construisez ce triangle en *b'oh*, comme il est indiqué sur la figure ; portez *b'h* de *i* en в$_1$, joignez *a* et *c* avec в$_1$, vous aurez l'angle demandé.

Exercice. Construisez l'angle avec toutes les positions possibles des projections des deux droites.

PROBLÈME VIII. Fig. 12.

320. *Trouver l'angle de deux plans* v'oh, v'ph.

En un point в de l'intersection commune dont la projection horizontale est *hv*, imaginez un plan perpendiculaire dont la trace horizontale sera *mn*. Construisez, en le rabattant sur le plan horizontal, le triangle de l'espace *m*в*n* dont l'angle в est l'angle demandé. La hauteur est l'intersection avec le plan *mn* du plan *hvv'* qui projette l'intersection commune ; le pied de cette hauteur est donc en *i* ; son extrémité est sur l'intersection commune des deux plans ; de plus elle lui est perpendiculaire, puisqu'elle est située dans le plan *mn* qui a été construit perpendiculairement à cette intersection. Pour avoir sa longueur, ramenez l'intersection commune en *v'k*, en faisant tourner autour de *v'v* le triangle de l'espace *v'vh*. Le point *i* sera ramené en *i'*, et la hauteur sera la perpendiculaire *ib*. Portez-la de *i* en в$_1$, et vous aurez en *m*в$_1$*n* l'angle demandé.

321. EXERCICES. 1° *Rechercher l'angle dans toutes les positions particulières que peuvent prendre les traces des deux plans, et particulièrement lorsque, comme dans la fig. 8, elles sont parallèles à la ligne de terre.*

Construisez, comme à l'exercice 2° du problème IV, l'intersection des deux plans par un troisième perpendiculaire à la fois aux deux donnés ; l'angle *mkn* des deux intersections est l'angle demandé.

2° *Angle d'un plan* v'oh *avec les plans de projection* fig. 9.

Coupez le plan par un plan auxiliaire perpendiculaire à la trace *oh*, le plan auxiliaire sera vertical. Rabattez autour de *hv* le triangle rectangle dont les côtés de l'angle droit sont *hv*, *vv'*, et l'angle demandé sera compris entre *hv* et l'hypoténuse et ce triangle rabattu. Construction analogue pour l'angle avec le plan vertical.

3° *Angle d'une droite avec un plan.*

D'un point de la droite abaissez une perpendiculaire sur le plan. Construisez l'angle de la droite et de la perpendiculaire, ce sera le complément de l'angle demandé.

4° *Partager l'angle de deux plans en deux parties égales.*

§ III.

APPLICATION À DES PROBLÈMES SUR LA LIGNE DROITE ET LE PLAN.

PROBLÈME IX. Fig. 13.

322. *Trouver la plus courte distance entre deux droites es, e′s′, op, o′p′, qui ne sont pas en même plan.*

Cette plus courte distance est la perpendiculaire commune aux deux droites ES, OT, dessinées en perspective dans la fig. 14. Pour l'obtenir, on fait passer par la droite OP un plan MN parallèle à l'autre droite ES; d'un point quelconque E de cette autre droite, on abaisse sur le plan une perpendiculaire EQ, dont la longueur est celle de la plus courte distance. On obtient cette plus courte distance en position, en menant par le pied Q de la perpendiculaire une parallèle à ES, jusqu'à la rencontre en P de la ligne OT. Par le point P on mène la droite PD parallèle à QE, et jusqu'à la rencontre de ES en D. La droite PD est la plus courte distance cherchée.

Exécutons graphiquement ces constructions, *fig.* 13. Pour obtenir les traces du plan parallèle à ES, par un point *oo′* de l'autre droite OP, menez une parallèle à la ligne *es, e′s′* de l'espace; cherchez les traces de la droite donnée *op o′p′* et celles de cette parallèle, et construisez les traces du plan parallèle.

Par le point *e,e′* de ES, abaissez sur le plan la perpendiculaire *geq, e′q′h′*, cherchez le pied *q,q′* de cette perpendiculaire.

Par q,q' menez à *es*, *e's'* la parallèle qp, $q'p'$, jusqu'à
la rencontre en q,q' de l'autre droite op, $o'p'$.

Enfin par p,p' menez la ligne pd, $p'd'$ parallèle à
geq, $e'q'h'$ jusqu'à la rencontre en d,d' avec *es*, *e's'*.
La longueur pd, $p'd'$ est la plus courte distance demandée.

PROBLÈME X.

323. Dans les problèmes compris sous ce numéro on
se propose ceci : étant donné trois des six choses qui entrent dans la composition d'un angle trièdre, trouver les
trois autres.

1° *Étant donné les angles des faces* A_1SC, CSD, DSA_2,
trouver les trois angles dièdres. Fig. 15.

Sur le plan de la face CSD, rabattez les deux autres fa-
ces CSA_1, DSA_2. Par un point A de l'arête SA, qui s'est partagée en SA_1, SA_2, menez des plans respectivement perpendiculaires aux arêtes SC, SD ; soit $\text{A}_1 p$, $\text{A}_2 q$ les traces
de ces plans. Les angles en p et q des triangles rectan-
gles formés dans l'espace, d'un côté par ap, $p\text{A}_1$ et par
l'intersection des deux plans perpendiculaires de construction, et d'un autre côté par aq, $q\text{A}_2$ et par cette
même intersection, sont les angles demandés. Rabattez
ces triangles sur le plan CSD, l'un autour de ap, l'autre
autour de aq.

Quant à l'angle dièdre de l'arête SA, par A menez un
plan perpendiculaire à SA qui coupe les trois faces selon
les côté A_1C, A_2D, CD. Rabattez sur le plan CSD et autour
de CD le triangle formé par ces trois lignes, vous aurez en
A_3 le troisième angle dièdre demandé.

La ligne *sa* passe par A$_3$ et est perependiculaire à cd. Les élèves chercheront à se rendre compte de cette vérification.

2° *Étant donné deux faces* A$_1$sc, csd *et l'angle* P *de ces deux faces, construire les autres élémens de l'angle trièdre* fig. 15.

Comme au problème précédent, imaginez par un point A de l'arête sA, que vous supposez hors du plan csd, deux plans respectivement perpendiculaires aux arêtes sc, sd. Soit *ap*A$_1$ la trace d'un de ces plans sur le plan csd, il sera facile de trouver la position *ap*A$_2$ de l'autre trace ; c'est en un point A$_2$ de cette trace que vient se poser le point A, lorsqu'on rabat la face cherchée autour de sd sur le plan csd. En effet, menez au point *p* une ligne *p*α$_1$ qui fasse avec *pa* un angle égal à P ; prenez sur cette ligne une longueur *p*α$_1$ égale à *p*A$_1$; abaissez α$_1$*a* perpendiculaire à *pa* ; vous aurez dans α$_1$*a* la ligne d'intersection des plans perpendiculaires aux arêtes sc, sd, et mené par le point A de l'espace. Le point *a* appartient donc à la trace de celui de ces deux plans qu'on a mené perpendiculairement à sd. Menez cette trace *aq*A$_2$ indéfiniment. La longueur de l'arête de l'espace depuis s jusqu'à A est sA$_1$. Décrivez de s comme centre avec sA$_1$ pour rayon l'arc A$_1$A$_2$ jusqu'à la rencontre de la trace *aq*A$_2$, dsA$_2$, sera le rabattement de la troisième face.

La recherche des autres élémens se fait comme à la question précédente.

3° *Étant donné deux faces* A$_2$sd, dsc *d'un angle trièdre, et l'angle dièdre* P *opposé à l'une de ses faces* A$_2$sd, *trouver les autres élémens* fig. 16.

Prenons pour plan de rabattement la face csd intermédiaire entre la face donnée et la face dont l'inclinaison est donnée.

Supposons pour un moment que cette dernière est fixée dans la position quelle doit occupér dans l'espace. Pour placer la face donnée A_2sd, on imaginera d'abord qu'elle est tracée en dsA$_2$, dans le plan csd; puis qu'on le fait tourner autour de sd jusqu'à ce que son arète sA$_2$ vienne s'appliquer sur le plan de la face dont l'inclinaison est p. En arrêtant la face qui a tourné dans cette position, l'angle trièdre se trouverait construit en relief, et l'étendue angulaire de la face cherchée serait déterminée.

Pour réaliser *graphiquement* cette construction *mécanique*, remarquons que dans le mouvement de la face donnée, un point quelconque A de l'arète de l'espace décrit un cercle dont la trace A$_2$c sur le plan csd est perpendiculaire à sd; et que la face dont p est l'inclinaison, coupe le plan de ce cercle, dans une ligne qui part du point connu c et qui va sur le cercle à ce même point A. Il suffirait donc de connaître un second point de cette ligne de section pour avoir le point A, et par conséquent pour déterminer l'étendue angulaire de la face cherchée. Pour cela, au point quelconque *o* de la ligne A$_2$c et dans le plan du cercle, élevons une perpendiculaire, qui rencontre la ligne de section en un certain point d; c'est ce point que nous cherchons.

Si l'on mène par o un plan perpendiculaire à l'arète sc, il coupera le plan du cercle selon la direction même de la perpendiculaire en *o*; il coupera le plan csd suivant une ligne *op* perpendiculaire à sc; enfin il coupera le plan

de la face cherchée suivant une ligne qui fera avec o*p*
l'angle donné p, et qui ira rencontrer la perpendiculaire
en o précisément au point cherché d. Je rabats en pod′ le
triangle formé entre ces trois lignes. Je reporte maintenant la longueur od′ en od, dans la position qu'elle
prend par le rabattement du cercle fait autour de ca,.
Par c et d, je mène la ligne de section cα′α ; les points α′
et α sont les rabattemens sur le plan csd des deux positions que peut prendre le point a de l'espace. Pour rabat-
tre ce point dans la face cherchée qu'on fait tourner autour de sc, décrivez deux cercles, l'un avec le centre s et
le rayon sa₂ ; l'autre, soit avec le centre c et le rayon cα′,
soit avec le même centre c et le rayon cα aux points
a′, a, d'intersection de ces articles, menez sa′, sa,. La
face cherchée sera soit csa′, soit csa,.

Exercices. Les élèves reconnaîtront les circonstances
suivantes :

1° Le problème sera impossible si la droite cd ne
coupe pas le cercle.

2° Les deux solutions se réuniront en une seule, si la
droite cd ne fait que toucher le cercle.

3° L'une des deux solutions s'anéantira, si le point c
est en c′.

4° L'une des solutions ne conviendra pas aux données, si la rencontre α′ de la ligne cα avec le cercle se
fait au dessous de ca,.

324. Exercices. 1° Les élèves chercheront directement les constructions relatives aux trois problèmes, qui
se rapportent aux trois autres combinaisons qu'on peut
faire avec les six élémens de l'angle trièdre.

2° Ils construiront ces trois autres problèmes , en les ramenant aux trois premiers, par la considération de l'angle trièdre, supplémentaire du trièdre donné.

· Si au sommet s on mène aux trois arêtes d'un trièdre des plans respectivement perpendiculaires à ces arêtes, on forme un triangle qu'on appelle le supplémentaire du premier ; parce que *les dièdres du supplémentaire sont supplémens des angles des faces du trièdre donné, tandis que les faces du supplémentaire sont supplémens des dièdres de l'angle trièdre donné.* Ces propriétés seront facilement vérifiées par les élèves qui comprennent la géométrie des plans.

[PROBLÈME XI.

Circonscrire une sphère à une pyramide triangulaire.

325. Prenez pour plan horizontal le plan même de la base; faites passer un cercle par les trois sommets de cette base, le centre de la sphère cherchée sera la verticale élevée au centre de ce cercle. Par le milieu de l'une des trois arêtes qui vont au sommet de la pyramide, menez un plan perpendiculaire, il contiendra le centre de la sphère. Ce centre se trouvera donc en cherchant la rencontre de ce plan avec la verticale.

Les élèves feront bien d'exécuter l'épure d'après ces indications.

PROBLÈME XII. Fig. 17.

326. *Inscrire une sphère dans une pyramide triangulaire.*

On pourrait couper en deux parties égales trois des angles dièdres de la pyramide; le point d'intersection des trois plans *bissecteurs* serait le centre da la sphère inscrite. Son rayon se trouverait en prenant la distance du centre à l'une des faces de la pyramide.

Les élèves exécuteront l'épure d'après ces indications.

Nous allons donner une solution plus détournée dans la conception, mais bien plus simple pour le tracé.

Prenez pour plan horizontal, le plan même d'une des faces de cette pyramide; les trois plans bissecteurs des dièdres de cette face avec les autres faces, déterminent une pyramide dont le sommet est le centre de la sphère cherchée. Les trois arètes de cette pyramide qui vont à son sommet, passent par les sommets de la base de la pyramide donnée. Il suffit donc de déterminer un second point de chacune de ces arètes, pour les connaître en projection, et pour connaître, par conséquent, leur intersection ou le centre de la sphère.

Or une section faite dans cette pyramide *bissectrice*, parallèlement à sa base horizontale, aura pour sommets des points des arètes cherchées. Pour obtenir cette section, dont les côtés se projettent sur le plan horizontal en des lignes parallèles à la base elle-même, par le sommet s, s' menons des plans perpendiculaires aux lignes ab, bc, cd. Soit $spp_{,}$ la trace horizontale d'un de ces plans. Entre la hauteur de la pyramide donnée, la ligne sp et la ligne qui va de p au sommet, il y a un triangle formé; reportons ce triangle rectangle en $s'qt$; l'angle $s'qt$ est évidemment le dièdre dont l'arète ab est le sommet. Partagez cet angle en deux parties égales par la ligne $qq_{,}$, laquelle, ramenée dans sa position, fera avec la trace $spp_{,}$ l'angle qui mesure le dièdre dont ab est le sommet dans la pyramide bissectrice. Coupez cette pyramide par un plan horizontal quelconque, dont la trace sur le plan vertical est $c'_i a'_i$. Le point q_i, ramené dans sa position, se projette en p_i; donc p_i est un point de la section triangulaire faite dans la pyramide bissectrice par le plan $c'_i a'_i$. Par p_i, menez $a_i b_i$ perpendiculaire à la trace spp_i; vous aurez en projection indéfinie, un côté de cette section. Déterminez semblablement les deux autres côtés, les sommets a_i, b_i, c_i appartiennent aux arêtes de la pyramide bissectrice, lesquelles seront en projection horizontale $a_i a$, $b_i b$, $c_i c$. Par les projections verticales de a, b, c, a_i, b_i, c_i, menez $a_i' a'$; $b_i' b'$, $c_i' c'$, et vous aurez les arêtes en projection verticale. Le point oo' de leur intersection est le centre de la sphère.

Pour trouver le rayon, par o menez un plan $o\pi$ perpendiculaire à bc; il coupera la sphère selon un grand cercle et la face de la pyramide donnée qui repose sur ab, suivant une tangente à ce cercle. Ramenez tout cela dans le plan vertical; la tangente sera parallèle à es' et le grand cercle sera tangent à cette ligne, construisez-le, vous aurez le rayon de la sphère. On déterminera si l'on veut les points de contact des faces avec la sphère.

Ce problème est très propre à faire comprendre aux élèves, comment on remplace par des constructions simples, un dessin qui deviendrait très compliqué, si l'on avait voulu suivre les conceptions indiquées presque immédiatement, par la nature même de la question.

§ IV.

DES PLANS TANGENS AUX SURFACES.

327. Définition. Plan tangent en un point d'une surface, c'est le plan qui contient les tangentes menées par ce point à toutes les courbes tracées sur la surface et qui passent par ce point.

Corollaire. Il résulte de là que pour construire un plan tangent à une surface, il suffit de connaître les projections de deux tangentes en un même point de la surface.

PROBLÈME XIII. Fig. 18 et 19.

Par un point pris sur une surface cylindrique ou conique, mener un plan tangent à cette surface.

328. Pour déterminer les surfaces cylindriques ou coniques en géométrie descriptive, on se donne, sur le plan horizontal, la trace tgt_1 de ces surfaces, laquelle sera considérée comme *directrice ;* on ajoute à cela, pour le cylindre, la direction tm, vm' de la *génératrice*, et pour le cône, le sommet s, s', par lequel passent toutes les *génératrices.*

A l'aide de ces données, pour déterminer sur les deux plans de projection le lieu où se projettent tous les points de la surface cylindrique *fig.* 18, menez à la trace deux tangentes extrêmes gk g_1k_1 parallèles à tm ; ce seront les projections des deux génératrices qui rencontrent le plan horizontal en g g_1. Hors de l'espace renfermé entre ces deux génératrices, il ne saurait se projeter horizontalement aucun point de la surface. Sur le plan vertical, les génératrices extrêmes $c'l'$, $c'_il'_i$ entre lesquelles se projettent verticalement tous les points du cylindre, sont telles, que les lignes $c'c$, c'_ic_i, perpendiculaires à la ligne de terre et qui donnent par leur rencontre avec la trace horizontale de la surface, les traces mêmes de ces génératrices, doivent être des tangentes à cette trace. En effet, tout point pris hors de l'espace renfermé entre $c'l'$, $c'_il'_i$ ne saurait appartenir à aucune génératrice, puisque la parallèle menée aux génératrices par un semblable point, ne rencontrerait pas la trace ou directrice de la surface. On aura donc le lieu de la projection verticale des points de la surface, en menant à la trace horizontale des tangentes perpendiculaires à la ligne de terre, et ensuite conduisant par les points de rencontre avec cette ligne les deux parallèles aux projections verticales de la génératrice.

Pour le cône, fig. 20, les projections des génératrices extrêmes, entre lesquelles se projettent tous les points de la surface, s'obtiendront, sur le plan horizontal, en menant par la projection s du sommet deux tangentes extrêmes à la trace horizontale de la surface, et sur le plan vertical, en joignant avec la projection s' du sommet le pied $c'c'_i$ des perpendiculaires à la ligne de terre qui seront tangentes extrêmes de cette trace horizontale.

Connaissant le lieu des projections de tous les points de la surface, il sera facile de fixer les projections d'un point m qui appartienne à la surface. Pour cela, arquez, soit sur le plan horizontal un point m fig. 18, it sur le plan vertical un point m' fig. 19, qui soit ojection d'un point de la surface. Menez la projection t ou $m's'$ de la génératrice qui passe par ce point, afin : déterminer la seconde projection de cette génératrice.

Pour le cylindre *fig.* 18, prenez les points de rencontre , t_i de mt avec la trace horizontale de la surface ; vous irez la trace de toutes les génératrices qui ont mt pour rojection horizontale. Projetez ces points sur la ligne e terre en t', t'_i et menez par ces points des lignes tm', $_im'_i$ dans la direction de la génératrice. Ces lignes sont les projections verticales de toutes les génératrices e la surface qui ont même projection horizontale mt. es projections verticales du point м pris sur le cyliu- re, et qui répondent à la projection horizontale unique , seront en m',m'_i, etc., à la rencontre de $t'm'$, $t'_im'_i$, c. avec la perpendiculaire à la ligne de terre menée ar le point m.

Pour le cône *fig.* 19, cherchez la trace horizontale de génératrice dont la projection verticale est $m's'$ en pro- ngeant cette dernière jusqu'en t', et élevant en ce point ne perpendiculaire $t'tt_i$ à la ligne de terre. Les rencon- es de cette perpendiculaire en t,t_i.... avec la trace ho- izontale de la surface , seront les traces de toutes les gé- ératrices qui ont pour projection verticale commune la igne $m's'$. Les projections horizontales de toutes ces gé- ératrices seront ts, t_is, etc. Les projections horizontales u point м pris sur le cône, qui répondront à la projec- ion verticale unique m', seront en m, m_i, etc., à la ren- ontre de ts, t_is, etc. avec la perpendiculaire à la ligne c terre menée par le point m'.

On ne doit pas s'étonner qu'un point m ou m' soit la projection horizontale ou verticale de plusieurs points M de la surface ; car la perpendiculaire élevée en m ou m' au plan de projection, est la ligne projetante de tous les points de la surface, que rencontre dans son cours cette ligne perpendiculaire. Or ces points de rencontre pourront être plus ou moins nombreux, selon les sinuosités plus ou moins nombreuses de la surface.

Soit m,m' celui de ces points que nous envisageons, soit sur le cylindre, soit sur le cône ; le plan tangent en ce point sera tangent à la surface selon tous les points de la génératrice mt, $m't'$; donc il sera tangent en t, trace horizontale de cette génératrice ; donc il contiendra la tangente tv, menée en ce point à la trace horizontale de la surface. Or cette trace est tout entière dans le plan horizontal, donc elle est elle-même la trace horizontale du plan tangent. Prolongez-la jusqu'à sa rencontre avec la ligne de terre en v. Pour avoir la trace verticale, menez par le point m,m', dans le plan tangent, une droite parallèle à tv ; construisez la trace u' de cette droite, et dessinez la trace verticale du plan tangent, qui sera vu'.

En prenant les autres points M de la surface, on construirait semblablement les traces t,v',$v'u'_,$, etc.

On pourra vérifier le dessin, soit en s'assurant que les génératrices de contact, ont leurs traces sur les traces trouvées pour les plans tangens, soit en cherchant les traces de droites menées par des points quelconques de ces génératrices, et parallèlement à la trace horizontale de ces points.

Pour le cylindre, l'intersection de deux plans tangens quelconques est parallèle aux génératrices.

Pour le cône, l'intersection de tous les plans tangens passe par le sommet du cône.

Ceci fournit encore des moyens de vérification.

PROBLÈME XIV. Fig. 18 et 20.

329. *Par un point ee' extérieur à la surface du cylindre ou du cône, mener des plans tangens à ces surfaces.*

La trace horizontale des plans tangens est une tangente à la trace horizontale de la surface. Il suffit donc, pour avoir cette trace, d'en connaître un seul point.

Pour le cylindre, menez par ee' une parallèle à la génératrice.

Pour le cône, joignez e, e' au sommet s, s'.

Pour chacune des deux surfaces, prenez la trace horizontale x de ces lignes auxiliaires; menez par ce point toutes les tangentes possibles xv, $x'v'$, etc. à la trace de la surface. Ces lignes seront les traces horizontales de tous les plans tangens qu'on peut mener à la surface par e, e'. Pour trouver les traces verticales correspondantes, et pour vérifier le dessin, servez-vous de la trace verticale de la ligne auxiliaire qui a donné le point x; ou bien cherchez les traces verticales des génératrices de contact; ou bien, si cela est plus commode, menez par un point quelconque des génératrices de contact, des lignes parallèles aux traces horizontales des plans tangens, et construisez les traces verticales de ces lignes.

Exercice. Chercher les points d'intersection d'une droite avec un cylindre ou un cône.

PROBLÈME XV.

33o. *Mener un plan tangent à un cylindre ou à un cône parallèlement à une droite donnée.*

Pour le cylindre, par un point de la droite, menez une parallèle aux génératrices. Le plan auxiliaire qui contient la droite donnée et cette parallèle, est parallèle au plan tangent cherché. Menez à la trace horizontale du cylindre, autant de tangentes qu'il se pourra, parallèlement à la trace horizontale du plan auxiliaire. Construisez les traces verticales des plans tangens, comme il a été dit au problème précédent.

Pour le cône, par le sommet du cône menez une parallèle à la droite donnée. Construisez les plans tangens passant par cette ligne, comme au problème précédent.

PROBLÈME XVI. Fig. 20.

33i. *Mener un plan tangent à une surface de révolution, par un point pris sur la surface de révolution.*

Prenons le plan horizontal perpendiculaire à l'axe, il résultera de ce choix et du second mode de génération indiqué au n° 3, que le lieu des projections des points de la surface sur le plan horizontal sera le cercle ee_i, projection du plus grand parallèle de la surface, et qu'on appelle son *équateur*. Sur le plan vertical, le lieu des projections des points de la surface sera la courbe $\mu''\mu'g'$, projection de la courbe méridienne, considérée dans sa position parallèle au plan vertical.

Cela posé, soit m la projection horizontale d'un ou de

plusieurs points м de la surface. ee_i est la trace du méridien qui contient les points м. Faisons coïncider ce méridien avec celui parallèle au plan vertical ; m viendra en
μ, et les projections verticales des points м déplacés,
viendront en μ', μ''. Or, quelle que soit la position des
points м, ils n'ont jamais quitté les parallèles qu'ils décrivent dans la rotation, et dont les traces sont $\mu'm'$,
$\mu''m''$; donc les projections verticales de ces points м
dans leur position primitive sont sur ces traces. Ils seront en $m'm''$.

Le plan tangent en m,m' contient la tangente au parallèle de ce point, laquelle se projette horizontalement
suivant mt, tangente à la projection de ce parallèle, et
verticalement suivant l'horizontale $m't'$; prenez la trace
t' de cette ligne, ce sera un point de la trace verticale du
plan cherché. Le plan tangent contient aussi la tangente
à la courbe méridienne au point m,m'; cette tangente est,
en projection verticale, la trace même ee_i du plan méridien. Quant à la projection verticale, on l'obtiendra en
menant en μ' la tangente du méridien parallèle au plan
vertical, prolongeant cette tangente jusqu'à l'axe en s, et
considérant que ce point s, est le pied de la tangente à
un méridien quelconque, en un des points du parallèle
$\mu'm'$. La projection verticale de la tangente demandée
sera donc $m's'$. La trace horizontale v de la tangente au
méridien, sera un point de la trace horizontale du plan
tangent.

Ce que nous connaissons suffit à construire ces traces.
Car le plan tangent est perpendiculaire à la normale en
mm'. Or cette normale étant la normale même à la

courbe méridienne, laquelle se projette horizontalement en ee_{i}, la trace horizontale du plan tangent sera la ligne vo perpendiculaire à ee_{i}. La trace verticale de ce plan sera ot'. On fera une construction analogue pour obtenir les traces $v_{i}o_{i}t'_{i}$, etc. des autres plans tangens.

Afin de vérifier ce tracé, construisez la normale au point m. Pour le méridien parallèle au plan vertical, elle serait la ligne $\mu'n'$ perpendiculaire à $s'\mu'$; pour le méridien considéré, elle sera $m'n'$. Cette ligne doit être perpendiculaire à la trace verticale ot' du plan tangent.

EXERCICES. 1° Démontrer que la normale en un point d'une surface de révolution, est précisément la normale à la courbe méridienne qui passe par ce point.

2° *Par un point pris sur une surface gauche de révolution, mener un plan tangent à cette surface.*

La surface gauche de révolution est engendrée par la rotation d'une ligne droite *génératrice* autour d'un axe, dans le plan duquel la *génératrice* n'est pas comprise. La plus courte distance entre l'axe et la génératrice décrit le plus petit de tous les parallèles de la surface. On appelle ce parallèle cercle de *gorge* ou *collier*.

Considérons la droite dont la révolution autour de son axe engendre la surface gauche de révolution. Si par le point où cette droite rencontre le cercle de gorge ou le collier de la surface, on imagine un plan perpendiculaire à celui du cercle de gorge, et qu'en ce point et dans ce plan, ayant d'abord construit une parallèle à l'axe, on mène ensuite une ligne qui s'incline sur cette parallèle comme s'inclinait la génératrice, cette seconde ligne étant entraînée avec la première dans la rotation autour de l'axe, décrira exactement les mêmes parallèles que la première. De là il résulte qu'en un point quelconque de la surface de révolution, on peut mener deux lignes droites qui soient tout entières dans la surface. Car le parallèle qui passe par ce point est aussi bien engendré par la rotation de la seconde génératrice, qu'il l'a été par la rotation de la première; donc chacune de ces deux génératrices, dans sa rotation, passe par ce point; chacune d'elles laisse donc sur la surface une trace rectiligne, qui passe par ce point, ce qui démontre la proposition.

Cela suffit pour construire le plan tangent sans employer, comme on l'a fait dans le problème xvi, la considération du parallèle qui passe par le point de contact. En effet, par ce point menez les deux génératrices rectilignes qui y passent : le plan de ces deux lignes est le plan tangent.

Ces indications suffisent pour exécuter l'épure.

Nous ne croyons pas devoir démontrer ici les propriétés remarquables de la surface gauche de révolution, ce serait sortir du cadre que nous nous sommes tracé.

PROBLÈME XVII. Fig. 21.

332. *Par une droite donnée* $ll_{,}$, $l'l'_{,}$, *mener un plan tangent à une sphère, et plus généralement à une surface de révolution.*

Tout se réduit ici à connaître les deux points de contact; en menant des plans perpendiculaires à l'extrémité des rayons de contact, on aura les deux plans tangens demandés. Or, si l'on joint un point quelconque de la

droite donnée avec les points de contact, ou obtiendra
deux lignes qui seront d'une part dans les deux plans
tangens, et d'autre part dans le cône tangent à la sphère,
et dont le sommet est au point choisi sur la droite donnée. *Donc la courbe de tangence de ce cône avec la
sphère, contient les deux points de contact.*

Exécutons l'épure d'après cette construction. Nous
ferons passer la ligne de terre par le centre de la sphère.
Par ce moyen, un seul grand cercle $oq'o_1q_1'$ marquera le lieu des projections horizontales et verticales
des points de la sphère. Par le point l, trace horizontale
de la droite, j'imagine un cône tangent à la sphère et dont
lo, lo_1 sont les génératrices extrêmes. Le cercle de contact sera dans un plan perpendiculaire à l'axe de ce
cône. Or, cet axe étant la ligne qui va du sommet au centre de la sphère, il est tracé dans le plan horizontal. Donc
le cercle de contact est dans un plan vertical ; la trace oo_1
de ce plan contient la projection des points de contact ;
cette trace est donc la projection horizontale de la ligne qui
passe par ces points de contact. Par le point l'_1, trace verticale de la droite donnée, j'imagine un second cône tangent à la sphère. Je détermine ainsi en $q'q'_1$ la projection
verticale de la ligne droite des contacts.

Je prends la trace horizontale t de cette droite, et faisant tourner le cercle de contact du cône dont le sommet
est en l, autour de la trace horizontale o_1o de son plan,
je le rabats en occ_1. Dans ce rabattement, la ligne droite
qui passe par les deux points de contact continue de passer
en t. Je marque en v dans le rabattement, le point où cette
droite rencontrait le plan vertical, lequel se projette en
vv'. Pour cela, j'élève en v, à la projection horizontale o_1o,

une perpendiculaire vv, que je prends égale à vv'. Par tv je mène la ligne de contact rabattue. Ses intersections c, c_1 avec le cercle de contact sont les points de tangence cherchés. Je les projette horizontalement en c, c_1, et ensuite verticalement en c', c'_1.

Deuxième solution. Le seul cône l suffirait à la construction. Imaginons le plan du cercle de contact prolongé jusqu'à la rencontre au point n avec la droite donnée, les projections de ce point sont r, r'. Ce plan coupe les deux plans tangens suivant deux lignes, dont les points de contact avec le cercle de contact sont les points demandés. Rabattez le cercle de contact autour de sa trace oo_1; le point n se rabattra en n_1, à une distance de oo_1r égale à gr'. Menez des tangentes au cercle de contact rabattu, et projetez les points de contact k, k_1 sur la ligne oo_1 en c, c_1; puis, à l'aide des hauteurs ck, c_1k_1, construisez les projections verticales de ces points.

EXERCICE. *Troisième solution.* Dans la première solution, on aurait pu remplacer l'un des cônes par un cylindre tangent à la sphère, et dont l'axe aurait été parallèle à la droite donnée. Le cercle de contact dont le plan est perpendiculaire à cette droite contient la ligne droite des contacts. La projection verticale de cette ligne est donnée par le cône l', en $q'q'_1$. La projection horizontale est indéfiniment la projection horizontale de l'intersection des deux plans de contact du cône et du cylindre. On cherchera cette intersection, le reste s'achèvera comme à la première solution.

EXERCICE. *Quatrième solution.* Enfin le cylindre seul de l'exercice précédent aurait suffi. On aurait cherché la rencontre de la droite avec le plan de contact de ce cylindre ; puis rabattant autour d'une de ces traces le plan qui a entraîné le point de rencontre avec la droite donnée, on aurait mené par ce point rabattu deux tangentes au cercle de contact aussi rabattu. Ce cercle est précisément le cercle de projection de la sphère. On serait revenu de ce rabattement aux projections des deux points de contact, comme à la deuxième solution.

Si la surface de révolution était quelconque, la méthode des deux cônes ou d'un cône et d'un cylindre tangent serait encore applicable. Seulement les courbes de contact devraient être construites par points. On se servirait pour cela des parallèles dont chacune renferme deux points de la courbe de contact. Ces deux points en projection horizontale se trouvent au contact du parallèle projeté, avec les tangentes menées par la projection horizontale du sommet du cône considéré.

Nous ne donnerons pas plus de détails sur cette épure, que les élèves déjà avancés pourront exécuter d'après ces considérations.

FIN DU PREMIER VOLUME.

TABLE DES MATIÈRES

DE

LA DEUXIÈME PARTIE.

—

ALGÈBRE.

(413)

GÉOMÉTRIE.

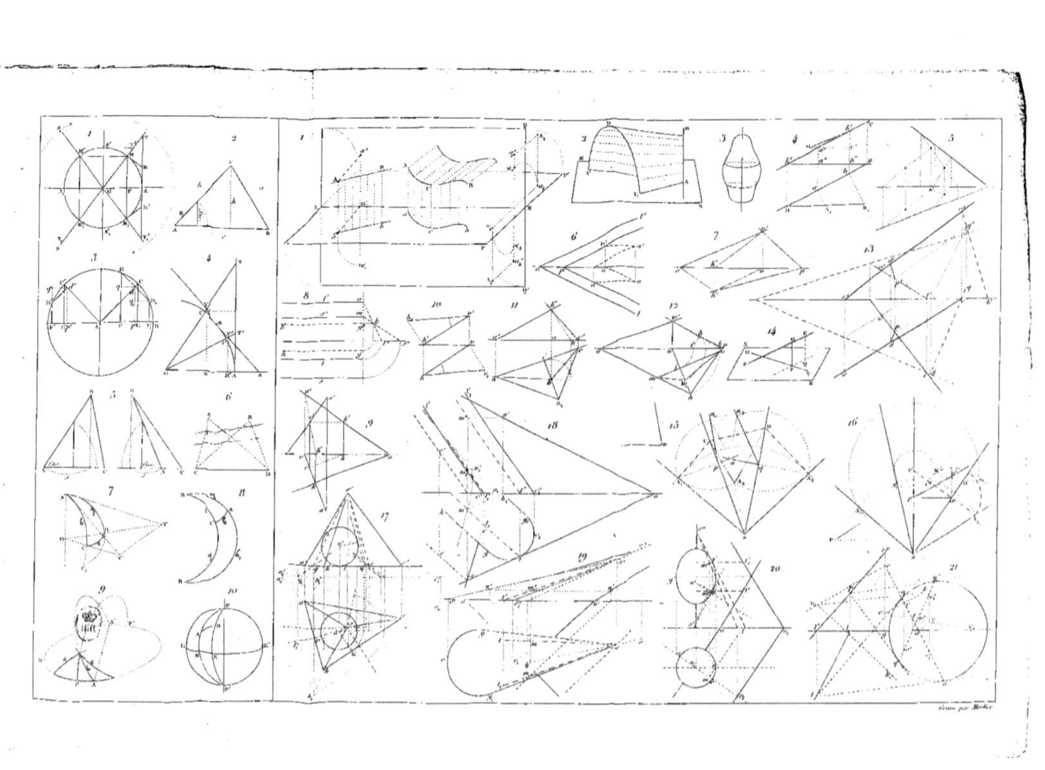